코리언의 통합서사와 평화 공동체

KB141154

통일인문학 연구총서 033

코리언의 통합서사와 평화 공동체

초판 인쇄 2019년 5월 24일
초판 발행 2019년 5월 31일

지은이 김종군, 이서행, 김종곤, 남경우, 이진, 박성은, 박재인, 김기덕, 김승, 신정아
펴낸이 박찬익
펴낸곳 패러다임북 ▍**주소** 서울시 동대문구 천호대로 16가길 4
전화 02) 922-1192~3 ▍**팩스** 02) 928-4683 ▍**홈페이지** www.pjbook.com
이메일 pijbook@naver.com ▍**등록** 2015년 2월 2일 제305-2015-000007호

ISBN 979-11-965234-5-9 (93340)

* 책값은 뒤표지에 있습니다.

* 이 책은 2009년 정부(교육부)의 재원으로 한국연구재단의 지원(NRF-2009-361-A00008)을 받아
  제작되었습니다.

033
통일인문학
연구 총 서

코리언의 통합서사와 평화 공동체

건국대학교
통일인문학연구단 기획

김종군 · 이서행 · 김종곤
남경우 · 이 진 · 박성은
박재인 · 김기덕 · 김 승
신정아 지음

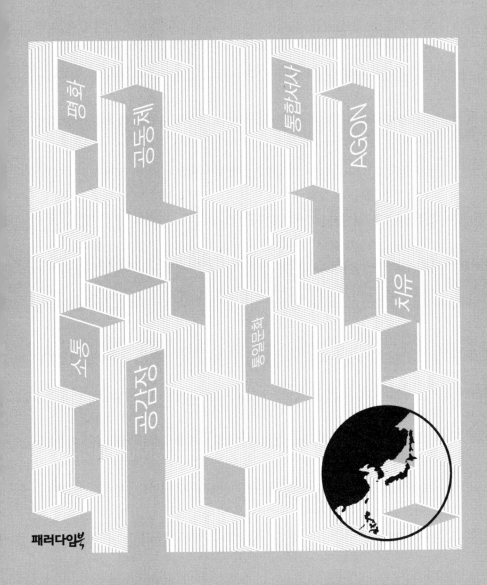

패러다임북

'통일인문학'은 분단된 한반도의 현실에 뿌리를 내린 인문학, 통일에 대한 새로운 패러다임을 모색하는 데에서 시작되었습니다. 기존의 통일 담론은 체제 문제나 정치·경제적 통합에 중점을 두거나 그것을 전제로 했기 때문에 남북관계의 변화나 국내정세의 변화에 따라 부침을 거듭해 왔습니다.

하지만 통일은 정파적 대립이나 정국의 변화를 벗어나 있어야 합니다. 통일은 특정 정치적 집단들이 다루어야 할 문제가 아니라 한반도에 살고 있는 모든 사람의 삶과 직간접적으로 연루되어 있는, 바로 그들이 다루어야 할 문제입니다. '사람의 통일'이라는 통일인문학의 모토는 바로 이와 같은 정신을 표현하고 있습니다.

통일은, 여기에 살고 있는 사람들의 삶 그 자체와 관련된 문제이자 그들이 해결해 가야 하는 문제로서, 남북이라는 서로 다른 체제에 살면서 서로 다른 가치와 정서, 문화를 가진 사람들 사이에서 소통과 치유를 통해서 새로운 삶의 체계와 양식들을 만들어가는 문제입니다.

통일인문학은 이와 같은 '사람의 통일'을 인문정신 위에 구축하고자 합니다. 통일인문학은 '사람의 통일'을 만들어가는 방법론으로 '소통·치유·통합의 패러다임'을 제안하고 이를 중심으로 한 연구를 진행하고 있습니다.

첫째, '소통의 패러다임'은 남북 사이의 차이의 소통과 공통성의 확장을 모색하는 것입니다. 이것은 '동질성 대 이질성'이라는 판단 기준에 따라 상대를 부정적으로 규정하는 것이 아닙니다. 그것은 차이의 인정을 넘어서, 오히려 '소통'을 통해서 차이를 나누고 배우며 그 속에서 민족적 연대와 공통성을 만들어가는 긍정적 패러다임입니다.

둘째, '치유의 패러다임'은 분단의 역사가 만들어낸 대립과 마음의 상처를 치유하는 패러다임입니다. 이것은 통일된 민족국가를 건설하지 못한 한민족의 분단이 만들어내는 다양한 트라우마들을 분석하고, 이런 마음의 상처를 치유하는 과정에서 상호 분단된 서사를 하나의 통합적 서사로 만들어가는 패러다임입니다.

셋째, '통합의 패러다임'은 분단체제가 만들어내는 분단된 국가의 사회적 신체들을 통일의 사회적 신체로, 분단의 아비투스를 연대와 우애의 아비투스로 전환시키는 것입니다. 이것은 남과 북의 적대적 공생구조가 만들어 낸 내면화된 믿음체계인 분단 아비투스를 극복하고 사회문화적 통합을 만들어내는 패러다임입니다.

이러한 방법론으로부터 통일인문학은 철학을 기반으로 한 '사상이념', 문학을 기반으로 한 '정서문예', 역사와 문화콘텐츠를 기반으로 한 '생활문화' 등 세 가지 축을 기준으로 사람의 통일에 바탕을 둔 사회문화적 통합을 실현하는 데 연구 역량을 집중하고 있습니다. 통일이 남북의 진정한 사회통합의 길이 되기 위해서는 정치·경제적인 체제 통합뿐만 아니라 가치·정서·생활상의 공통성을 창출하는 작업, 다시 말해 '머리(사상이념)', '가슴(정서문예)', '팔다리(생활문화)'의 통합을 필요로 하기 때문입니다.

그동안 통일인문학연구단은 이와 같은 새로운 패러다임 위에 새로운 연구방법론과 연구 대상을 정립하는 한편, 다른 한편으로 이와 같은 연구를 통해 생산된 소중한 성과들을 사회적으로 확산하기 위해 노력해왔습니다.

통일인문학연구단은 1단계 3년 동안 인문학적인 통일 담론을 학문적으로 체계화하고 정립하기 위해 '통일인문학의 인식론적 틀과 가치론 정립'을 단계 목표로 삼고 이론적 탐색에 주력하였습니다. 이를 구체화하기 위한 방안으로 재중, 재러, 재일 코리언 및 탈북자와 한국인들 사이에 존재하는 가치·정서·문화적 차이를 규명하는 '민족공통성 프로젝트'를 추진하여 국내외에서 주목하는 성과를 산출하였습니다.

나아가 2단계 3년 동안에는 전 단계에 정립한 통일인문학 이론을 사회적으로 확산하는 한편, 다른 한편으로 민족공통성 프로젝트를 기반으로 하여 통일의 인문적 가치와 비전을 정립하는 데 주력하였습니다. 게다가 더 나아가 '통일인문학 세계포럼' 등, '통일인문학의 적용과 확산'을 단계 목표로 삼아 교내외는 물론이고 해외에까지 통일인문학 개념을 확산하고자 하였습니다.

마지막으로 지난 6년간 쉼 없이 달려온 통일인문학연구단의 성과를 3단계 4년간에는 1차적으로 갈무리하는 방향으로 목표를 설정하였습니다. '포스트-통일과 인문적 통일비전의 사회적 실천'을 단계 목표로 설정하고, 통일을 대비하여 통일 이후의 '사람의 통합', '사회의 통합', '문화의 통합'을 위한 인문적 비전을 제시하고자 합니다.

앞으로 통일인문학연구단은 '민족적 연대', '생명·평화', '민주주의와 인권', '통일국가의 이념' 등과 같은 통일 비전을 연구하는 한편, 이러한 비전을 사회적으로 실현할 수 있는 방안들을 모색하고 그 실천에 나서고자 합니다.

그동안 통일인문학연구단은 통일인문학이란 아젠다의 사회적 구현과 실천을 위해 출간기획에 주력해 왔습니다. 특히 통일인문학 아젠다에 대한 단계별 · 연차별 연구성과가 집약되어 있는 것이 바로 『통일인문학 총서』 시리즈입니다. 현재 『통일인문학 총서』 시리즈는 모두 다섯 개의 영역으로 분류되어 출간 중입니다.

　본 연구단의 학술연구 성과를 주제별로 묶은 『통일인문학 연구총서』, 분단과 통일 관련 구술조사 내용을 정리한 『통일인문학 구술총서』, 북한 연구 관련 자료와 콘텐츠들을 정리하고 해제 · 주해한 『통일인문학 아카이브총서』, 남북한 연구에 도움을 줄 수 있는 희귀 자료들을 현대어로 풀어낸 『통일인문학 번역총서』, 코리언의 역사적 트라우마와 그것에 대한 인문학적 치유를 모색하는 『통일인문학 치유총서』 등이 그것입니다. 오랜 시간 많은 연구진들이 밤낮을 가리지 않고 만들어 낸 연구서들이 많은 독자들께 읽혀지길 소망합니다. 바로 그것이 통일인문학의 사회적 확산이 아닐까 생각해봅니다.

　마지막으로 통일인문학의 정립과 발전을 사명으로 알고 열의를 다하는 연구단의 교수와 연구교수, 연구원들께 고마움을 전합니다. 아울러 본 총서에 기꺼이 참여해주신 통일 관련 국내외 석학 · 전문가 · 학자들께도 심심한 감사를 드립니다. 또한 통일인문학의 취지를 백분 이해하시고 흔쾌히 출판을 맡아주신 출판사 관계자분들께도 감사드립니다.

사람의 통일, 인문정신을 통한 통일을 지향하며
건국대학교 통일인문학연구단장 김성민

코리언의 통합서사와 평화 공동체

한동안 얼어붙어 있던 남북관계는 2018년 2월 평창 동계올림픽과 4월 남북 정상회담을 계기로 해빙기를 맞았다. 그 후 1년 동안 매끄럽지 못한 부분이 없지 않았지만 2차례의 정상회담이 추가로 개최되었으며 남북 공동연락사무소를 설치하는 등 화해의 분위기를 이어갔다. 뿐만 아니라 통신·철도·도로·산림·체육·예술 등 각종 분야에서도 남북 간의 접촉은 두드러지게 증가하였다. 이런 분위기가 지속된다면 앞으로 남북 간의 왕래와 교류는 더욱더 확대될 것으로 예상된다. 하지만 남북 간 만남이 잦아지고 그 범위가 확대되는 만큼 분단 70여 년의 세월이 낳은 둘 간의 차이는 구체적으로 드러날 것이고, 나아가 그 차이는 각종 불협화음을 낳으리라는 예측도 쉽게 할 수 있다. 아이러니하게도 둘의 만남이 오히려 갈등으로 이어질 수 있다는 것이다. 그렇기에 통일 과정에서뿐만 아니라 통일 이후 남북의 주민들이 우애로운 관계를 형성하고 유지하기 위해서는 지금부터 둘 간의 차이가 가져올 문제에 대해 미리 대비할 필요가 있어 보인다.

이런 문제에 대해 흔히 대비책으로 제시되는 것 중 하나가 민족 동질성 회복 담론이다. 차이가 문제가 된다면 그 차이를 제거하고 같아지면 된다는 것이다. 하지만 이러한 주장은 좋은 대안이 될 수 없다. 그것은 어떤 원형을 상정하고 과거 회귀적인 통합 논의로 빠지거나, 어느 하나의 기준을 세우고 그에 맞지 않는 다름을 배제하는 폭력적인 동일성의 논리로 귀결될 위험이 있기 때문이다. 오히려 '타자의 타자성'을 인정하고 둘의 차이를 미래발전적인 동력으로 삼아야 한다는 주장이 훨씬 더 설득력이 있어 보인다. 이는 상대가 자신과 다른 정치·사회·문화적 체계와 세계관을 가지고 있다는 점을 인정하고 차이를 둘의 공통적인 발전을 위한 생성의 에너지로 삼아야 한다고 주장한다. 그러나 차이의 철학에 기댄 이러한 대안은 그것이 지닌 긍정적인 의의에도 불구하고 자칫 지나친 상대주의에 빠져 옳고/그름을 판단하지 못하는 무조건적 관용의 사태를 낳을 수 있다. 상대가 지닌 차이를 인정해야 한다는 전제 하에 정의롭지 못한 것을 용인하고 나아가 폭력까지 묵인하는 상황에 놓일 수 있다.

따라서 남북의 만남이 한반도의 평화뿐만 아니라 코리언의 삶을 더욱 행복하게 만드는 것이 되려면 서로의 차이를 인정하되 정의로움을 잃지 않으려는 긴장감이 필요하다. 이는 상대가 지닌 차이를 맹목적으로 비난하는 것도 아니면서 또 무조건적으로 수용하는 것도 아닌, 그렇다고 정의롭지 못한 것에 대해 침묵하는 것도 아닌 '계쟁적(係爭的)' 관계의 형성을 의미한다. 곧, 차이의 부딪힘 속에서도 어느 한쪽을 배제하지 않고 자유롭고 평등한 관계 속에서 지속적으로 논쟁을 이어가면서 더 나은 공통의 가치를 찾아가는 것, 그리고 종국에는 상호 간의 이해를 바탕으로 정서적인 유대감을 형성하는 것이 필요하다는 것이다.

이는 통일인문학연구단이 기존에 제시하였던 '통합서사' 개념과 맥락을 함께 한다. 통일인문학연구단은 남북 간의 적대성을 완화하고 연대의 공동체를 형성하기 위한 정서적 장치로서 '통합서사'라는 개념을 제시한 바 있다. 물론 이때의 '통합'(integration)은 상이한 둘이 합쳐 차이가 제거되고 하나가 된다는 사전적 의미를 따르지 않는다. 오히려 적대하고 갈등하는 구성원의 존재를 인정하고 소통하면서 공존·상생을 위한 공통의 가치를 지향하는 개념이다. 그렇기에 '통합서사'는 남북의 단일한 통일체가 아니라 '남 vs 북=아 vs 적=선 vs 악'이라는 이분법적이고 대결적인 분단의 논리를 넘어 탈분단적 관계맺음을 지향하는 재현 방식으로 정의

될 수 있다.

이 책은 우선, 바로 이러한 통합서사의 관점에 기대어 '평화 공동체'라는 이름으로 미래 통일한반도의 상을 제시하는 데에 주요 목적이 있다. 통합서사의 관점에서 제시되는 '평화 공동체'는 갈등 없는 평온한 상태의 공동체가 아니라 갈등이 어느 일방에 대한 폭력으로 비화되지 않는 갈등능력을 갖춘 공동체로 그려진다. 하지만 미래 통일한반도가 그러한 '평화 공동체'가 되기 위해서는 지금과는 다른 새로운 소통의 윤리가 무엇보다 필요해 보인다. 왜냐하면 분단의 역사는 적대적인 대상과의 소통에 익숙하지 않을뿐더러 적은 곧 제거되어야 하는 대상으로만 인식되어 왔기 때문이다.

그리고 이 책에서는 '평화로운 싸움'이라는 의미를 지닌 '아곤(agon)적 서사'를 평화 공동체가 지녀야 하는 소통의 윤리로 제시한다. 아곤적 서사는 인간과 인간이 모여 살아가는 곳에는 자신과 우애로운 '친구'만 있을 수 없으며 필연적으로 적대하고 갈등하는 '적'이 있을 수밖에 없다는 점을 전제한다. 원래 인간의 공동체는 적대적인 것과 함께 할 수밖에 없는 삶이다. 그럼에도 적을 제거하고 삭제해야 하는 대상으로만 인식하게 된다면 거기에는 죽음의 정치가 지배하면서 결국 '평화'는 요원할 수밖에 없다. 적은 친구가 될 수 있으며, 친구 역시 적이 될 수 있다는 인식의 전환이 있을 때 우리는 분단의 역사를 반복하지 않으면서 함께 살아가는 공동체를 형성할 수 있을 것이다.

그렇다고 이러한 평화 공동체가 이성적이고 합리적인 대화적 관계에만 기대어 형성될 수 있다고 보지는 않는다. 왜냐하면 아무리 적을 함께 살아가야하는 공동의 존재로 인식하려 하더라도 사회적으로 형성되어 있는 적대적 이미지와 표상체계가 여전히 강하게 작동하고 있다면 상호간의 소통은 쉽게 포기되고 급기야 증오와 혐오의 감정을 가지고 공격성을 드러낼 가능성이 크기 때문이다. 이는 곧 우리의 인식 자체가 결코 감성(혹은 감정)과 분리되어 사고 될 수 있는 것이 아니라는 점을 말해준다. 오랜 철학의 전통에서는 이성과 감성을 분리하고 감성이 이성에 열등한 것으로 치부되어 온 경향이 강하지만 이성과 감성은 상호 결합되어 작동하는 것이다.

이에 이 책에서는 '소통의 공감장'이라는 조건을 도입하고 평화 공동체를 감성적 유대관계에 기초하는 공동체로 정의하고자 하였다. 일찍이 전남대 호남학연구원 감성연구소는 "모든 감성은 곧 공감(共感)"이라는 전제에 따라 "상이한 공감들이 마주치고 투쟁하는 관계의 망"을 "공감(들)의 장"(the field of sympathies)이라 정의하였다. 평화 공동체가 내세우는 '소통의 공감장' 역시 남북이 지닌 서로 다른 감성들이 소통 속에서 교차하고 부딪히는 장을 의미한다. 그러나 그것이 추구하는 바는 합일된 하나의 마음이 아니다. 오히려 여기에서 추구되는 바는 상대가 지닌 감성들을 정서적으로 이해하고 그 이해에 기초한 연대의 장을 형성하는 것이다.

이러한 문제의식에 따라 이 책은 총 3부로 구성되었다. 제1부 〈코리언의 통합서사와 치유 그리고 미래 공동체〉에서는 '통합서사'의 개념을 구체화 하고, 남북의 평화 공동체 형성에 있어 그 역할과 확산 방안에 대해 논의한다. 그 첫 번째 글은 김종군의 「코리언 평화 공동체를 위한 통합서사의 기능」이다. 이 글은 통합서사의 개념을 확장하고 그 전개 과정을 밝히면서 통합서사가 코리언의 평화 공동체 형성에 있어 어떠한 역할을 할 수 있는지 그 위상을 밝히는 데에 주요 목적이 있다. 우선 이 글에서는 분단구조가 '분단체제-분단트라우마-분단서사'의 세 요인이 악순환하면서 이루어지는 것으로 파악한다. 그리고 세 가지 요인 중 감정적이고 정서적인 영역인 분단서사를 완화하는 대안으로서 통합서사를 제안한다. 여기서 통합서사는 코리언 디아스포라까지 포함하는 전체 코리언이 서로의 차이를 인정하고 더불어 살아가는 공동체 의식으로 연대하고 소통하는 일련의 과정이다. 요컨대, 통합서사는 민족 동질성을 내세워 '단일' 집단으로의 통합이 아니라 '차이의 인정-이해의 서사 구축-접점의 모색-공통의 서사 마련'이라는 과정 속에서 정서적 공감에 기초한 '차이와의 연대'를 추구하는 장치(dispositif)인 것이다.

두 번째 글은 이서행의 「공존적 통일문화 요소 : 분열과 갈등에 대한 감성」이다. 이 글은 남북이 공존하기 위한 통일문화가 핵심적으로 지녀야 할 요소에 대해 논의하고 있다. 필자도 인정하다시피 남북의 가치체계는 오랜 세월 동안 이질화 되었을 뿐만 아니라 또 문화 인식에 있어서도 큰 차이를 보인다. 하지만 그가 보기에 전통문화의 변질된 부분을 없애고 원형을 복원해야 한다는 식의 논의는 역동적이고 다면적인 문화통합의 동태성을 간과한다는 문제를 지니고 있다. "문화란 역동적인 삶의 과정에서 끊임없이 새롭게 구성되고 다시 쓰인 사회적 텍스트이기 때문이다." 이에 필자는 우선 통일문화를 통일국가의 구성원들이 성취해야 할 삶의 양식과 가치체계로 정의하고, 그것은 억압적 지배자가 피지배자를 구조적으로 배제하는 '조중적 가해자'가 아니라 포용의 정치원리에 근거하여 형성될 필요가 있다고 주장한다. 하지만 포용의 정치원리에 근거하여 통일문화를 사고한다고 하더라도 상대를 '위험한 타자'로 여기는 분단국가의 권력 표상을 간과하였을 경우 그것은 상호주의의 순진함에 빠질 우려가 있다. 따라서 필자는 최종적으로 통일문화의 형성에는 "집단적 경험의 분열된 속성을 무시하는 완전함으로 민족공동체"를 전제할 것이 아니라 오히려 "분열과 갈등에 대한 감성"이 요구된다고 역설한다.

제1부의 마지막 글은 김종곤의 「통일의 커뮤니타스와 이뮤니타스」이다. 이 글은 남북이 갈등할지라도 어느 한쪽을 배제하지 않는 통일공동체를 논의하고 있다. 우선, 필자는 남북이 지향해야 할 공동체와 관련하여 기존에 제출되었던 두 가지 논의들을 비판적으로 검토한다. 그 중 하나는 가장 보편적이면서 한국 정부의 공식적인 통일방안의 기초가 되어온 '민족공동체론'(혹은 '한민족공동체론')이며, 또 다른 하나는 오늘날 세계화와 다문화 사회를 염두에 둔 소위 '시민공동체론'이다. 필자가 보기에 이 두 논의들은 민족·국민·시민을 공동체 구성원의 전제로 삼기에 특정 정체성을 지니지 못한 타자나 소수의 입장을 억압하는 결과를 낳을 수 있다는 문제점을 지닌다. 이에 필자는 공동체 개념에 대한 근본적인 사유의 전환이 필요하다는 문제 제기와 아울러 장 뤽-낭시에 기대어 민족 혹은 시민과 같은 헌정질서나 민족적 정체성을 전제하지 않는 '함께-있음'의 통일공동체에 대해 논의한다. 그리고 이어서 장 뤽-낭시의 사유를 일부 계승하는 로베르트 에스포지토의 이뮤니티 논의를 살펴보면서 '함께-있음'의 통일공동체를 '적대주의적 개방성'이 전제되는 공동체로 확장하여 해석하고 이것이 바로 남북이 지향해야 할 새로운 공동체여야 한다고 주장한다.

제2부는 〈부딪힘의 사건과 아곤적 서사〉라는 제목 하에 남북이 만났을 때 예상되는 충돌지점을 미리 예측하고 결별하지 않으면서도 논쟁적 소통 관계를 유지할 수 있는 방안을 고민하는 글들로 구성되어 있다. 그 첫 번째 글은 남경우의 「통합서사에 바탕을 둔 평화로운 싸움의 가능성 모색」이다. 이 글은 통일인문학에서 제시하였던 '통합서사'를 형태적 개념이 아닌 '자유로운 말하기의 장(場)'으로 확장해야 함을 주장한다. 그동안 역사적 트라우마를 논의하면서 분단서사는 분단 트라우마가 표출되는

양상으로 정의되었다. 그리고 통합서사는 분단서사를 극복하는 방안이자 개념으로, 분단서사를 완화하고 사회를 통합하는 일련의 인간 활동으로 정의되어 왔다. 그러나 '분단서사 vs 통합서사'와 같은 이분법적 구도 속에서 분단서사를 파악할 때 그것은 분단 트라우마의 증상으로 여겨질 뿐 자기보호·자기치유적 성격은 간과되기 쉽다. 이에 필자는 분단서사가 통합서사의 대척점이 있는 것이 아니라 오히려 통합서사의 내부에 위치해야 함을 주장한다. 그가 보기에 분단체제 하에서 자유롭게 말하지 못하는 사람들은 사실상 계속해서 말하고 있었지만 우리 사회가 듣지 않았거나 인정하지 않았을 뿐이다. 따라서 이러한 방식으로 분단서사를 파악할 경우, 통합서사는 분단서사에 대한 대안적 개념이 아니라 듣기가 전제되어 있는, 자유로운 말하기가 가능한 '말하기의 장'으로 새롭게 이해될 수 있다.

두 번째 글은 이진의 「분단 국가와 아카이브 기억 - 갈등 능력과 비당사적 기억 그리고 문화적 기억의 관계에 대한 시론」이다. 이 글은 통일 이후 통일국가의 정체성을 만드는 공식적 서사에 포섭되지 못하는 다양한 주체 및 하위주체들의 기억이 어떻게 공적 공간을 확보할 수 있는가라는 물음으로 시작한다. 필자는 이를 기억 공간에 대한 문화학적 논의와 다원주의적 민주주의 정치철학에서 논하는 아고니즘 간에 어떻게 접점을 찾을 지에 대한 물음으로 이해한다. 그리고 그 답변을 아카이브 기억, 특히 비당사자적 아카이브 기억의 역동적인 생태에서 찾고자 한다. 그가 보기에 비당사자적 아카이브 기억은 당사자로서의 개인이나 사회가 현재 보유한 갈등 능력을 확장/보완하게 할 뿐만 아니라, 당사자들 사이에 현존하는 역사적·정치적·법적 경계 짓기의 자의성도 드러내게 할 수 있다. 또 비당사자적 아카이브 기억은 사적 기억들의 특수성을 보전하면서

도 비당사자들과의 연대를 통한 보편성을 추구할 수 있다는 이점을 지닌
다. 더구나 아카이브는 그것의 매체적 특성상 갈등하는 이질적인 기억들
에 대해 포용력을 지닌다는 점에서 정치사회적인 이유로 그 기억들이 배
제되지 않고 사회적으로 수용될 수 있는 계기를 마련할 수 있다. 그렇기
에 필자는 아카이브를 단지 문화적 정체성을 담지하는 기억의 물리적 장
소로 봐서는 안 된다고 주장한다. 그가 보기에 특히 다양한 주체들(하위
주체들)의 기억이 공적 공간을 확보하기 위해서는 아카이브화의 과정 및
양태, 그리고 기능에 주목할 필요가 있다는 것이다.

　제2부의 마지막 글은 박성은이 쓴 「박완서 〈빨갱이 바이러스〉 속 '마
당'의 딜레마와 '빨갱이 바이러스'의 정치적 함의」이다. 이 글은 박완서의
소설 〈빨갱이 바이러스〉를 통해 분단국가 내부에서 일부의 구성원을 비
국민이나 적으로 낙인/구분짓고 정치적이고 사회적으로 단죄의 효과를
가져오는 '빨갱이 담론'을 극복하기 위한 방안을 논의한다. 잘 알려져 있
다시피 박완서는 전쟁과 분단의 역사를 살아온 자신의 경험은 물론이고
당대의 사람들이 가진 공동의 기억을 문학작품으로 증언해온 작가이다.
필자가 보기에 이러한 박완서의 작업은 발터 벤야민이 말한 역사수집 기
술자의 기록방식에 해당한다. 박완서는 '역사와 민족'이라는 관점에서 분
단을 증언한 것이 아니라 평범한 사람들의 일상을 통해 분단문제를 제기
했던 것이다. 필자가 특히 주목하는 작품은 작가의 유작에 가까운 〈빨갱
이 바이러스〉(2009)이다. 필자는 이 소설이 수복지구 양양의 역사와 원주
민의 삶을 통해 분단의 구조를 파헤치고 분단극복의 방향을 제시하고 있
다고 본다. 이 소설에서 박완서는 우리 사회의 가장 첨예한 대립점인 '빨
갱이 담론'을 정면으로 응시하고 이를 전복시키기 위한 일상적 실천 대안
으로 '탈빨갱이 담론'의 사회적 담론화를 제안하고 있다는 것이다. 그것

은 분단국가의 균열을 은폐하고 정치권력을 유지하고자 하는 목적에서 '빨갱이'를 양산해 왔던 지난 역사를 되짚으면서 '과연 빨갱이는 무엇이냐'와 같은 물음을 던지는 것으로 시작할 수 있다. 그리고 일상 속에서 그 물음을 둘러싸고 거리낌 없이 논의할 때 우리는 '빨갱이 담론'을 해체하고 분단의 역사를 청산할 수 있는 가능성이 생긴다는 것이다.

제3부 〈소통의 공감장 형성 전략〉에서는 교육이나 각종 문화콘텐츠, 기억 공간을 통해 실질적으로 남북이 감성적 유대관계를 맺고 상호 소통할 수 있는 구체적인 실천전략에 대해 논의한다. 그 첫 번째 글은 박재인의 「분단역사에 대한 통합서사적 상상력과 통일교육」이다. 필자는 분단 구조 속에 살아가는 우리의 신체와 정신이 분단적 형태로 존재하며, 그로 인하여 왜곡되고 누락되었던 분단역사에 대한 기억을 보충·통합하는 교육이 필요하다고 주장한다. 이 글에서는 먼저 현재 청소년들이 지닌 분단 사의 기억 형태를 파악하기 위해 실시한 설문조사의 결과를 분석한다. 조사에 참여한 청소년들은 대체로 상대에게 분단과 전쟁의 책임을 전가하고 적대감을 증폭시키는 분단국가의 역사를 답습하듯 기억하고 있었다. 필자가 보기에 그러한 분단사 교육은 결코 평화와 통일을 위한 교육이라 할 수 없다. 오히려 분단사 교육이 평화를 희구하고 통일의 필요성을 절감하는 통일교육이 되려면 대결의식과 적대감을 고취시키는 것이 아니라 지난 역사를 반성적으로 사유하고 자신의 과오마저 역사의 기억에 포함시키는 교육이 필요하다는 것이다. 이에 필자는 무엇보다 분단국가의 공식 기억에 따라 획일적으로 기술되던 분단사에 경험자들의 다양한 기억을 개입시켜 재맥락화하는 것이 중요하다고 보고, 그 실천 방법으로 통합서사지도에 기반한 창작형 통일교육을 하나의 모델로 제안한다.

두 번째 글은 김기덕·김승의 「남북의 정서적 연대와 공감의 통일문화콘텐츠 개발」이다. 이 글은 남북의 정서적 연대를 위한 통일문화콘텐츠 개발 방향에 대해 논의하고 있다. 이를 위해 이 글은 남북의 정서적 연대와 통일문화콘텐츠가 갖는 의미를 추적하고, 그 결과 문명사적 차원에서 공동체와 개인의 주체성의 합일이라는 핵심 키워드를 추출한다. 그리고 이에 기반하여 현 단계에서 실현가능한 통일문화콘텐츠 개발 방향을 다음의 3가지로 제시한다. 첫째, 문화콘텐츠 개발의 시작이자 가장 중요한 기획과정의 핵심인 창작소재의 문제는 무엇보다 전통문화에서 찾는 것이 좋다. 둘째, 활용매체로는 활발히 진행되고 있는 남북한 문화콘텐츠의 다양한 매체를 활용한다. 특히 남북이 자유롭게 왕래할 수 없는 현실에서는 오늘날 가장 주목받고 있는 AR, VR와 같은 기술이 가장 적합하다. 셋째, 실행 프로그램은 쌍방향 개발 방식으로 진행한다. 이것은 현 단계 통일문화콘텐츠 개발은 산업적 차원에서가 아니라 공감(共感)의 차원에서 전개되어야 하기 때문이다. 이처럼 필자들은 창작소재는 물론 기술 접근 가능성, 그리고 개발 방식까지 고려하면서 남북이 정서적으로 소통할 수 있는 구체적인 문화콘텐츠 개발 방향에 대해 논의하고 있다.

3부의 마지막 글은 신정아의 「조선족 여성 재현과 돌봄의 윤리」이다. 이 글은 조선족 여성에 대한 미디어의 재현이 지닌 문제점을 '돌봄'과 '환대'의 차원에서 점검하고, 통일시대를 대비한 코리언 디아스포라의 통합 서사 구축을 위한 성찰과 연대의 방향을 모색하는 데 그 목적이 있다. 우선 필자는 〈미씽: 사라진 여자〉(2016), 〈악녀〉(2017) 등에서 보듯 2010년 이후 조선족 여성에 대한 미디어의 재현이 그 이전과 다르게 조선족 남성과 마찬가지로 범죄 캐릭터로 변하기 시작하였다는 점을 밝힌다. 몇몇의 예외가 있긴 하나 대체적으로 한국 사회에 잘 정착하고, 순종적이었던 과거의 조선족 여성 이미지는 모성을 지키기 위해서 살인도 서슴지 않는 폭력적 범죄자로 재현되기 시작한 것이다. 문제는 조선족 여성에 대한 이러한 이미지가 지속적으로 재현되는 한 그들과의 동등한 우정의 연대가 어렵다는 것이다. 이에 필자는 조선족 여성은 자신의 경험을 투명하게 말할 수 없는 전형적인 서발턴의 위치에 있다고 보면서 이들의 경험과 이야기에 귀 기울이는 '듣기의 윤리'가 필요하며, 그럴 때 동등한 인격적 관계 속에서 '돌봄의 대화적 관계'가 비로소 가능해진다고 주장한다. 그가 말하는 돌봄의 관계란 친구를 통해 자신의 결핍을 발견하고, 또 그 결핍을 친구를 통해 채우면서 좋은 삶을 위해 상호 변화해 가는 관계이다. 미디어가 재현해야 하는 것은 바로 이러한 돌봄의 실천인 것이다. 이어서 필자는 이러한 돌봄의 실천을 데리다의 '절대적 환대' 개념과 연계하여 검토한다. 절대적 환대는 타자의 영토에 유폐된 존재에 도움의 손길을 뻗치는 일이면서 그들을 인지하고 인정하는 것, 나아가 그들에게 빼앗길 수 없는 자리/장소를 마련해주는 것으로서, 곧 공공성을 창출하는 것에 다름 아니다. 따라서 통일시대를 대비하여 코리언이 평등한 연대의 삶을 살기 위해서는 무엇보다 조선족을 대상으로 한 미디어 재현에 대해 깊은 성찰이 필요하며 들리지 않는, 사라진, 제거된 그들의 목소리에 귀를 기울일 필요가 있는 것이다.

이상에서 보았듯이 이 책은 '통합서사'의 개념을 확장하고 명료하게 하는 한편, '아곤적 서사'와 '소통의 공감장'에 기반한 '평화 공동체'를 미래 통일한반도의 공동체로 제시하고 있다. 무엇보다 이 책에서 주목해야 할 점은 '평화 공동체'를 논의함에 있어 동질성 회복 담론은 말할 것도 없고 막연히 우애로운 관계에 바탕을 둔 합일로서의 통합을 상정하지 않는다는 점이다. 이는 이 책이 갈등하던 모순적 관계가 해소되고 단일한 통합을 이루는 변증법적 논리를 따르지 않는다는 말이다. 오히려 이 책은 탈

구축론적 관점에서 평화 공동체를 고민하고 있다. 그러므로 무엇보다 이 책은 인간이 모여 사는 곳에는 낯설고 기괴하게 느껴지는 적대적인 타자가 있을 수밖에 없다는 점과 동시에 그렇다고 그러한 타자를 배제하고 제거하는 것이 결코 평화를 가져다주지 않는다는 점을 전제한다. 왜냐하면 역사적으로 보더라도 단일한 정체성에 기반하여 동일한 존재들로만 구성된 완전무결한 공동체는 지금까지 존재한 적이 없었으며 그것은 앞으로도 불가능하기 때문이다. 오히려 그러한 세계에 대한 희망은 지난 역사에서 전체주의와 파쇼를 낳았고 학살과 전쟁을 야기해 왔다. 따라서 평화 공동체는 인간 공동체가 원래 '친구와 적'이 함께하는 세계라는 점을 인정하고 적대적인 타자와 갈등하고 싸우면서도 공존하는 세계를 형성하기 위해 부단히 노력할 때 가능한 것이다.

이러한 점에서 이 책은 미래 통일한반도가 지향해야 할 공동체 논의에 새로운 방향성을 제공하고 있다고 평가할 수 있다. 그럼에도 불구하고 향후 연구를 통해 보완되어야 할 점이 없는 것은 아니다. 특히 '아곤적 서사'와 '소통의 공감장' 간의 긴밀한 관계성을 '평화 공동체'의 개념 속에서 명확하게 밝히지는 못하고 있다는 점은 하나의 숙제로 남아 있다. '아곤적 서사'는 적대적인 대상도 공동체라는 이름으로 함께 살아가야 하는 존재라는 점을 인정해야 한다는 소통의 윤리로 제시되었는데, 이때의 사람들의 정치적이고 사회적인 관계가 상대가 지닌 상처뿐만 아니라 실존론적 삶의 방식까지 정서적으로 이해하고 공감하는 장, 즉 '소통의 공감장' 속에서 구현되는 관계와 어떻게 모순되지 않으면서 동시적인 관계가 될 수 있는지에 대해 명료하게 밝히지 못하였다는 것이다. 이는 통일한반도의 평화 공동체를 고민하는 한 지속적으로 제기되어야 할 주요한 화두라 생각하고 향후 연구를 통해 보완해 갈 것이다.

끝으로 이 책이 나오기까지 힘을 보태주신 분들께 감사 인사를 전하고 싶다. 우선 옥고를 보내주신 필자 선생님들께 진심으로 감사드린다. 너무나도 고맙게도 필자 선생님들께서는 이 책의 기획 의도를 정확하게 파악하시고 거기에 자신들의 고민을 보태는 수고로움을 마다하지 않으시고 원고를 작성해주셨다. 이 책에 9명의 저자가 공동으로 참여함에도 불구하고 그 내용이 유기적으로 구성될 수 있는 것은 필자 선생님들의 이러한 노력 덕분이라고 생각한다. 다음으로 이 책의 출판을 맡아 주신 패러다임 북 출판사 관계자분들께도 진심으로 감사의 인사를 드리고 싶다. 끝으로 오랜 시간 통일인문학연구단의 정서문예팀에서 함께 연구와 사업을 같이 해오면서 총서 출판을 위해 원고 수집과 편집을 맡아 수고해준 곽아람, 한상효 연구원 선생님들께도 감사의 말을 전한다.

2019년 5월
건국대학교 통일인문학연구단 정서문예팀장 김종군 씀

| 차례 |

제1부

코리언의 통합서사와 치유 그리고 미래 공동체

코리언 평화 공동체를 위한
통합서사의 기능

김종군

1. 왜 평화 공동체인가?

한반도가 분단된 지 70여 년을 맞이하는 현 시점에서 조국 통일은 코리언의 사명인가? 1945년 해방과 함께 남북 분단이 제2차 세계대전 승전 연합군에 의해 결정되자 우리 민족은 강력하게 반발하였고, 미군정에 의해 결정된 남한의 단독정부 수립을 막아섰다. 미군정과 소군정의 지령을 받은 당시 정치세력들은 단독정부 수립을 선선히 받아들였지만 항일독립 운동에 적극적으로 참여했던 김구와 같은 민족진영의 인사들은 분단을 고착화하는 단독정부 수립을 막기 위해 적극적인 노력을 기울였다. 김구 · 김규식 등의 민족진영 인사들이 1948년 4월 평양을 방문하여 김일성 · 김두봉을 주축으로 구성된 북측 인사들을 만나 남한의 단독정부 수립을 결정할 5.10 총선거 저지를 위한 '남북 연석회의'를 개최하지만 협상이 결렬되면서 남북은 단독정부 수립이라는 절차를 밟게 된다. 결국 1948년

8월 15일과 9월 9일 서울과 평양에서 각각 대한민국과 조선민주주의인민공화국의 단독정부가 수립된다. 그리고 남북의 위정자들은 구호상으로 끊임없이 통일을 주창한다. 이승만대통령은 '북진통일'의 휘호를 머리맡에 걸어두고 지냈고, 김일성주석도 조선전쟁을 '조국통일전쟁'으로 명분삼았다.

이처럼 분단 초기에는 남과 북 위정자에게 통일은 한 번의 무장 전투로 가능한 정변정도로 생각됐는지 모른다. 우리의 역사 속에서 피를 보지 않고 평화적으로 통일을 이룬 사례는 없었으므로 남북의 최고 통치자는 전쟁을 전제로 통일이 금세 가능하다고 인식한 것으로 보인다. 그러므로 1948년 7월 12일 제정한 '대한민국 헌법 전문'에는 '조국 통일'이란 말 자체가 등장하지 않는다. 우리의 헌법 전문에 '통일'이 등장한 것은 1972년 12월 27일 제7차 개헌에서 '조국의 평화적 통일의 역사적 사명'을 명시하고부터이다. 이후 두 차례의 개헌에서도 '조국의 평화적 통일 사명'을 유지하고 있다. 그런 가운데 명분상으로 통일은 우리의 사명으로 뇌리에 자리 잡았으나 실질적으로는 분단이 장기화되면서 분단된 조국에 사는 국민으로서 가져야 하는 허울 좋은 충성 구호정도로 자리매김하였다.

1950년대 이승만정부의 북진통일론, 1960년대 박정희정부의 선(先) 건설 후(後) 통일론, 1970년대 박정희정부의 7.4남북공동성명, 1980년대 전두환정부의 민족화합민주통일방안, 1990년대에 들어 노태우정부의 한민족공동체통일방안과 남북기본합의서, 김영삼정부의 민족공동체통일방안, 김대중정부의 햇볕정책 등에서 역사적 사명으로서 통일을 달성하기 위한 무수한 방안과 정책을 제시하였으나 아래에 처한 국민들에게는 피부에 와 닿지 않는 정치노름쯤으로 인식된 지경이다. 이런 정황에서 국민 개개인은 통일은 위정자들의 통치사안이고 거대담론이므로 관여할 바가 아니라고 자포자기 심정과 피로감을 호소하는 실정이다. 더군다나 이명

박정부 때 벌어진 천안함사건과 연평도 포격사건으로 대북 적대감은 한층 고조되어 있다.

문재인정부에 들어 한동안 급랭상태였던 남북관계는 급속도로 완화되어 평화무드로 전환되고 있다. 2018년 4.27 판문점 정상회담을 시작으로 두 차례의 남북정상회담이 더 개최되었고, 북미정상회담까지 진행된 상황에서 한반도의 통일문제는 다시 국민들의 최대 관심사로 부상하였다. 이런 화해의 분위기 속에서도 국민들은 '과연 통일이 가능할까?'라는 의구심을 떨치지 못하고 있다. 이는 '북의 김정은체제가 기득권을 접고 통일을 수용할 것인가?'에 대한 의구심이다. 이런 불신 속에서 통일 논의는 남한 국민들의 합의를 이뤄내기에 무척 힘들어 보인다. 북은 통일정책에서 '수령과 당이 결정하면 인민 대중은 따르는 통일'로 규정하고 있으므로 합의가 남한에 비해 훨씬 쉬울 것으로 보인다.

분단된 한반도 남쪽에 처한 주민이라면 대체로 가지는 이러한 뿌리 깊은 의구심은 통일 논의에서 심각한 걸림돌로 작용할 것은 자명하다. 그러므로 현 시점에서 통일 논의는 최종 결말지점인 체제 통일의 수순이 아니라 더불어 잘 살아가는 수순에 맞춰줘야 한다. 그래서 '평화 공동체 구축'이 '남북통일'의 전 단계로 정착해야 한다. 이런 정서적 기류를 잘 감지하여 이전 정부와는 달리 노무현, 문재인정부의 대북정책 기조는 '선(先) 평화, 후(後) 통일'로 표방하고 있다.[1]

물론 노태우, 김영삼정부에서 주창한 통일 방안에도 이와 같은 기조가 전제되어 있다. 그러나 그 시기에는 정책 방안으로 명시는 해 두었지만 실질적인 교류 협상단계에서는 정권 유지를 위한 분단체제를 강화하는 모순을 보였다. 그 결과 신뢰를 바탕으로 한 교류 협상이 불가능했다.

---

1 「문정인 "盧·文 대북정책 기조는 선 평화·후 통일"」, 『세계일보』, 2019.01.13., http://www.segye.com/newsView/20190113001901(2019.01.13 검색)

이제 허울로서의 통일이 아니라 실질적인 통일의 전 단계로서 평화 공동체에 대해 심각하게 고민해야 할 때이다. 대세는 즉각적이면서 불신과 위험 부담이 큰 통일체제보다는 점진적이지만 상호 소통과 왕래가 가능하고 더불어 잘 살아가는 평화체제를 선호하는 분위기이다. 즉각적 통일체제에서 점진적 평화체제로의 전환이 현실적 대안이 되고 있다. 이것은 곧 통일인문학에서 제시한 통일연구 방법 중 '과정으로서의 통일'의 단계이고, 현 시점에서 가장 효과적인 통일 방안이기 때문이다.

남과 북이 적대감정을 완화하거나 소거하고 더불어 잘 살아가는 평화 공동체가 되기 위해서는 여러 영역에서 구체적인 방안이 마련되어야 한다. 이 글에서는 '통합서사'를 그 실제적 방안으로 제시하고자 한다. 70여 년 유지된 분단체제는 각 영역에서 철저하게 서로를 적대하고 불신하도록 교육하고 세뇌시켰다. 분단의 아비투스[2]에 젖어버린 신체와 정신을 일순간에 변화시킬 수는 없다. 그러기 위해서는 순차적인 완화 시스템이 마련되어야 하고 이를 현실에 적용해야 한다. 그것이 통합서사이다.

70여 년의 분단체제 속에서 분단을 고착화하는 재생산 메커니즘이 형성되었다는 분단체제론[3]의 논리는 평화 공동체 구축이나 통일이 일순간의 즉흥적인 정책으로는 불가능함을 확신하게 한다. 분단에서 비롯된 악순환 고리를 끊어낼 장치로서 통합서사를 제시한 바 있다.[4] 이는 남한 내부의 이념갈등, 세대갈등을 조정하는 차원에서 제안하였다. 그리고 대상과 영역은 분단 트라우마를 담고 있는 한국전쟁체험담 범주의 경험담이었고, 이를 통해 남한 주민들의 대북 적대감을 완화하여 이념갈등을

2 박영균, 「분단의 아비투스에 관한 철학적 성찰」, 『시대와철학』 21-3, 한국철학사상연구회, 2010 참조.
3 백낙청, 『한반도식 통일, 현재진행형』, 창비, 2006 참조.
4 김종군, 「통합서사의 개념과 통합을 위한 문화사적 장치」, 『통일인문학』 61집, 건국대 인문학연구원, 2015.

조정하는 방안이었다.

이제 적대 관계를 유지했던 남북이 평화 공동체를 구축하는 과정으로 이 방안을 확장하고자 한다. 평화 공동체의 두 주체는 남과 북이기 때문에 북의 체제와 주민들에게까지 적용이 가능한 통합서사가 제시되어야 한다. 통일이나 평화 공동체 구축 과정에서 가장 핵심은 통일정책의 영역일 것이다. 그러나 정치적 통일담론은 결국 분단체제의 악순환 고리를 끊어내지 못했으므로 이를 2선으로 밀쳐 두지는 않더라도 또 다른 다양한 영역에서의 통합서사를 제시하고, 평화 공동체에서 통합서사의 역할을 고민하고자 한다. 가장 본질적인 영역은 정서적인 측면이라고 판단된다. 평화 공동체 구축에서 기본적인 걸림돌은 상호 적대감이므로 이를 완화할 수 있는 정서적 영역에서의 통합서사가 우선 고려되어야 한다. 이 글에서는 평화 공동체에서의 통합서사의 예시로 정치적 통일정책 영역과 정서적 영역에서의 통합서사 사례를 제시하고, 그 기능을 밝히고자 한다.

2. 통합서사 개념의 확장

"한반도의 분단구조는 '체제'라고 불릴 만큼의 일정한 자생력과 안정성을 확보하고 있으며 '세계체제'의 하위 구조로 존재한다. 그것은 일견 대립하는 남북의 기득권세력 사이에 일정한 공생관계 위에서 재생산된다[5]"는 것으로 요약할 수 있는 백낙청의 분단체제론은 한반도의 분단구조와 여기에서 비롯된 갈등요인을 진단하는데 매우 적절해 보인다. 분단체제를 유지하기 위해 국가는 자국민에게 폭력에 가까운 억압을 강요하고,

---

5   백낙청, 앞의 책, 45-46쪽.

이러한 분단폭력-국가폭력은 피해자에게 트라우마를 일으키게 되는데, 이는 분단구조 속에서 비롯된 것이므로 '분단 트라우마'로 지칭할 수 있겠다. 분단 트라우마를 간직한 분단폭력-국가폭력 피해자들은 자신의 트라우마가 담긴 사연을 이야기하는 가운데 분단서사를 표출한다. 분단서사는 당사자들이 폭압적인 분단폭력을 피해가기 위한 변론의 과정에서 발생할 수도 있지만, 더 나아가 제3자의 입장에서 분단폭력을 지켜본 사람들이 이를 피해가는 기제로, 사전에 적대적인 분단체제에 순응하는 자세를 취하면서 부화뇌동하듯이 발생하는 경우도 많다. 곧 전이가 일반화된다는 말이다. 그리고 전체 국민들 사이에 확산되어 일반화 된 분단서사는 분단체제를 더욱 공고히 하고, 이를 분단국민들의 지지를 받은 것으로 인식한 국가권력은 분단체제를 더욱 강화하거나 변질된 분단폭력을 분단국민에게 가하면서 또 다른 분단 트라우마를 생산한다. 결국 분단체제-분단 트라우마-분단서사는 악순환의 재생산시스템으로 공고하게 구축된다.

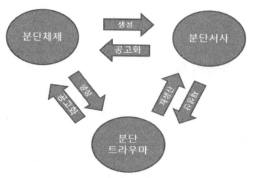

〈그림 1〉 분단체제의 역학관계

이러한 분단체제의 악순환 고리를 끊어내기 위해서는 삼각구조 자체를 무너뜨리면 될 것이다. 전체를 없애는 것이 불가능하다면 한 축이라도 무너뜨리면 되겠지만 이마저도 역부족이라면 느슨하게 약화시키는 차선

책이 요구된다. 위의 세 축에서 분단체제는 남북 분단 상황에서 준엄하게 (?) 존재하는 통치체제에 비견할 수 있으므로 요지부동의 견고함을 가지고 있다. 그리고 그 분단체제 국가가 통치의 수단으로 가하는 분단폭력-국가폭력에서 생성되는 분단 트라우마는 필연적이라고 할 수 있으므로 불가항력적이다. 그렇다면 남은 한 축인 분단서사를 공략하는 수밖에 없다. 분단서사는 분단국가 국민들이 나와 이념이 다른 상대는 적으로 보고, 더 나가서는 척결의 대상, 복수의 대상으로 보는 시각에서 파생되는 사고와 말하기 방식들이다. 이러한 분단서사는 분단체제 속에서 반공이 국시로 채택되면서 반공주의, 군사주의, 발전지상주의 등의 다양한 양상으로 파생된다.[6] 그리고 이 분단서사는 분단의 지배질서가 안정적으로 재생산되는 정서적, 이념적 기반으로서 분단사회의 일상에 내면화 된 특징적인 삶의 방식이라고 할 수 있다. 분단서사는 이데올로기 수준의 의식적인 자발적 동의로부터 교육 대중매체 등의 일상적 반복을 통해 체화되는 무의식적인 동의를 포괄하고 있다.[7] 분단체제가 공고한 통치 영역이고, 분단 트라우마가 여기에서 악의 연결고리로 생성되는 구조임에 비해 분단서사는 분단국민들의 감정, 정서적인 요인에 의해 구축된다. 결국 그러한 감정, 정서에 호소하면 경직된 분단서사를 어느 정도 느슨하게 순화시킬 여지가 있다. 그래서 악순환하는 분단체제의 삼각구조에서 분단서사를 타깃으로 삼으면 재생산시스템을 무너뜨릴 수도 있을 듯하다.

　분단서사를 완화하거나 무너뜨리는 방안으로 통합서사를 제안한다. 필자는 통합서사의 개념을 다음과 같이 제시하였다.

6　김종군, 앞의 논문, 266쪽.

7　이병수, 「분단 트라우마의 유형과 치유 방향」, 『통일인문학논총』 52집, 건국대학교 인문학연구원, 2011, 57쪽.

통합서사를 통합과 서사의 결합이라고 볼 때, 통합(統合)은 '둘 이상의 조직이나 기구가 하나로 합쳐짐'이라는 사전적 의미에 국한되는 것이 아니다. 여기서 통합은 사회적 통합, 사회 구성원들의 통합을 지향한다. 그리고 그 합(合)은 나와 같아짐, 하나가 됨에 제약되지 않는다. 분단체제 속에서 직접적으로는 이념이 나와 다른 구성원을 적대시하면서 갈등을 불러오는 경우, 더 나아가 욕망하는 바가 나와 다른 구성원들을 이념의 틀로 재단하여 갈등하는 경우에 그 적대적 정서를 완화하면서 갈등을 줄여나가는 단계, 더 나아가 서로를 인정하고 포용하는 단계, 끝에 가서는 화해를 이룬 단계를 말한다.

그리고 서사(敍事)는 문학적 양식으로서의 서사에 국한되지 않고, '어떤 사실을 있는 그대로 기록하는 글의 양식, 인간 행위와 관련되는 일련의 사건들에 대한 언어적 재현 양식'이라는 본래적 의미에 더 가깝다고 할 수 있다. 여기서 표현 수단을 지칭하는 '글, 언어'의 제약도 벗어나 말하기·글쓰기·영상·몸짓으로까지 확대하고자 한다. 결국 인간의 삶에 관련된 일련의 사건들에 대한 표현 활동 정도의 확대한 의미로 잡고자 한다.[8]

통합서사의 이러한 개념은 그 통합의 대상을 누구로 볼 것인가, 통합영역이 무엇인가에 따라 변화할 수 있어서 확정된 정의는 아니었다. 애초 남한 사회 내부에 존재하는 이념갈등이나 세대갈등을 염두에 두고 개념을 정리한 것이다. 이제 이를 좀 더 확장할 필요가 있다.

우선 통합(統合)의 의미부터 재검토하자. '코리언 평화 공동체'에서의 통합 대상은 남측과 북측, 코리언 디아스포라까지를 포괄해야 한다. 전체 코리언이 처한 국가 내부적 갈등과 코리언 상호관계에서 발생하는 갈등을 통합하는 개념으로 확장이 요구된다. 내부적 통합은 남측 주민 내부의 갈등, 북측 주민 내부의 갈등, 해외 각처에 흩어져 살아가는 코리언 디아

---

8   김종군, 앞의 논문, 268-269쪽.

스포라 내부의 갈등 통합을 의미하고, 상호간 통합은 남북 사이 갈등, 국내와 해외 사이 갈등의 통합을 의미한다. 통일의 대상을 설정하는 가운데서 남측의 통일담론에서는 해외 코리언들을 통일의 주체로 뚜렷하게 명시하지 않고 있다.[9] 북측에서는 일찍이 '고려민주연방공화국안'부터 시작하여 '조국통일을 위한 전민족대단결 10대 강령', '민족대단결 5대 방침', '조국통일 3대 원칙'에까지 모든 통일 방안에 통일의 주체로 '북과 남, 해외 전민족'을 명시하고 있다. 김정은 위원장의 공개 발언에서도 그 첫 번째 항목에 '통일의 주체는 북과 남, 해외의 전체 조선 민족이며, '우리민족끼리' 입장을 견지해야 한다는 것'으로 천명하고 있다.

통합의 영역 또한 영토나 체제 통합에 얽매이지 않아야 한다. 가장 우선할 것은 '사람의 통합'임은 자명하다. 굳이 통일 독일의 사례를 재론할 필요도 없이 민주를 지향하는 평화 공동체에서는 사람이 중심이 되어야 한다. 사람 중심의 통일과 통합은 통일인문학의 기본 전제이다. 사람의 통합도 그 내적 요소인 정서 감정적인 통합 의지가 요체가 될 것이다. 이 정서적 통합에서의 기본은 상호 적대감을 해소하는 것이다. 그 다음 단계는 상대를 나와 같은 존재로 동일화 하려는 욕망을 버려야 한다. 곧 나와 상대방의 차이를 인정하고 더불어 살아가는 공동체 의식이 구축되어야 할 것이다. 또한 사람의 통합은 사람살이의 통합을 의미한다. 사람살이는 문화를 의미하고, 다양한 문화 영역의 통합을 지향하여야 한다. 일상의 사람살이인 생활문화에서부터 좀 더 체계화된 예술, 학술적인 영역까지를 포괄한다.

이제 서사(敍事)의 의미에 대해 살펴보자. 앞서 개념 정리에서 서사를

---

9   통일인문학에서 통일의 주체로 남북 주민과 코리언 디아스포라 전체를 포괄한 것은 이런 측면에서 혜안이라고 평가할 수 있겠다(김성민·박영균, 「인문학적 통일담론과 통일인문학」, 『철학연구』 92집, 철학연구회, 2011).

이야기로 대체할 수 있는 문학 양식의 범주를 넘어서고, 그 표현방식도 글이나 말의 제약에 얽매이지 않는, '인간의 삶에 관련된 일련의 사건들에 대한 표현 활동'으로 제안하였다. 문학 양식에 대한 정의를 사람살이로 확장한 것이므로 문학 이론에서 좀 더 의미를 찾아 보태고자 한다. 서사는 사람들 사이의 소통에 부쳐져 의미가 산출되어 그 면모가 드러나는 인지 현상이다. 서사는 본디 대화적 장르로서, 소통이 활발하고 수월하게 진행될 때 인간 삶에 최적의 가치를 제공할 수 있으며, 서사의 장에 동참한 이들은 그러한 소통을 활성화하기 위한 전략에 골몰한다[10]는 논리는 통합과 결합하는 서사의 의미를 더욱 신뢰하게 만든다. 소통을 활발하고 수월하게 하려는 서사 구현자의 노력은 경색되고 억압된 분단서사를 연대하고 공명하는 통합서사로 전환시키려는 의지와 상응한다고 볼 수 있다. 결국 사람 사이의 소통을 전제로 한다는 서사의 특성은 통합서사가 분단서사를 완화하고 해체할 수 있다는 가설에 큰 힘을 실어준다.

그렇다면 코리언 평화 공동체에서 통합서사는 남북 주민과 코리언 디아스포라를 포괄하는 전체 코리언들이 상호 적대성과 이기적 욕망에서 비롯된 갈등을 해소하고 체제·정서·문화적인 전 영역에서 서로의 차이를 인정하면서 더불어 살아가는 공동체 의식으로 연대하고 소통하는 일련의 활동으로 확장시킬 수 있겠다.

3. 통합서사의 전개 과정

기존의 통합서사 개념은 남한 내부의 갈등 조정에 적용하는 수준에서 논의하였다. 그래서 통합서사의 개념을 '분단체제 속 한국 사회 구성원들

---

10 장일구, 「서사 소통의 인지 공정과 문화적 과정의 역학-방법적 개념의 모색을 위한 시론」, 『현대문학이론연구』 55집, 현대문학이론학회, 2013, 254쪽.

이 갖는 이념적 적대 정서에서 기인한 분단서사를 완화시키는 일련의 인간 활동으로, 사회를 통합시키는 장치'라고 포괄적으로 제시한 것이다.[11] 그래서 좀 더 문학적 개념의 서사 자료인 분단 및 한국전쟁경험담을 활용하여 통합서사의 단계적 적용을 제시하였다. 적대적 분단체제 속에서 서사를 구현할 신변의 안전을 우선 확보하고, '고발(告發)의 단계-동정(同情)의 단계-화해(和解)의 단계' 순서로 분단서사에서 통합서사로의 전환을 제시하였다. 그래서 고발 단계의 이야기를 해원(解冤)의 서사, 동정 단계의 이야기를 포용(包容)의 서사, 화해 단계의 이야기를 통합(統合)의 서사로 층위를 구분하였다.[12]

이 글에서는 이러한 문학적 서사를 사회 전반의 현상적 서사로 확장하고, 남한 내부 갈등 조정을 위한 통합서사를 코리언 전체의 갈등 조정에 기여하는 통합서사로 진전시키고 있으므로 기존에 제시한 완화 단계와 결이 다른 방안이 필요해 보인다. 70여 년의 분단은 하나로 인식했던 민족을 뿔뿔이 흩어지게 했고, 전쟁과 냉전이라는 세계체제 속에서 서로의 왕래를 원천봉쇄하였다. 그 가운데 전쟁을 치른 남북은 철저하게 적대적 관계로 고착되면서 도저히 왕래가 불가하였고, 그 주변국인 중국과 러시아·중앙아시아·일본에 처한 코리언 디아스포라는 냉전체제 속에서 왕래가 제한적이었다. 불통의 상황에서 같은 방식으로 살아온 문화도 처한 국가와 체제에 따라 달라졌다. 특히 남북은 70여 년 동안 적대의 감정을 단 한순간도 풀어보지 못한 대단히 비극적인 관계를 유지해 왔고, 지금도 마찬가지이다. 이런 상황에서 평화 공동체와 통합서사 운운하는 일이 상

---

11 김종군, 앞의 논문, 269쪽.

12 | 고발 告發 | ⇒ | 해원의 서사 | ⇒ | 동정 同情 | ⇒ | 포용의 서사 | ⇒ | 화해 和解 | ⇒ | 통합의 서사 |
|---|---|---|---|---|---|---|---|---|---|---|

김종군, 앞의 논문, 271쪽.

식의 선을 넘어선다고 비난 받을 수도 있다. 그럼에도 우리는 전쟁의 공포보다는 화해의 평화를 선택하는 것이 현명한 결정이라고 확신한다.

남과 북이 다른 체제를 유지하여 왔고, 현재도 그러한 것을 당장에 하나의 체제로 만들자는 것은 지금까지 겪어왔던 통일담론의 시행착오를 다시 반복하는 일일 수밖에 없다. 자본주의체제와 공산주의체제를 하나로 통합하는 일은 무력 충돌로 상대 체제를 무너뜨리는 방법밖에는 다른 방도가 없어 보인다. 더군다나 북한체제는 일반적인 체제 이론에서 많은 변형이 가해진 통치구조와 사회운용시스템을 유지하고 있다. 독재체제나 3대 세습을 여기에서 문제 삼는다면 이 논의는 무의미해진다. 그래서 현 시점에서 남북 사이에 적용할 수 있는 통합서사의 단계는 차이의 인정이 우선되어야 한다. 통치체제 · 사회운용방식 · 경제체제 · 문화적 현상을 있는 그대로 인정하는 단계이다. 체제가 다름을 상호 비방하면서 서로의 것을 수용하라고 강요하는 일은 폭력이다. 북한과의 차이 인정이 도저히 불가하다고 판단된다면 중국 조선족과 더불어 살아가는 현재의 우리 사회를 눈여겨볼 필요가 있다. 1992년 한중수교 이전까지는 중국은 한국전쟁시기 북한군과 연합한 적성국 중공이었고, 경제적으로는 극빈의 저소득 국가였다. 그리고 조선족은 그 중국의 공민들이었다. 수교를 통해 왕래가 자유로워진 이후 30년이 채 안된 현 시점에 국내 거주 조선족은 공식 통계로 70만에 달하고, 상호 갈등요인은 있지만 한국사회의 구성원으로 더불어 살아가고 있다.[13] 북한은 우리와 전쟁을 치른 불구대천의 원수이고, 경제적인 격차는 40배에 달하며, 자유와 인권이 전혀 보장되지

---

13 특히 1999년 '재외 동포의 출입국과 법적 지위에 관한 법률'이 제정되면서 조선족의 국내 이주는 급속도로 증가하였고, '2015년 출입국외국인정책 통계연표'에 의하면 공식적인 국내 거주 조선족의 수는 626,655명이다(이미화, 「한국 거주 조선족의 가치지향성과 정주의식 연구」, 건국대 대학원 석사학위 논문, 2017, 1쪽 참조.).

않는 폐쇄적인 독재사회이라는 실상을 백번 인정하고 상호 소통하고 왕래하는 가운데 그 변화의 추이를 보자는 것이다. 우리와 격차가 너무 심해서 도저히 수용할 수 없다는 배척의 논리보다는 차이를 인정하고 중국이 변화한 것처럼 변화할 수 있다는 이해의 시선이 필요하다. 이러한 차이의 인정을 통해 서로를 이해하게 되는데, 이를 이해(理解)의 서사 단계로 보자.

나와 다름에서 오는 거부감이 제거되면 같은 민족이기 때문에 발현되는 유사점이 눈에 들어온다. 남북은 일차적으로 말이 통하고 같은 문자를 사용한다는 상호 소통의 강점을 가지고 있다. 어휘의 차이와 화용(話用)의 다름은 서울과 평양의 격차보다 서울과 제주도의 격차가 더욱 심하다. 역사와 문학·음악·춤 등의 전통 자산을 공유하고 있으며, 의식주를 비롯한 생애의례 방식 등의 생활문화 역시 지역적인 다름이 존재할 뿐 대동소이하다. 물론 체제를 달리하는 가운데 그 해석과 운용에서 많은 변용이 불가피했다. 〈춘향전〉을 두고 표면적 주제와 이면적 주제를 구분하여 탐색하는 남한의 해석 방식과 반봉건 사상을 강조하는 북한의 해석 방식이 다를 수 있다. 그럼에도 남북은 이 작품이 현재를 살아가는 세대에게 모범이 될 만하다고 평가하면서 공히 고전소설로서의 위상을 인정하고 있다. 이러한 접점은 민족의 정서적인 측면에서 특히 강하게 표출되어, 생애의례 가운데 혼례나 상장례에서 사람사이의 인정과 상호부조의 미풍양속은 지속적으로 유지되고 있다.[14] 또한 학술적인 영역에서도 문학사 서술 등에서 충분한 접점을 발견할 수 있다. 북한에서 주체문예이론에 입각하여 고전 작품을 순 우리말로 명명하고 분석의 틀을 달리하고 있는데, 지속적인 교류를 통해서 그 격차를 좁힐 수 있는 수준이다.[15] 이러한

---

14 김종군, 「탈북민 구술을 통해 본 북한 민속의례의 변화와 계승」, 『한국민속학』 62집, 한국민속학회, 2015, 19-23쪽.

문화적 접점 찾기는 정치체제의 접점 찾기보다 좀 더 갈등의 여지가 적고, 상호 설득력을 확보할 수 있어 효과적이다. 이렇게 남북의 사회 문화적 접점을 찾는 과정은 공통(共通)의 서사 단계로 명명하자.

차이를 인정하면서 이해의 단계를 거치고, 상호 접점을 찾아서 공통점을 도출하기 위해 조율하는 가운데 같은 민족으로서 가지는 공통성의 실체가 확립될 수 있다. 기존의 통일담론에서 통일 당위성의 근거로 가장 먼저 제시한 것이 민족 동질성 회복 논의였다. 민족 동질성은 유구한 역사를 통해 남북이 공유해온 종족적 공통분모를 가리키는 말로 통용되는데, 우리의 민족정체성은 서구와 달리 문화·관습의 공통성을 가진 특정한 종족적 정체성(ethnic identity)을 의미하므로[16] 민족 동질성 회복 논의는 민족정체성 주도권 다툼으로 이어질 수 있다. 적대적, 상호 경쟁적 분단체제 속에서 민족정체성의 기준을 어디에 둘 것인가 논쟁은 민족의 정통성을 누가 쥐고 있는가라는 적자(嫡子) 논쟁과 맞물리면서 통일의 과정에서 주도권을 어느 쪽이 가질 것인가로 확장된다. 이런 소모적인 동질성 논쟁의 대안으로 통일인문학에서는 통합의 장치로 민족 공통성을 기본 개념으로 제안하였다.[17]

민족 공통성은 분단 이전의 동질성에 근거한 민족 동질성 회복과는 그 의미가 다르다. 이 용어는 민족적 과거의 원형적이거나 실체화된 동질성이 아니라 동태적이며 관계론적 맥락에 놓여 있다.[18] 이런 점에서 민족

---

15 김종군 외, 『고전문학을 바라보는 북한의 시각』 1,2,3, 박이정출판사, 2011-2015.
16 이병수, 「코리언 정체성 연구의 관점과 방법론」, 『코리언의 민족정체성』, 선인, 2012, 32쪽.
17 건국대 통일인문학연구단 편, 『코리언의 민족정체성』, 『코리언의 역사적 트라우마』, 『코리언의 생활문화』, 『코리언의 분단·통일의식』, 선인, 2012.
18 민족 공통성의 개념의 성격은 ①종족적 본질과 같이 사전에 규정된 불변적 관념이 아니라 한민족 구성원들의 만남의 질과 성격에 따라 상생과 공존의 삶이 체험되는 과정에서 형성되는 미래기획적인 특성을 지닌다. ②민족 공통성의 형성은 코리언들

공통성은 'national community'가 아니라 'national commonality'이다. 'community'는 특정한 지역에서 사는 사람들이 내적으로 공유하고 있는 공통성으로, 이미 거기에 속하는 개체들은 모두 다 가지고 있는 속성이다. 반면 'commonality'는 둘 이상의 개체가 서로 마주치거나 협력을 맺는 'common'에 의해 만들어지는 속성[19]을 지니는 것으로 보고 있다. 남북은 분단 이후 근대화 과정을 본격적으로 이행하게 되는데, 남한은 미국 문화의 자장에서 근대화가 추진되었고, 북한은 소련의 자장에서 진행된 특성을 지닌다. 그래서 전통의 고수 부분에서는 양측이 모두 결격사유를 가지고 있다. 이 점을 인정한다면 평화 공동체에서는 민족 동질성 회복 담론보다는 민족 공통성 담론이 훨씬 설득력을 가진다. 또한 평화 공동체의 한 축인 코리언 디아스포라를 고려한다면 더욱 이 담론의 효용성은 커 보인다. 중국 조선족의 경우는 중국 정부의 소수민족 보호 정책에 따라 우리말과 문화를 그나마 보존할 수 있었지만 구소련 지역인 러시아나 중앙아시아 코리언은 우리말까지 잊은 상황에서 민족 동질성 회복 담론은 어느 한 축을 배제하겠다는 폭력성을 내재하고 있기 때문이다. 이러한

이 서로 다른 지역에서 구축해온 가치관과 생활문화에 대한 상호 인정과 동시에 각자의 정체성을 변화시켜 나가려는 의지를 동반할 때 가능하다. ③국적이나 이념, 그리고 경제적 합리성이라는 인지적 차원이 아니라 각자의 신체에 내재화된 생활문화와 정서가 부딪히거나 소통하는 비인지적 차원을 통해 형성되는 특징을 지닌다(이병수, 앞의 글, 37-38쪽).

[19]

구분 항목	national community	national commonality
시간성	과거형	미래형
속성	전통문화	변형문화
실체성	동일성	차이 – 공통성
정체성	인지적 의식(의식적 규정)	비인지적 요소(비의식 – 무의식적 공통감)
연구방향	고유문화 복원 및 정체성 확인	차이의 공감과 연대 – 생성적 정체성

박영균, 「코리안 디아스포라의 민족공통성 연구방법론」, 『시대와 철학』 22-2, 한국철학사상연구회, 2011.

미래지향적인 민족 공통성 구축은 코리언 평화 공동체에서 전체 구성원의 통합을 가능하게 하는 통합서사의 완결로 볼 수 있다. 이를 도식으로 그려보면 다음과 같다.

| 차이 인정 | ⇒ | 이해의 서사 | ⇒ | 접점 탐색 | ⇒ | 공통의 서사 | ⇒ | 민족 공통성 구축 | ⇒ | 통합의 서사 |

4. 평화 공동체에서 통합서사의 사례와 기능

평화 공동체에서 통합서사는 정치 · 경제 · 사회 · 문화 · 학문의 전 영역에서 시도되어야 통일 논의는 더욱 풍부해지고 온전한 상을 갖출 수 있다. 각 영역에서 차이를 인정하면서 공통이라고 의미 부여할 수 있는 접점을 찾아서 상호 교류를 활성화 한다면 통합서사의 최종 단계인 민족 공통성 구축이 가능할 것이고, 이러한 각 영역이 구성인자로 모아지면 온전한 평화 공동체의 모습이 갖춰질 수 있다. 그런데 당장의 걸림돌은 장기간의 상호 적대 관계에서 비롯된 상호 배척의 심리이다. 우리 사회의 각 영역에서 북한에 대해 부정적 시선을 보내는 풍조는 일반화 되어 있다. 당장 학계에서도 북한 연구에 대해 '그런 것도 학문이냐?'라는 비아냥거림을 표출하는 경우가 많다. 남북 스포츠 교류에 대해서도 부정적인 시선을 보내는 시점에서 경제 지원은 '퍼주기' 논란으로 더욱 반발을 불러올 것으로 보인다. 이런 가운데 상호 적대 감정의 틈새를 찾아서 우선 대상으로 삼아 보는 것을 제안한다.[20] 우리는 남북 교류에서 가장 빈번하게 활용되는 형태가 음악 공연임을 보아왔다. 2018년 2월 평창올림픽을

---

20 김종군, 「남북 주민의 정서 소통 기제로서 대중가요」, 『통일인문학』 71집, 건국대 인문학연구원, 2017.

맞아 북한 삼지연 악단의 공연이 강릉과 서울에서 진행되었고, 4월에는 답방형식으로 남측의 가수들이 평양을 방문하여 〈봄이 온다〉는 독자적인 공연과 〈우리는 하나〉라는 남북합동 공연을 펼쳤다. 이에 대해 많은 사람들이 긍정적인 반응을 보였고, 북한 사람과 예술에 대해 관심을 표했다. 북한 주민들도 마찬가지였다. 남측 음악인들의 평양 공연을 보고 경직된 시선을 풀고 박수치며 환호하였다. 남북 교류에서 가장 거부감이 덜한 분야가 음악 교류임을 익히 알고 있으므로 빈번하게 활용하는 것이 아니겠는가? 이처럼 상호 적대와 배척의 심리가 견고하지만 각 영역에는 틈새가 존재한다. 아마도 남북 주민들이 적대보다 더 큰 의미를 두는 정서적인 요인일 수 있다. 무의식적으로 발현되는 민족의 정체성으로 볼 수 있으므로, 이는 민족 공통성의 요소라고 단정할 수 있다. 이 영역에서부터 우선 통합서사를 찾아보자.

남북 평화 공동체 구축에서 가장 직접적인 영역인 통일정책 분야를 살펴보자. 통일은 분단된 남북이 적대적 분단체제를 유지하면서도 공히 지상의 목표가 아닌 적이 없었다. 그래서 남북의 정권에서는 지속적으로 통일정책들을 제시하였다. 북한에서 제시한 통일에 대한 여러 방안 중 가장 최근의 것이 김정은 위원장의 발언이다.

첫째, 통일의 주체는 북과 남, 해외의 전체 조선 민족이며, '우리민족끼리' 입장을 견지해야 한다는 것.
둘째, 통일을 바라는 누구와도 대화를 하겠다는 것 "우리 당과 공화국 정부는 진정으로 나라의 통일을 원하고 민족의 평화번영을 바라는 사람이라면 누구든지 손잡고 나갈 것"
셋째, 남북공동선언을 존중하고 이행하자는 것 "북남공동선언을 존중하고 리행하는 것은 북남관계를 전진시키고 통일을 앞당기기 위한 근본전제"

첫 번째에서 눈에 띄는 구절이 '우리민족끼리'이다. 통일의 주체로 남북 주민과 해외 동포를 모두 포함해야 한다는 표상이지만 그 본질은 외세에 흔들리지 말고 자주적으로 통일을 추진하자는 의미이다. 2003년 북한이 자신들의 체제 선전 수단으로 개설한 인터넷 사이트 이름이기도 한이 구절은 2000년 들어서 북한 주민들이 남북관계를 언급할 때 가장 즐겨 사용하는 용어이다.[21] 2000년 6월 15일 김대중대통령과 김정일위원장의 정상회담부터 본격적으로 유행한 말인 듯한데, 김정은위원장은 이 구절을 통일정책의 일성으로 제시한 것이다. 북한의 초기 통일정책인 '고려민주연방공화국안(1980년)'에서는 통일의 주체에 대해 명확하게 언급하지 않았다. '국가활동의 모든 분야에서 자주성을 확고히 견지하며 자주적인 정책을 실시하여야 한다'는 첫 조항에서 '자주'라는 용어를 사용하였지만 연방공화국안에서 연방제를 구성한 이후의 운영 목표나 정책들과 함께 제시되어 통일 주도에서 자주를 천명한 것으로는 보이지 않는다. 이후 '조국통일을 위한 전민족대단결 10대 강령(1993년)'에서는 '전민족의 대단결로 자주적이고 평화적이며 중립적인 통일국가를 창립하여야 한다'고 첫 조항을 제시한다. 통일국가 창립이 자주적이어야 한다고 통일 과정에서 민족자주성을 강조하기 시작한다. 또 '민족대단결 5대 방침'에서는 '민족의 대단결은 철저히 민족자주의 원칙에 기초하여야 한다'고 하였고, '조국통일 3대 원칙'의 첫 항목도 '자주통일'이다. 한반도를 둘러싼 열강들의 간섭 없이 주체적으로 통일을 추진하면서 그 통일의 주체는 남북과 해외 코리언을 모두 포함해야 한다는 의지를 지속적으로 견지하고 있다. 김정은위원장은 이 자주통일을 유행어처럼 번진 '우리민족끼리'라는 구절로 대체하였다.

---

21 필자가 2015년 12월 3일 평양을 방문했을 때 가장 많이 들었던 말이었고, 최근 몇 년간 해외에서 북측 학자들을 만났을 때도 종종 듣는 말이다.

자주(自主)라는 어휘는 남과 북에서 빈번하게 사용한 용어이다. 이는 남과 북이 사용해온 상호 비방의 어휘인 괴뢰(傀儡, 꼭두각시)에 대한 방어 장치처럼 사용되어 왔다. 남에서 북을 구소련과 중국의 간섭에서 자유롭지 못하다고 보고, 북에서 남을 미국의 간섭에서 자유롭지 못하다는 비난이므로 자주나 우리민족끼리라는 어휘는 상호 비방에 대한 변론처럼 들린다. 괴뢰라는 말이 실질적으로 분단을 초래한 주변 열강의 간섭으로부터 자유롭지 못한 서로의 처지에 대한 적대적 투사이기 때문이다.

자주나 우리민족끼리는 통일의 과정에서 실질적으로 절실히 요구되는 요건이기도 하다. 그래서 통일정책 영역에서 이 어휘를 접점으로 삼을 필요가 있다. 열강에 의해 분단이 이루어졌고, 분단체제가 유지되고 있다는 각성을 포함하는 어휘이므로 남과 북에게 공히 울림이 있다고 판단된다. 남한에서 이 용어는 1980년대 학생운동에서 주로 사용되었다. NL로 지칭되는 민주해방파의 다른 이름이 자주파였다. 민주화운동과정에서 PD(민중민주파)와 계열이 나뉘어 논쟁을 불러오기도 하였고, 일부는 주사파를 표방하면서 친북적이라는 비난과 억압을 받아야 했다.[22] 그렇지만 분단국가에서 학생신분으로서 통일에 대해 치열하게 고민한 사실에 대해서는 인정해야 할 것이다. 통일의 과정을 '우리민족끼리'나 '자주'라는 용어로 접근하는 것은 이미 기성세대에 접어든 86세대들에게는 정서적인

---

22 80년대 학생운동권의 통일운동에 대해 박영균은 "'NL'은 한반도의 분단문제를 '민족 지상주의적 통일운동 또는 미국에 대항하는 반제국주의 운동'으로 분단극복의 운동을 바꾸어 놓음으로써 분단체제가 제시하는 문제의식을 놓쳐 버렸을 뿐만 아니라 과도하게 북 추종 또는 옹호적이라는 인상을 남김으로써 '통일운동'에 대한 대중적 지지 기반을 상실하는 결과를 낳았다. 또한, 'PD'는 '선(先)민주변혁 후(後)통일'을 주장하기는 했지만 '분단문제'를 민주변혁 이후의 문제로 밀어둠으로써 사실상 하나의 정파로서 '분단문제'에 대한 정치노선을 제출해야 하는 임무를 방기하는 결과를 낳았다."고 진단한다(박영균, 「80년대 학생운동의 이념 논쟁」, 『학생운동, 1980』, 오월의봄, 2016, 175-180쪽 참조).

접점이 되지 않을까 제안해 본다.

정서적인 영역에서의 통합서사 요소는 다양할 수 있다. 이 영역은 적대적 남북관계에서 가장 부침(浮沈)이 심하다. 정세에 따라 상호 적대감은 누그러지기도 하고, 최고조로 치솟기도 한다. 그런데 남북이 경색된 관계를 풀어내는 가장 효과적인 정서적 장치는 남북 이산가족 상봉이었다. 남북 이산가족 상봉은 1985년 전두환정권에서 '이산가족 방문 및 예술공연단 교환방문에 관한 합의서'를 통해 처음 시작되었다. 이후 15년 동안 끊어졌다가 2000년 8월 1차 상봉을 시작으로 지난 2018년 8월 21차 상봉으로 간헐적으로 이어졌고, 화상상봉은 2005년부터 2007년까지 7차에 걸쳐 이루어졌다. 분단과 한국전쟁 때문에 남북으로 흩어진 이산가족은 남과 북 도처에 존재하므로 이산가족 상봉은 통일 문제에서 가장 피부에 와 닿는 사건이다. 그리고 남과 북이 전쟁을 겪었고 적대적인 관계를 유지하는 가운데서도 이들은 죽기 전에 만나게 해 주어야 한다는 정서적 공감대가 가장 크다. 그러므로 정서 영역에서의 통합서사의 대표적인 사례가 될 수 있다.

2018년 4월 남측 음악인들이 평양을 방문하여 개최한 남북합동공연 〈우리는 하나〉에서 가장 정서적 교감을 얻은 노래는 가수 강산에가 부른 〈라구요〉였다. 한국전쟁시기 함경도에서 각자 배우자와 생이별을 하고 내려온 부모가 거제도에서 만나 새로운 가정을 꾸려 살면서 북녘 고향을 그리워하다 사망했다는 사연[23]이 담긴 이 노래는 북한 주민들의 눈물을

---

23 강산에의 어머니는 충청도에서 함경도로 시집갔다가 한국전쟁 때 남편과 생이별, 아이만 둘러업고 흥남부두에서 배를 타고 거제도로 왔다. 함경남도 북청 출신인 아버지도 전쟁통에 처자식과 헤어져 거제도까지 흘러왔다. 두 사람은 그곳에서 만나 결혼하여 강산에와 그의 누나를 낳았다.
    (http://news.khan.co.kr/kh_news/khan_art_view.html?art_id=201804082101005#csidx
    a828312699757dd9722a220291295bd)

자극하기에 충분했다. 당시 공연 상황을 스케치한 기사 내용이다.

"두만강 푸른 물에 노 젓는 뱃사공을 볼 수는 없었지만" "눈보라
휘날리는 바람 찬 흥남부두 가보지는 못했지만" 등 북한 지명이 나오자
공연장 분위기가 밝아졌다.
　노래하면서 눈시울이 붉어진 강산에는 "오늘 이 자리가 굉장히 감격
스럽다. 돌아가신 저희 어머니, 아버지도 생각난다"며 "뭉클하다. 가슴
벅찬 이 자리에 왔을 때부터 많은 분들이…"라고 말하며 결국 말을
잇지 못했다. 관객들은 그가 눈물을 흘리자 열화와 같은 박수를 쏟아냈
고, 함께 눈물을 보이는 관객도 있었다.[24]

　남북이산가족 상봉 문제에 있어서 북한 정권의 입장은 다소 경직되어
있는 듯하다. 속초 아바이마을 거주자들은 한 사람도 이산가족 상봉 대상
에 포함되지 않았다는 진술[25]로 미루어 봤을 때, 그 대상을 찾는 데도
선별 기준이 차별적임을 알 수 있다. 북한 체제를 반하여 월남하였고,
집단적으로 뭉쳐 사는 지역민들은 제외하는 강경한 입장을 취한다고 예
상할 수 있다. 그래서 실향민의 아들 강산에가 평양 방문단 명단에 포함
될 것인가가 언론의 주목을 받았다. 또한 〈라구요〉 2절 첫 구절 '눈보라
휘날리는 바람찬 흥남부두'는 1950년 12월 흥남철수 때 월남한 이들의
애환을 담은 〈굳세어라 금순아〉의 가사로, 북한 사회에서 금기시되는 노
래이므로 북한 주민들 앞에서 불릴 수 있을 것인가가 보수 언론에서는
기사거리가 되었다.[26] 이 두 가지 사례는 남과 북의 대표적인 분단서사라

24　〈남북 합동 공연장에 퍼진 '라구요'…강산에도 관객도 눈물〉, 『중앙일보』, 2018.
　　04.04.
25　김종군, 「분단체제 속 국가폭력과 분단 트라우마의 혼재-속초지역의 사례-」, 『통일
　　인문학』 74집, 건국대 인문학연구원, 2018, 26쪽.
26　〈실향민 아들 강산에, 평양 가서 '라구요' 부를까〉, 『중앙일보』, 2018.03.28.

고 진단할 수 있다. 북한 체제를 거부하고 월남하였고, 그 사실을 공공연하게 드러내는 사람은 이산가족 상봉에서 제외시켜야 한다는 논리, 실향민의 자식이기 때문에 평양 방문에 제약이 있을 것이라는 예측을 기사화하는 논리 모두 분단체제 속에서 만들어진 분단서사로 사유하는 방식으로 진단할 수 있다. 그런데 다행히 강산에는 평양 방문단에 포함되었고, 당당히 부모님이 월남인임을 밝히고 눈물을 훔친다. 이에 대해 북한 주민들은 자연스럽게 열화와 같은 박수로 위안을 주었고, 함께 눈물을 흘려주었다. 이 지점이 정서적인 교감, 접점이라고 할 수 있다. 남북의 당국이나 언론은 적대적 관계를 미리 염두에 두고 또 다른 적대감을 유발시키고 있는데 반해 주민들은 인도주의적인 입장에서 가족 이산의 아픔과 망향의 한을 간직하고 죽은 이를 애도하고 있다. 북한 주민의 정서적 영역에서의 통합서사라고 진단할 수 있겠다.

2015년 남북이산가족 상봉에서 극적인 사연으로 널리 알려진 남측의 아내 이순규(상봉 당시 85세)와 북측의 남편 오인세(상봉 당시 83세)의 이야기는 남북이산가족에 대한 남한 주민들의 정서적 통합서사를 읽어내는 데 유효하다.

두 부부는 혼인을 하고 한국전쟁이 발발하였는데, 남편이 북한 의용군으로 차출되어 나간 후 연락이 끊긴다. 부엌에서 밥을 짓는데 불쑥 들어와 의용군 차출 소식을 전하면서 마을의 초등학교 운동장에서 훈련을 한다니 잠시 다녀오겠다고 한 말이 마지막이었다. 혼인한 지 7개월 만의 생이별이었는데, 아내는 임신을 한 상태였다. 생사를 알 수 없는 남편을 기다리겠다는 아내에게 시아버지와 친정아버지는 집요하게 재가를 강요하지만, 그 강요를 뿌리치고 삯바느질로 생계를 꾸리면서 홀로 유복자를 키워낸다. 아비 없는 자식으로 손가락질을 받을까봐 아들을 지나치게 엄하게 훈육을 하여 아직도 아들은 어머니에게 원망하는 마음이 있다. 그런데 북에서 이산가족을 찾는다는 연락이 왔다.

남편이 누이들을 찾는데, 시누이들은 이미 사망하였으므로 아내와 유복자 아들이 상봉의 기회를 갖게 된다. 상봉을 앞두고 남편에게 전할 선물을 사는데 10만원 이상은 안 된다는 규제 때문에 손목시계를 구입하고 시계 뒷면에 두 부부의 이름을 새긴다. 손녀 딸이 기쁜 마음을 노래로 불러보라고 하니 미싱에 앉아 평생 흥얼거린 노래라고 '다시 한번 그 얼굴이 보고 싶어라, 몸부림 치며 울며 떠난 사람아~' 〈추억의 소야곡〉을 부른다. 상봉장에서 65년 만의 만남에서 남편도 울고, 아들도 울고, 며느리도 울지만 아내는 끝내 울지 않는다. 남편은 북한에서 꾸린 가족 사진을 꺼내서 북한의 아내와 6남매를 보여주는데, 아내는 빙긋이 웃을 뿐이다. 첫 상봉에서 "살아 있어 고마워", 이별의 상황에서 "오래 사슈" 아내가 남편에게 건넨 65년 만의 첫 인사였고, 마지막 인사였다.[27]

이 사연은 1년 8개월 만에 재개된 20차 이산가족 상봉에서 가장 언론의 주목을 많이 받았다. 방송 뉴스는 물론 주요 일간지, 인터넷 매체에서 모두 기사화 되었다. 또한 통일부 방송 UNITV에서는 〈이보오, 오랜만이오〉라는 제목으로 다큐를 제작하였고, 청주 MBC에서는 〈소야곡〉이라는 제목으로 후일담까지를 포함한 특집 다큐를 제작하였다. 이후 다양한 방송 매체가 경쟁적으로 인터뷰를 진행하였다. 유튜브에도 상당수 게시가 되어 수많은 사람들에게 감동을 주었다. 이 사연이 소개된 매체 어디에도 부정적인 댓글은 존재하지 않는다. 그리고 그 댓글의 키워드는 눈물, 존경, 대단함, 통일이었다.

> 65년만에 만난 부부,
> 뱃속에 잉태되었던 아기가 노년이 되어서야 만났지만
> 다시 생이별은 해야 하는 현실이 너무 잔인합니다.
> 2박3일,

---

27 〈이보오, 오랜만이오〉, 통일부 UNITV 다큐 내용 필자 요약.

65년만에 만난 부부가 하룻밤 같이 자지도 못하고,
2시간씩 6번 만나고 다시 기약 없는 생이별.
본인들도 생전에 다시 만날 수 없다는 것을 잘 알기에
지하에서 다시 만나자고 약속하시네요.

헤어짐에 눈물 흘리는 남편
그러나 아내는 눈물로 모두 말랐는지
끝내 눈물 한 방울 보이지 않으시며,
남편의 넥타이를 고쳐주시네요.
이렇게 강인하고 침착하시니
홀로 사시며 아드님 오장균씨를 이렇게 훌륭하게 키우셨겠지요.

"살아있어 고마워"
"미안하고 고맙소"
"오래 사슈"
"잘 가시게… 여보…"

더 이상 무슨 말이 필요하겠습니까?

이순규 할머님, 존경하고 사랑합니다.
오래오래 건강하게 사세요.[28]

위의 글은 사연을 보고 익명의 블로거가 올린 감상이다. 그리고 언론에
보도된 많은 사진들을 모아서 〈직녀에게〉를 삽입곡으로 삼아 한편의 동
영상을 편집하기까지 했다. 다큐에 대한 감흥이 그대로 실렸고, 이를 계
기로 이산가족에 대한 연민의 감정을 자신이 운영하는 블로그에 제2의
창작물로 재구성하여 올린 대표적인 사례이다.

---

28 〈이산가족상봉(3) 이순규, 오인세 부부 다시 생이별〉, https://blog.naver.com/seoro21/
220517553995

이순규할머니께서 할아버지랑 헤어지실때도 만나셨을때도 안 우신 게 정말 놀라웠다. 내가 이산가족이라면 엄마, 아빠랑 헤어진 것이라면 정말 많이 울 것 같다. 그리고 안 울수가 없을 것 같다. 게다가 이 자리 이후로 통일이 안되면 만날 수 없으니까 너무 슬플 것 같은데 이산가족들은 얼마나 슬플까. 상상이 안된다. 그리고 10만원이 넘으면 뺏어간다는게 진짜 싫다. 오랫동안 헤어졌었는데 선물조차 10만원이 넘으면 뺏어간단게 너무 잔인한 것 같다. 자기가 이산가족이 되보아야 알지도 모르겠다. 그리고 애초에 전쟁이 안 났으면 되는거다. 아무도 자기가 이산가족이 아니면 가족을 잃은 슬픔을 모른다.[29]

　다큐 〈이보오, 오랜만이오〉를 초등학생 5학년 국어시간 수업 자료로 보고, 담임교사와 토론을 진행 후 쓴 초등학생의 감상문이다. 가족 이산으로 비롯된 애틋함에 초등학생이 감정을 투영하고 있다. 다큐가 통일교육콘텐츠로 활용되고, 그에 대한 초등학생들의 반응까지를 살필 수 있어 의미 있다. 방송 매체에서 상업적으로 시도하였든, 국가기관에서 국정 홍보와 국민 의식 계도 차원에서 시도되었든 남북이산가족 상봉 소재는 통일문화콘텐츠, 통일교육콘텐츠로써 활용할 가능성이 충분함을 확인하게 된다. 또한 잘 짜인 한 편의 다큐가 통일에 대한 부정적 인식과 대북 적대감을 누그러뜨리는 데에 매우 효과적임도 확인할 수 있다.

　결국 남북이산가족 상봉이라는 사건이 남북 주민들에게 통합서사로서 가장 적합하므로, 이러한 통합서사 요소를 발굴하여 통일문화콘텐츠로 가공하여 사회적으로 확산하는 가운데 통일의식은 더욱 고양될 수 있다. 이러한 일련의 과정이 통합서사의 적용과 사회적 기능의 모델이 될 수 있을 것이다.

---

29 〈이보오, 오랜만이오〉에 대한 초등학생 5학년의 감상문(이도건 교사 조사)

5. 통합서사의 확산 : 점진적 통일체제로

우리는 현재의 상황에서 남북이 체제 통합이라는 즉각적인 통일로 나아가는 일은 불가능하다는 것을 대체로 인식하고 있다. 일각에서는 북한 체제의 급변사태를 이야기하고 남한 주도의 흡수통일을 염두에 두기도 했지만 현실적 가능성은 적다. 김정은 정권은 지금의 북한 체제를 유지하면서 경제 성장을 이루기 위해 북한 정권에서 한 번도 감행하지 않은 과감한 행보를 보이고 있다. 이를 두고 급변사태 운운하는 것은 섣부른 예측으로 보인다. 남한이 주도하는 흡수통일 역시 현 단계의 경제 규모로는 불가능해 보인다. 그래서 그 대안이 평화체제-평화 공동체이다. 그러나 북핵이 없어지고 전쟁의 위협이 사라진다고 해서 평화 공동체가 유지되는 것은 아닐 것이다. 이를 유지하기 위해서는 평화 공동체가 형성된 이후의 상황에서도 상호 적대감 해소와 통일의식을 체화하기 위한 지속적인 노력이 뒤따라야 한다.

통합서사는 이러한 노력의 장치로 작용할 수 있다고 본다. 앞서 언급했듯이 평화 공동체에서 통합서사는 정치·경제·사회·문화·학문의 전 영역에서 시도되어야 통일 논의는 더욱 풍부해지고 온전한 상을 갖출 수 있다. 그 가운데 남북 주민들에게서 가장 효과적으로 접점을 발견할 수 있는 영역으로 통일정책에 있어서 자주성 담론과 정서적인 분야에서 남북이산가족 상봉에 대한 온정적인 시선을 우선 사례로 제시해 보았다. 분단체제 속에서 상호 적대와 대결이 체화되었지만 통일의 과정에서 열강의 개입은 또 다른 민족 비극을 낳을 수 있다는 역사의식이 그동안의 경험을 통해 민족 공통의식으로 자리 잡았음을 확인하게 된다. 또한 분단과 전쟁으로 적대 관계를 유지하고 있지만 이산가족이 만나야 한다는 정서적 공감은 모든 코리언들의 민족 공통성으로 일찍이 자리 잡은 결과로 보인다.

사회문화를 구성하는 전반적인 각 영역에서 남북 주민과 코리언 디아스포라가 공감하거나 연대할 수 있는 접점을 최대한 발견하고, 이를 통해 사회문화 전 영역에서의 민족 공통성을 구축한다면 그 가운데 소통과 통합은 자연스러울 수 있을 것이다. 이러한 공통적 요소를 발굴 구축한 후 교류나 만남에서 그 요소들을 우선적으로 적용하면 상호 이질감은 훨씬 줄어들어 교감에 유리할 것으로 보인다.

이 글에서는 지면 관계상 논의하지 못했지만 민족의 정체성과 관련하여 일상의 생활문화에서 민족 공통성 발굴이 우선되어야 할 것이다. 특히 일생의례나 명절 풍속은 각각의 코리언들이 각자가 다르게 처한 상황 속에서도 전통적인 면모를 보존하는 추세이다. 일제 강점과 분단의 역사 속에서 상호 불통의 상황은 코리언이라는 민족 정체성 보존에 대한 강한 집착을 가지고 있음을 확인할 수 있다. 한반도라는 고국에 거주하는 남북 주민은 분단 이후 미국문화와 소련문화의 수용으로 외형의 변화를 어느 정도 겪었지만 전통문화에 담긴 민족의식적 요소는 쉬이 포기하지 못하고 있다. 그리고 코리언 디아스포라, 특히 고국과의 소통이 쉽지 않았던 조선적의 재일조선인들과 구소련지역의 고려인들은 일생의례나 명절 풍속 등의 생활문화 보존에 남북 주민들보다 더욱 강한 집착을 보이는데, 이들 디아스포라에게 전통문화가 고국과 연결되는 탯줄과 같은 의미로 자리매김했다고 볼 수 있다. 이러한 점을 감안한다면 생활문화 가운데 일생의례와 명절 풍속은 민족 공통성 발굴에서 우선 고려되어야 할 요소이다.

아울러 학문과 교육의 측면에서도 민족 공통성 발굴이 하루 속히 진행되어야 할 것이다. 평화 공동체 속에서 상호 소통은 언어와 문화 요소가 직접적인 수단이 될 것인데, 이를 공유하는 시스템 중 교육 현장이 중요한 몫을 할 것이기 때문이다. 분단 이후 다른 시각으로 진행된 학문성과에 대한 조율이 상호 치열한 토론을 통해 우선 이루어져야 할 것이다. 그리고 그 결과물을 반영한 공통 교과서가 마련되어 교육 현장에서 활용할 수 있어야 한다. 문사철 분야에서 코리언 문학사, 코리언 국사, 코리언 사상사 등에 학문분야에서의 민족 공통성을 꼼꼼하게 담아내면서 교육 현장에 제공되어야 한다. 이러한 학문과 교육 분야에서의 민족 공통성 발굴 노력은 70여 년 분단 역사 속에서 남북 주민과 코리언 디아스포라를 다른 나라 사람쯤으로 인식하고 있는 후속 세대들에게 민족의식을 되살리는 가장 절실한 요소가 될 것이다.

이를 현실화하는 방안은 민족 공통성 발굴을 통한 통합서사 확장에 국가 차원의 지원이 이루어져야 한다. 남북 주민과 코리언 디아스포라를 대상으로 진행되는 대규모 사업이므로 문제의식을 가진 몇몇 개인의 노력으로 수행하기에는 어려움이 많다. 교육부나 문화체육관광부 등의 국가 기관에서 평화 공동체를 위한 사회문화 분야의 토대를 구축한다는 목표를 세우고 지원 프로그램을 마련해야 할 것이다.

70여 년의 분단은 곳곳에 수많은 다름을 발생시켰다. 그러나 겉보기의 차이를 인정하고 찬찬히 살피면 유사함, 같음이 틈새로 존재한다. 그 단초를 잡아서 확장하면 각 영역별 공통성을 발견하게 될 것이고 이를 더욱 채우면 온전한 실체인 민족 공통성이 갖추어지게 될 것이다. 이것이 곧 코리언 평화 공동체에서의 통합서사이다. 이러한 통합서사는 결국 평화 공동체를 유지 보존하면서 더욱 확산되는 가운데 장기적으로 통일체제로 진입하는데 긴밀하게 기여할 것이다.

참고문헌

건국대 통일인문학연구단 편,『코리언의 민족정체성』,『코리언의 역사적 트라우
  마』,『코리언의 생활문화』,『코리언의 분단·통일의식』, 선인, 2012.

김성민·박영균,「인문학적 통일담론과 통일인문학」,『철학연구』92집, 철학연
  구회, 2011.

김종군 외,『고전문학을 바라보는 북한의 시각』1,2,3, 박이정출판사, 2011-2015.

김종군,「남북 주민의 정서 소통 기제로서 대중가요」,『통일인문학』71집, 건국대
  인문학연구원, 2017.

김종군,「분단체제 속 국가폭력과 분단 트라우마의 혼재-속초지역의 사례-」,『통
  일인문학』74집, 건국대 인문학연구원, 2018.

김종군,「탈북민 구술을 통해 본 북한 민속의례의 변화와 계승」,『한국민속학』
  62집, 한국민속학회, 2015.

김종군,「통합서사의 개념과 통합을 위한 문화사적 장치」,『통일인문학』61집,
  건국대 인문학연구원, 2015.

박영균,「80년대 학생운동의 이념 논쟁」,『학생운동, 1980』, 오월의봄, 2016.

박영균,「분단의 아비투스에 관한 철학적 성찰」,『시대와철학』21-3, 한국철학사
  상연구회, 2010.

박영균,「코리안 디아스포라의 민족공통성 연구방법론」,『시대와 철학』22-2,
  한국철학사상연구회, 2011.

백낙청,『한반도식 통일, 현재진행형』, 창비, 2006.

이미화,「한국 거주 조선족의 가치지향성과 정주의식 연구」, 건국대 대학원 석사
  학위 논문, 2017.

이병수,「분단 트라우마의 유형과 치유 방향」.『통일인문학논총』52집, 건국대학
  교 인문학연구원, 2011.

이병수,「코리언 정체성 연구의 관점과 방법론」,『코리언의 민족정체성』, 선인,
  2012.

장일구,「서사 소통의 인지 공정과 문화적 과정의 역학-방법적 개념의 모색을
  위한 시론」,『현대문학이론연구』55집, 현대문학이론학회, 2013.

〈남북 합동 공연장에 퍼진 '라구요'…강산에도 관객도 눈물〉, 『중앙일보』, 2018.04.04.

〈문정인 "盧·文 대북정책 기조는 선 평화·후 통일"〉, 『세계일보』, 2019.01.13., http://www.segye.com/newsView/20190113001901(2019.01.13 검색)

〈실향민 아들 강산에, 평양 가서 '라구요' 부를까〉, 『중앙일보』, 2018.03.28.

〈이보오, 오랜만이오〉, 통일부 UNITV 다큐

〈이산가족상봉(3) 이순규, 오인세 부부 다시 생이별〉, https://blog.naver.com/seoro21/220517553995

http://news.khan.co.kr/kh_news/khan_art_view.html?art_id=201804082101005#csidxa828312699757dd9722a220291295bd

공존적 통일문화의 요소
: 분열과 갈등에 대한 감성

이서행

1. 남북관계의 개선과정

2차 세계대전이 끝나고 미·소 중심으로 이념과 체제의 대립전선이 형성되면서 4반세기 동안의 냉전시대가 도래하였다. 그 후 1969년 중·소 국경충돌이 일어나고 미·중간의 관계가 개선되면서 1970년대 평화공존시대와 데탕트 화해시대가 열렸다. 이윽고 1989년 12월 2일 지중해 몰타에서 열린 미국 조지 부시 대통령과 소련 서기장 고르바초프의 정상회담에서 탈이념·탈냉전이 선언되었다. 이러한 국제정세의 변화에 힘입어 독일은 마침내 1990년 평화적인 통일을 하였다. 한반도에서도 변화가 있었다. 4반세기만에 남북대화가 시작되고 인도적인 차원의 이산가족 고향방문이 추진되었다. 20년 후인 1990년 9월 제1차 남북고위급회담을 시작한지 15개월 되던 1992년 2월 평양에서 열린 제6차 고위급회담에서 〈남북기본합의서〉를 정식으로 교환하였다. 그리고 같은 해 9월 제8차

고위급회담에서 최종적으로 3개 부속합의서를 채택함으로써 그 효력이 발생하기 시작하였다. 특히 서문에서는 1972년 〈7.4공동성명〉에서 천명한 조국통일 3대 원칙의 재확인, 민족 화해 이룩, 무력 침략과 충돌 방지, 긴장 완화와 평화 보장, 교류 협력을 통한 민족 공동의 번영 도모, 평화통일을 성취하기 위한 공동의 노력 등을 규정하였다.

8년 후 남북관계가 급진전되어 남북 정상간의 만남이 성사되었다. 대내외적인 환경변화 속에서 김대중 정부는 3대 원칙(무력도발 불용, 흡수통일 반대, 평화협력 및 교류 추진)을 기본적인 틀로 대북포용정책을 펼쳤으며, 2000년 평양에서 열린 정상회담에서 〈6.15 남북공동 선언문〉이 채택되었다. 이어서 2007년 평양에서 열린 노무현 대통령과 김정일 위원장 간 정상회담에서는 〈10·4 남북공동선언〉이 채택되었다. 그러나 얼마 안 가서 남북간 교류의 문은 다시 닫치게 되었다. 10년의 세월이 흐르고 2018년에 와서야 대북비핵화문제로 유엔 대북제재가 진행되는 가운데 남북관계는 다시 관계개선을 위한 만남을 재개하였다. 2018년 4월 27일 문재인 대통령과 김정은 국무위원장 판문점에서 만나 〈한반도의 평화 번영, 통일을 위한 판문점 선언〉을 하였고, 이어서 2018년 9월 평양에서 열린 정상회담에서는 〈평양공동선언 및 '판문점선언 군사분야 이행합의서〉를 채택하여 비무장지대의 전초기지인 GP를 감축하고 남북을 잇는 공동 철도현황을 점검하기로 합의하였다. 한반도는 현재 그 어느 때보다도 화해와 평화를 구축하기 위한 역사가 진행중이다.

이 글은 평화로운 민족공동체 건설을 위해 먼저 이해해야 할 분단의 과정과 책임문제를 제기하고, 100년 동안 객관적인 사료와 경험적인 수준에서 남북간의 차이를 분석한 후, 민족공동체의 접근 방법과 발전지향점을 모색하는데 목적을 두고자 한다.

2. 한반도 분단의 정체와 책임 주체 : 미·소 세력확장 야욕

일반적으로 국토나 민족 분단은 외침이나 전쟁의 결과로 발생한다. 이런 명제에 부합된 나라들이 독일, 오스트리아, 예멘, 베트남, 중국이다. 한국, 예멘, 베트남의 분단은 강대국의 식민지화의 결과였고 독일의 분단은 2차 대전에서 패전한 결과의 대가였다고 보아야 한다. 예멘의 경우 15세기 이후 오스만터키의 식민지가 아니었고 1차 대전의 승전국인 영국이 1981년 북예멘만을 독립시키고 남예멘을 아라비아연방에 편입시키지 않았다면 국토가 분단되지 않았을 것이다. 베트남의 분단도 식민화와 2차 대전의 결과였고, 우리나라도 동일한 방법에 의해 국토와 민족이 분단되었다. 그러나 상기한 국가와는 달리 독일은 패전의 결과 연합국의 점령에 의해 이루어진 분단이었다.

여기서 우리는 분단의 동인을 두 가지로 구분할 수 있게 된다. 그 하나는 식민지화의 결과로서의 분단과 또 다른 하나는 전쟁 결과로서의 분단이다. 그리고 식민화의 결과로서의 분단국은 무력에 의해서 통일을 이룩하였고, 전쟁에 의한 분단국은 평화적인 방법으로 통일을 완수하였다는 관점에 대해 주목할 필요가 있다. 한반도의 통일을 평화적 방법으로 이룩해야 한다면 이들 분단국의 방법에 좀 더 관심을 기울일 필요가 있다.

한반도의 통일환경은 다른 통일국가들과 내적으로나 외적으로나 매우 판이한 조건에 처하여 훨씬 복잡하게 얽혀 있다고 볼 수 있다. 오스트리아와는 달리 이미 분단의 세월이 67년이 넘어 분단이 고착화되었으며, 베트남과 같이 민족적 정통성이 전한반도에 걸쳐 확보되어 있지도 못하다. 예멘과 같은 공통적 종교적 기반은 고사하고 '김일성 주체사상'이라는 유사종교가 북한지역에 심화되어 있어 남북한 주민은 피(血)만 동일한 동포일 뿐 이질감이 더욱 커지고 있고, 독일과 같이 꾸준한 교류협력도 진행되어 오지 못하였으며, 경제적으로도 우리 경제가 크게 성장되었지만 통일 전 독일의 경우에 비하면 아직 북한의 경제난을 감당하기에 충분하지 않다. 여기에 우리는 과거 동족상잔의 미증유의 전쟁을 통하여 서로를 '원수'로 하는 심각한 적대시 상황에 있는 것이다. 아직도 남북한 사이는 총부리를 겨누는 휴전 상태이며, 탈냉전 이후 역사상 가장 비우호적인 분단의 상태를 유지하고 있는 것이다.

분단 이후 끊임없이 지속된 통일논의는 결국 최선의 통일방안을 모색하려는 노력이라고 할 수 있다. 통일문제와 관련 한국의 역대 정부들은 남북관계의 중요한 전기를 마련한다는 명분하에 정권출범과 함께 전임 정권의 획기적인 정책들을 제시한 바 있음에도 불구하고 남북 관계는 분단 역사 80년을 향해 가고 있다. 독일통일의 배경으로 흔히 소련의 붕괴를 든다. 그러나 또 하나 중요한 것은 독일이 통일될 때 이웃 국가들이 그것을 인정했다는 점이다. 그리고 그런 인정을 함에 있어서 중요한 매개체로서 역할은 유럽공동체가 담당했다는 사실은 우리에게는 별로 알려지지 않고 있다는 점에 유의해야할 필요가 있다. 우리도 바람직한 한반도의 통일을 평화적으로 성취하기위해서는 나눔의 민족공동체가 형성되어야 하는데 그렇지 않고 분단이 더 장기화 된다면 유럽공동체와 같은 동북아의 평화 공동체라는 매개를 통한 통일방안이 모색될 가능성도 염두에 둘 필요가 있다.

1) 한반도 분단의 신탁통치 계획과 민족의 대응 : 민족진영분열로 소극적 대응

제2차 세계대전 종전 무렵 우리 민족은 불행하게도 일본의 식민지배로부터 자신을 해방시킬 수 있는 독자적 역량을 가지고 있지 못했다. 그런

탓으로 2차대전 종전 후 우리 민족의 장래는 일본을 패배시킨 연합국 측의 강대국에 의해 간섭받게 되었다. 미국과 영국, 중국은 1943년 11월 카이로에서 개최된 3국 정상회담에서 스스로의 힘에 의해 일본으로부터 독립을 쟁취할 수 없는 우리 민족을 일본의 지배로부터 해방시켜 주되 '적당한 과정을 거쳐서'(in due course) 독립시켜 주기로 합의했다. 이 '적당한 과정을 거쳐서'라는 어구가 연합국에 속하는 강대국들이 장차 일본을 상대로 한 전쟁에서 승리하게 되면 우리 민족의 영토인 한반도의 장래를 결정하는 데 개입할 것임을 시사하는 것이었다. 그 '적당한 과정'의 실질적 의미는 신탁통치였다.

미국과 소련은 1945년 7월 17일~8월 2일 베를린 근교에 있는 포츠담에서 개최된 미·영·소 정상회담(포츠담회담)의 미·소 실무급 회담에서 한반도에 있는 일본군에 대한 공격은 미국과 소련 2개국만이 공동으로 전개하기로 합의했다. 그 실무급 회담에서 미국과 소련은 공군과 해군의 작전과 관련된 양국 군대 간의 분계선은 명확히 획정했지만, 육군의 작전과 관련된 분계선은 명확히 획정하지 않았다. 두 나라 육군의 작전분계선과 관련해 미국과 소련은 북위 38도선을 분계선으로 합의했다.

우리 민족이 독자적인 역량으로 우리나라를 일제로부터 해방시킬 수 없었던 탓으로 미국과 소련은 자기들 뜻대로 한반도에 대한 신탁통치 실시를 결정하고 38선에 따라 한반도를 분할 점령하기로 결정했다. 미국과 소련에 의해 일방적으로 결정된 한반도에 대한 신탁통치계획이나 38선에 따른 한반도 분할점령 계획은 자칫 잘못하면 한반도의 분단을 초래할 수 있는 위험한 함정이었다. 한반도를 분할 점령한 미국과 소련이 원만히 협조하여 신탁통치를 순조롭게 실시한다면 신탁통치 계획과 38선은 한반도의 분단으로 연결되지 않을 것이다. 그러나 민족이 둘로 분열되어 국토도 갈라지게 되었다.

2) 미·소의 분할점령과 분단배경 : 이데올로기에 의한 민족분열로 분단 가시화

얄타회담 및 포츠담회담에서 연합국 간에 합의한 바에 준하여 소련은 1945년 8월 9일부터 만주와 한반도에 배치된 일본군을 공격하며 만주와 한반도의 북부로 진격하기 시작했다. 한반도에 진입하기 시작한 소련군은 8월 9일에는 경흥, 12일에는 웅기, 14일에는 나진을 점령했으며, 일본이 항복을 선언한 15일에는 청진 등에서 일본군과 전투를 벌이면서 남진을 계속했다.

일본의 항복선언 직후 며칠간 휴식을 취한 한반도 진입 소련군은 8월 21일부터 38선 이북의 북한지역에 대한 점령을 적극적으로 전개했다. 소련군은 북한지역을 점령함에 있어 북쪽지역으로부터 남쪽지역으로 점진적으로 점령지역을 확대하는 것이 아니라 북한지역의 최남단인 38선지역부터 우선적으로 점령했다. 소련군은 8월 23일부터 28일까지의 기간에 서해안부터 동해안에 이르는 38선에 연한 북한지역의 교통요지를 모두 점령했다.

38선지역을 점령한 소련군은 곧장 38선 이남과 이북지역 간의 인적 왕래, 물적 교류, 통신을 모두 차단했다. 소련군은 24일과 25일 38선 이남과 이북을 연결하는 철도(경원선과 경의선)를 차단했고, 38선지역에 경비부대를 배치해 도로 통행을 통제했으며, 9월 6일에는 38선 이남지역과의 전화·전보통신을 완전 차단하고 우편물의 교환을 금지했다. 소련군은 시간이 갈수록 38선을 통과하는 남북한 간의 통행통제를 강화하여, 12월 중순에 이르면 38선 경계초소 병력을 증강하면서 38선을 마치 미·소 군대 간의 장벽처럼 취급했다. 소련군은 각 도별로 인민위원회가 조직되면, 도청에서 일본 식민통치의 도 행정책임자 및 관리들을 모아놓고 인민위원회에 행정·치안권을 인수했으며 북한지역 도청소재지에 대한 병력 진주를 마치고 그 다음날 사실상 북한지역에 대한 군사적 점령을 완료했다.

한편 미군은 9월 8일 인천에 상륙했고, 그 다음날 서울에 진입하여 일본군과 총독부로부터 항복을 받았다. 미군은 서울의 일본총독부와 군지휘관들로부터 항복받은 다음, 총독부의 명칭과 행정기구를 그대로 유지할 것과 총독 이하 총독부의 일본인 관리들을 그대로 유임할 것임을 선포했다. 미군은 이러한 조치가 한국인의 반발을 사게 될 잘못된 것이라는 사실을 깨닫고 9월 18일과 19일 국장급 이상의 총독부 관리를 미군장교로 교체하고 통치기구 명칭도 주한미육군군정청으로 변경했다.

3) 분단과 민족진영의 대응 : 소련의 선점 분단 획책화와 건국준비위원회의 무력화

한반도의 분단을 방지하려면 한민족의 지도자 혹은 정치단체들은 이러한 분단의 초기 징후에 대해 분명한 반대를 천명하고, 소련군과 미군에 대해 38선을 미군과 소련군의 군사활동 분계선으로만 유지하고 그 선을 경계로 하여 남북한 간의 통행, 통신, 통상을 통제·차단하지 말 것과 남북한 전체를 하나의 통치기구로 통치해 줄 것을 요청했어야 마땅했다. 그럼에도 불구하고 국내외의 어떤 단체나 개인도 그러한 정당한 요구를 하지 않았다.

우선 북한지역을 점령한 소련군이 미군의 남한 진주가 있기도 전에 38선을 경계로 남북한 간의 통행, 통신, 통상을 차단했을 때 남북한의 정치단체나 해외에 체류 중인 독립운동 지도자들은 아무런 항의도 하지 않았다. 당시 남한에는 조선건국준비위원회(건준)가 조직되어 있었고, 북한에도 각 도별로 건준 지부가 조직되어 있었음에도 불구하고 장차 민족분단 초래에 결정적인 작용을 하게 될 소련군의 그러한 조치에 대해 아무런 항의도 하지 않았다. 북한지역의 건준 지부들은 북한지역을 점령한 소련군의 보복이 두려워 침묵했을 것으로 이해할 수 있지만, 남한의 건준 중앙이 이에 대해 침묵했다는 것은 이해하기 어렵다. 소련군의 그러한 조치에 대한 건준 중앙의 침묵은 당시 건준 중앙이 친소 성향의 인사들 (공산주의자 및 그들에 우호적인 인사들)에 의해 주도되고 있었기 때문인 것으로 판단된다.

다음으로 뒤늦게 서울을 점령한 미군이 일제의 총독부를 그대로 유지 하려 하거나 총독부의 행정기구를 그대로 유지한 미군정청을 설치했을 때, 한민족의 지도자들은 미국에 대하여 그러한 조치를 취하지 말고 북한 을 점령한 소련군과 협의하여 남북한 전역을 통치할 한국인의 임시 통치 기구를 당장 조직하도록 요구하지 않았다.

남한에 진주한 미군이 38선지역을 점령한 후 38선 이남지역에 통행 차단장치를 설치했을 때, 한민족의 지도자들은 그러한 통행 차단장치 설 치에 반대하고 미군에게 소련군과 협의하여 38선을 경계로 한 통행, 통 신, 통상의 통제·차단을 즉각 해제해 줄 것을 요구하지 않았다. 미군이 북쪽으로부터 군인이나 민간인들이 넘어오는 것을 방지하기 위해 38선을 따라서 통행 차단장치를 설치하는 것은 소련군이 먼저 행해 놓은 38선의 국경선화 조치를 추인해 주는 것이 된다.

3. 남북한 가치체계의 이질화와 문화 인식의 차이

1) 남북 이데올로기 차이로 민족공동체문화 붕괴

민족화합과 공동체형성시대의 통일문화 형성의 방향을 모색하기 위해 서는 우선 남북한 가치체계의 이질화와 남북한 문화인식의 차이를 해소하는 문제에 주목하지 않을 수 없다. 그리고 남북한 가치체계의 이질화 문제와 관련해서는 일제 식민통치와 독립운동, 분단과 전쟁 및 냉전적 대결시대를 거치면서 남북한의 가치체계가 어떠한 이질화 과정을 밟았으며, 이질화의 현 상황이 어떠한가를 먼저 진단해 볼 필요가 있다.

해방을 맞이하여 정치적 독립과 사회경제적 근대화를 통한 근대적 민족국가 건설이라는 과제를 38선을 경계로 남북이 공통으로 지니고 있었다면, 그 과제의 해결을 위한 방법론을 미국과 소련이 규정해줄 수밖에 없었다는 데에 문제가 있었지만, 주어진 방법론에 따라서 과제를 수행할 세력마저도 이미 분열되어 있었다는 데에도 문제가 있었다. 그것은 해방 자체가 우리 민족역량의 독자적 힘이나 적어도 연합국과의 대등한 자격으로 쟁취한 것이 아니라 연합국의 승전의 결과로 주어졌다는 사실과 항일독립투쟁에 있어서 방법론과 이념에 따라 독립운동세력이 나뉘어져 있었다는 사실에 기인한다.

항일독립운동의 역사에 있어서 좌우합작의 민족통일전선으로서 신간회의 해체가 국제공산주의 코민테른의 지시에 의하여 이루어짐으로써 독립투쟁에서 민족주의세력과 공산주의세력이 분열하게 되고, 해방 이후 건국노선의 분열로까지 이어지게 된 것은 외세에 의한 해방과 외국 군대의 주둔 못지않은 결정적인 의미를 지니는 것이다. 당시 상황으로 보아 미·소를 정점으로 하는 냉전체제가 굳어져 가는 것과 동시에 남북에서의 상이한 체제 역시 견고화 되어 가는 것은 당연한 일이었다고 하더라도, 그것이 우리 민족의 사상적 전통과의 철저한 단절 속에서 전개된 사태였다는 점에서 우리 민족은 이중의 민족적 자기소외를 겪을 수밖에 없었다. 한국의 전통적 민족주의의 흐름에는 자유민주주의와 소비에트 공산주의의 사고유형이 존재하지 않았다는 사실에서 한번 자기소외를 경험했고, 이식된 이데올로기를 철저하게 추종할 수밖에 없었다는 점에서 이

중의 사상적 자기소외를 경험했다는 것이고, 그것은 결국 본질적으로 사상에 있어서의 주체성의 상실을 의미한다.[1]

그러한 주체성의 상실 위에서 6·25라는 동족상잔의 전쟁은 그 누가 아무리 민족해방전쟁이었다고 주장하더라도 당시로써는 그것이 기본적으로 구소련의 세계적화계획의 일환일 수밖에 없었고, 결국 국제전으로 변해버린 한국전쟁은 그 기원과 과정 및 결과에 있어서 반민족적일 수밖에 없는 것이었다. 그로 인해 38선이라는 잠정적 분단상태가 휴전선이라는 구조적 분열상태로 악화된 것을 비롯해서 이념과 체제의 대립이 더욱 심화되고 남과 북의 문화적 이질화가 비로소 시작되게 되었다.

전쟁이라는 극한의 상황을 겪은 후에 민주주의는 남한에서 반공산주의를 뜻하는 것으로, 북한에서는 반자본주의를 뜻하는 것으로 이중구조화되고 말았다. 민주화과정에서 남한의 경우에 60년대 이후의 근대화의 물결 속에 급속히 사회구조면에서의 근대화 나아가 의식구조면의 민주화를 촉진시킬 수밖에 없는 사회변동을 이끌어냈다고 한다면, 북한의 경우에 집단적 군사주의와 군왕적 일인지배체제의 공고화가 전개되는 과정에서 근대화에 상응하는 사회변화를 이끌어냈다기보다는 주민들의 의식구조나 사회구조의 면에서 전근대적 수준으로 응결되는 결과를 초래하여 민족공동체문화가 붕괴되기 시작했다.

그같이 상호 대칭적인 방향에서의 사회변동의 지속, 그것도 장구한 시간에 걸친 지속이 가져온 결과는 남북한 주민들의 의식구조와 사회구조에 내면화되고 고착화된 가치체계의 이질화라고 밖에는 칭할 수 없는 결과였던 것이다. 남북 교류의 과정에서 일단은 한 민족 한 핏줄이라는 정서적, 감정적 차원의 동질성이 우선 피부에 와 닿을지 모른다. 그러나

---

1   황성모, 『한국사회사론』, 심설당, 1984, 131쪽.

남북간의 교류가 일회적인 이벤트성의 것임을 벗어나 일상적 삶의 현장 속에 와 닿게 될 때—그 때에야 비로소 실질적인 통일의 과정이 시작되는 것이지만—내면 속에 구조화된 가치체계의 이질성이 고개를 내밀게 될 것이다. 바로 그 때에 이르러서는 통일문화의 형성이라는 경로를 통하여 가치체계의 이질성을 극복하고 있어야만 하는 것인데 현실로는 불가능상태이다. 그러나 극복과정으로는 남과 북에 현존하는 가치체계의 면모가 여하한 경로를 거쳐 탈구조화되어 통일지향적 가치체계로 내면화될 것인가가 면밀하게 검토되어야 함은 물론이거니와, 그러한 과정이 남북화해와 협력의 과정에서 자연스러운 사회변동의 경로를 통과할 수 있도록 프로그램화되어야 하는 것이다.

2) 남북문화개념과 문예정책의 차이

이질성 극복의 가치체계 정립은 동질화를 위한 바람직한 통일문화의 형성을 유도하기 때문에 남북한 간에 존재하는 문화인식의 차이를 설명하고 그것의 불식을 위한 정책적 대안을 모색하는 것 역시 필수적이라 생각된다. 분단 이후 반세기간에 걸친 양체제의 특성 및 전개과정, 특히 남북한의 상이한 사회발전 전략 및 그에 기저하는 이데올로기적 배경을 통하여 남북한간에 어떠한 문화인식의 차이가 어떻게 발생하였는가를 진단·분석하는 것이 필요한 것이다.

문화가 흔히 "삶의 총체적 방법체계"[2]를 의미한다면, 비록 한민족으로 오랜 기간 동일한 문화를 공유해 온 남북한 민중들이라고 할지라도 이질적인 국가형태와 사회체제에서 생활하는 한 동일한 문화를 유지할 수 없

---

2   Jeffrey C. Alexander and Steven Seidman, Culture and Society: Contemporary Debates, London: Cambridge University Press, 1990, pp. 28-30.

음은 분명하다. 특정한 사회의 문화는 사회체제의 성격에 따라 규정된다고 할 수 있으나, 보통 대중에 대한 권력엘리트들의 의도에 따라서 문화의 짜임새가 규정될 수도 있다. 왜냐하면 권력엘리트들은 그들이 추구하는 이념을 문화를 통하여 확산함으로써 특정한 사회체제를 유지하고 발전시킬 수 있기 때문이다. 문화가 권력엘리트의 의도된 사회발전 전략의 연속성 상에 있다는 점을 감안한다면, 남북한의 문화에 대한 인식의 차이는 우선 그 문화개념의 지위에서 그리고 문화의 사회적 기능화를 표현하는 문화정책에서 드러난다.

먼저 문화에 대한 남북한의 개념적 또는 사전적 정의는 다음과 같다. 북한에서 문화는 "력사발전의 행정에서 인류가 창조한 물질적 및 정신적 부의 총체인 문화는 사회발전의 매단계에서 이룩된 과학과 기술, 문학과 예술, 도덕과 풍습, 등의 발전수준을 반영한다. 문화는 사회생활의 어떤 령역을 반영하는가에 따라 물질문화와 정신문화로 구분된다. 매개 나라의 문화는 자기의 고유한 민족적 특성을 가지고 있으며 계급사회에서 문화는 계급적 성격을 띤다."[3]고 한다. 반면 남한에서, 문화란 "인류가 모든 시대를 통하여, 학습에 의해서 이루어 놓은 정신적·물질적 일체의 성과로서 의식주를 비롯하여 기술·학문·예술·도덕·종교 따위 물심양면에 걸치는 생활형성의 양식과 내용을 통용한다." 이렇게 볼 때, 남북한 모두 사람들이 생활을 가능케하는 삶의 총체적인 방법체계로 문화를 인식하고 있다는 점에서 '일상적 문화개념'[4]과 일맥상통한다고 볼 수 있으나, 좀 더 구체적으로 살펴보면 북한의 문화개념은 다음과 같이 남한의 그것과 차이를

---

3   사회과학원 언어연구소 편, 『조선말 대사전』, 사회과학출판사(평양), 1992, 1185쪽.
4   문화에 대한 다양한 인류학적 정의에 대해서는 다음을 참조, Clifford Geertz, *After the Fact: Two Countries, Four Decades, One Anthropologist*, Cambridge, MA and London: Harvard University Press, 1995, pp.42-63.

보인다.[5]

남한이 문화를 정치, 경제, 사회를 지탱하는 가치체계에 내재하는 기본 개념이자 그 자체가 목적인 목표개념으로 설정하고 있는데 반해, 북한은 문화를 정치, 경제, 사회의 발전을 달성하기 위한 수단개념으로 간주하고 있다. 따라서 북한에서 문화의 개념화는 문화의 보편적 특성보다는 개별 사회가 가지고 있는 북한만의 민족적 특성이 강조되고 있으며, 문화의 '다양성'이 인정되지 않고 문화에 대한 절대적인 가치판단이 가능하다는 점이다. 즉 계급문화를 인정함에 따라 "로동계급의 문화가 가장 선진적이며 혁명적인 문화"[6]가 될 수 있다고 한다. '좋은' 문화와 '나쁜' 문화가 존재하며, '좋은'(바람직한) 문화를 유도하는 정치적 의도가 담긴 억압적인 문화정책이 가능해진다. 여기서 문화가 계급적 성격을 띤다고 말하는 것은 문화가 계급에 종속되는 것으로 인식되는 것이라고 볼 수 있다. 따라서 북한에서는 "사람들로 하여금 자주의식과 창조적 능력을 키우고 고상한 정신도덕적 풍모를 갖추며 다양한 문화정서적 요구를 실현하기 위한 문화생활"[7]이 부각되면서 한편 문화와 윤리문제가 결합됨에 따라 문화적 교양은 윤리교육, 즉 주체사상 교육 또는 사회주의정치 교육과 동일시된다.

이로부터 북한의 문화개념은 범주적으로 그 외연이 남한의 그것보다 훨씬 광범위하다고 할 수 있다. 실제로 북한의 문화개념은 문학예술뿐만 아니라 교육, 학술, 언어, 체육, 환경 그리고 의료 및 건강사업까지 포함하고 있다.[8] 이렇게 문화의 개념적 외연이 확장됨에 따라 북한에서는 문

---

5 조한혜정 · 이우영, 『탈분단시대를 열며: 남과 북, 문화공존을 위한 모색』, 삼인, 2000, 207-209쪽.
6 사회과학원 문화예술연구소 편, 『문화예술사전』, 과학백과사전출판사(평양), 1993, 808쪽.
7 위의 책, 같은 쪽.
8 1992년 수정된 북한 헌법의 제3장 문화조항 참조.

화가 '전체로서의 사회'와 같은 의미로 사용되기도 한다. 이와 같은 개념화가 잘 드러나는 것이 문화혁명의 경우이다. 문화혁명은 사상혁명, 기술혁명과 함께 북한의 3대 혁명의 일부분이고, 그것은 "모든 사람들이 자연과 사회에 대한 깊은 지식과 높은 문화예술 수준을 가진 사회주의 공산주의 건설자로 만들며 온 사회를 인텔리화"[9]하는 것이다.

　이러한 문화개념의 사회적 구현을 위한 정책적 수준은 문학예술 분야에서 분명히 드러나는데, 따라서 북한에서 문화정책이라고 지칭할 때 그것은 김일성 일가 독제야욕으로 형성된 주체사상의 이데올로기로 해석된 문예활동의 방침을 의미한다. 곧 실질적으로 문학예술이 문화의 기본 속성으로 인식되며, 문학예술과 문화를 구별없이 동일체로 간주하고 있다고 볼 수 있다. 그리고 구체적인 문학예술 작품의 창작과 향유가 문화의 핵심이고, 이를 대중적으로 구현하도록 하는 것이 바로 문화정책인 셈이다.[10] 결국 문화정책은 문예활동을 통해서 정치이념을 전달하는 수단으로 전락하게 된다.

　북한과는 대립적으로 남한에서는 일상적 문화개념에 더 충실하여, 문학예술은 문화의 하위범주로서 수많은 문화형태들 중의 하나로 취급되는 경향이 있다. 물론 문화에서 문학예술이 차지하는 비율은 적지 않으나 문학예술이 곧 문화는 아니다. 그리고 개념적 지위에서뿐만 아니라 현실적으로 문화와 문학예술은 명확히 분리되어 있다. 이를테면 남한에서 '문

9　김일성, 『3대혁명에 대하여』, 조선로동당출판사(평양), 1980, 38쪽.

10　문학과 문학예술을 혼용하는 것은 북한의 특수한 상황이라고 보기는 어렵다. 일반적으로 몰락한 현실사회주의 사회에서 문화는 어떤 경우 문화인류학적 차원의 개념을 받아들이기도 하나, 기본적으로 문학예술을 지칭하는 개념으로 인식된다. 실제로 문화현상이나 문화정책과 같이 현상적인 수준에서 문화를 개념화하는 경우에는 문화를 문학예술과 동일시하는 경향을 보인다.(Tom Bottomore, *A Dictionary of Marxist Thought*, Worcester: Blackwell Reference, 1983; 임석진 역, 『마르크스思想事典』, 청아출판사, 1988, 193-195쪽.)

화인'은 일정한 수준의 교양과 도덕을 가진 지성인을 의미하지만, 문학예술인은 창작활동을 하는 직업적 전문가를 말한다. 그리고 남한의 문예활동에서 특징적인 것은 그 활동의 일정한 조건과 다양성을 강조한다는 점에 있다. 이것은 문학예술의 활동방법뿐만 아니라 활동목적에서도 다양성을 인정한다는 것을 의미하는 바, 다양한 문학예술 작품이 공존할 수 있고 획일적이거나 지배적인 문화형태가 상존하는 것을 부인하는 것이다.

3) 남북 문예정책 활동의 차이

이러한 문화와 문화예술의 개념적 차이와 더불어, 구체적인 문화정책의 방향에서도 차이가 있다. 북한에서 문화정책은 근본적으로 사회적이고 정치적인 산물로 인식한다. 따라서 남한과는 달리 문화 또는 문학예술의 다양성 또는 상대적 자율성은 인정되지 않는다. 이러한 북한의 문화정책이 지니는 정치적 의미와 사회적 역할을 규명하기 위해서는 문예활동의 기본 속성을 파악할 필요가 있다.

북한의 문예활동은 '당성', '로동계급성', '인민성'의 세가지 원칙 하에서 이루어지고 있다.[11] 당성이란 당에 대한 끝없은 충실성으로서 "당의 노선과 결정을 관철하기 위하여 모든 것을 다바쳐 투쟁하는 혁명정신"을 의미한다. 그리고 당성은 "로동계급의 혁명적 당과 그 창건자이며 령도자인 수령에 대한 충실성"으로 이해함으로써, 김일성 개인숭배와 연관시킨다.[12] 그리고 노동계급성은 "로동계급의 의향과 요구를 반영하고 로동계급의 리익을 견결히 옹호하며 로동계급의 혁명위업에 적극 이바지하는" 것이다. 이 대목에서 "제국주의자들의 침략적 본성과 자본가 계급의 착취

---

11 박승덕, 『사회주의문화건설리론』, 사회과학출판사(평양), 1985, 169쪽.
12 한중모, 『주체적 문예리론의 기본 I : 사회주의공산주의 문학예술의 건설』, 문예출판사(평양), 1992, 114쪽.

적 본성"에 대한 비판을 강조하고 반남한반미적인 문예활동을 유도하고
있다.[13] 인민성은 "문학예술이 철저하게 인민들의 사상과 감정에 맞도록"
창작하는 것을 의미한다.[14] 인민성의 부각을 통하여 일반 대중과의 일체
감을 형성하고, 대중들이 흥미있는 작품을 수용할 수 있도록 이념성과
예술성을 강조하고 있다.

이러한 문화정책의 방향을 검토해 본 결과, 북한에서 문화는 대중지배
의 이데올로기를 확산하는 중요한 정치적 도구라고 할 수 있다. 문예활동
을 정치사회화의 매체로 활용하기 때문에 사상교육과 문예활동이 밀접히
결합하여 문화의 핵심은 이데올로기적 지향성이 되어버린다. 즉 어떻게
개별적인 문화형태나 문예작품들이 당의 이념을 잘 표현하고 주민을 잘
설득할 것인가의 문제가 핵심이다.[15]

이와는 반대로, 남한의 문화정책과 문예활동의 정치적 차원은 부차적
이거나 상대적으로 경시된다. 정치적 목적이 강한 문예활동은 항상 그
'텍스트성' 또는 '예술성'이 의심받는 실정이다. 문예활동의 사회성이나
정치성이 주목받는 경우는 그것이 특정 이데올로기의 내용을 전파하고
있기 때문이 아니라, 남한사회의 단면을 반영하고 있다고 판단되기 때문
이다. 다시 말해, 정치적인 것이 문예활동에 대하여 갖는 일정한 영향력
을 인정하지만, 그 역은 상대적으로 중요하게 여기지 않는다는 것이다.[16]

---

13 위의 책, 116-117쪽.
14 위의 책, 120-130쪽.
15 물론 인민성이라는 문화정책의 방향에서 볼 때, 문예활동이 갖는 대중성이나 오락성
   도 중시된다고 볼 수 있으나 그것은 이데올로기적 정치이념에 비해서는 부차적일 수
   밖에 없다.
16 그러나 경우에 따라서는 남한의 문화정책 역시 그것의 정치적 의미가 부각될 때도
   있다. 예를 들어, 90년대 이후 대중문화에서 성담론의 급증과 이에 대한 공론화는
   권위주의 정치체제에 대한 비판을 희석화시키고 집단연대의 의식을 해소키는 사회
   적 역할을 하였다고 볼 수 있기 때문이다.

이렇게 남북한 간의 문화에 대한 인식은 그 문화의 개념적 차원에서 그리고 정책적 방향에서 전반적으로 차이가 드러나지만, 이를 단순화시켜서 말할 경우 일정한 문제가 발생할 수 있다. 특히 남한은 다양성을 인정하는 사회이기 때문에 문화와 문예활동을 이야기하는 주체마다 차이가 난다는 것에 주의할 필요가 있다. 남한에서도 문예활동의 사회성 또는 정치성을 강조하는 관점이 엄연히 존재하고, 반대로 개인적 또는 심미적 차원에 몰두하는 관점 역시 공존한다.[17] 또한 1990년대 이후 극단적인 상업성을 강조하는 조류도 있고, 대중문화의 몰역사성을 비판하는 부류도 존재한다.[18]

따라서 남북한 문화의 개념적 차이나 사회적 기능화의 차이를 단순하게 열거하는 것은 또 다른 문제를 야기할 수 있다. 다만 이러한 차이에 대한 기술적 이해는 일차적으로 남북한 문화가 서로 공존의 길을 걷기 위해서, 나아가 문화인식의 차이를 극복하기 위한 실천적 지표로서 통일문화 형성의 가능성을 탐색하는 인식의 준거틀을 마련하기 위해서 필요할 뿐이다. 그렇지 않다면 남북한간의 의사소통은 왜곡되고 문화적 갈등이 빈번해질 것이며, 어느 한쪽에 의해 다른 한쪽에 대한 문화적 지배로 이어질 위험이 따르게 된다.

---

17 일제시대부터 오늘날까지 문예활동의 사회적 참여문제는 중요한 논쟁거리였다. '순수' 또는 심미성을 강조하는 집단은 문예활동의 상대적 자율성에 집착하였고, '참여' 또는 민중민주주의적 활동을 강조하는 집단은 문예활동의 사회적 책임과 정치적 임무에 주목하였다.

18 이정호, 『포스트모던 문화읽기』, 서울대학교출판부, 1995, 216-223쪽.

4. 남북교류경험을 통해본 통일문화 형성의 가능성

1) 통일담론의 재구성 필요

위에서 살펴본 진단적 이해에 의하면, 새로운 통일문화의 가능성은 남북한 가치체계의 이질성 극복과 문화인식의 차이 극복이라는 양대 과제를 중심으로 열린다고 보여진다. 그리고 가능성이 현실성으로 전화되기 위해서 그 과제의 해결은 통일문화 형성을 위한 새로운 관점의 정립으로부터 시작되어야만 한다.

우선 통일문화를 바라보는 관점의 변화가 요구된다. 반공주의적 입장이나 규범적이고 낭만적인 민족주의적 입장으로부터 벗어나 탈 이데올로기적이고 현실적인 관점에서 통일문화를 사고해야 한다. 우리가 가지고 있는 통일문화의 형성, 즉 남북한 문화통합은 남한의 '흡수통일' 또는 북한의 '적화통일'이 아니면 통합이란 어떤 형태이며, 어떤 방법론을 통해 이루어낼 수 있을 지를 탐색하기 시작한다는 것이다.

현재 남한에서 일고 있는 문화통합의 논리를 살펴보면, 주로 분단 이전에 존재한 전통문화를 강조하면서 낙관론을 펼치든지 아니면 단절로 인한 이질성을 강조하면서 비관론을 펼친다. 그러나 두 입장 모두 동일한 결론에 도달하는데, 그것은 막연하게 '동질성의 확대'라든지 '이질성의 극복'이라는 문구로 축약된다.[19] 사실상 매우 관념적으로 이질성을 제거하자는 식의 주장만을 반복할 뿐이다. 여기서 동질성이란 "오천년 역사"라든지 "한 핏줄"이라는 등의 상징이나 가족주의적 문화원리를 이야기하는

---

19 이러한 논의는 주로 전국대학의 '국민윤리학과' 또는 통일관계 연구원의 '통일정책학'을 통해 생산된다. 대표적인 사례로, 오기성, 『문화의 구조분석에 의한 남북한 문화통합 연구』(서울대학교 국민윤리과대학원, 1998), 이인창, 『남북한 사회통합을 위한 전통문화의 역할에 관한 연구』(서울대학교 국민윤리과대학원, 1997), 그리고 이우영, 『남북한 문화정책 비교』(민족통일연구원, 1994) 등이 있다.

데, 실제로 이러한 단편적인 문화적 공통점이 있다고 해서 문화통합이 용이한 것은 결코 아니다. 오히려 이러한 동질성-이질성 논의는 추상적이고 단편적이어서 그 동안의 이질화 현상을 있는 그대로 받아들이는데 방해가 될 뿐이다. 특히 전통문화의 변질된 부분을 없애고 그 원형을 그대로 보존하면 된다거나 깨어진 문화질서를 복구하면 된다는 식의 단순하고 정태적인 관점은 역동적이고 다면적인 문화통합의 동태성을 파악하는데 적절치 않다. 왜냐하면, 문화란 역동적인 삶의 과정에서 끊임없이 새롭게 구성되고 다시 쓰여진 사회적 텍스트이기 때문이다. 이와는 반대로, 통일을 이루어내려면 실제 합의를 도출해낼 수 있는 상호성의 의사소통 체계를 구축하려는 '포용의 정치'[20]을 발전시킬 필요가 있는 바, 이것은 기본적으로 사회갈등을 회피하기보다는 그 갈등을 풀어나가는 정치적 능력을 요구하며 '다문화주의'(multi-culturalism)를 전제로 한다.

다음으로, 통일문화가 정치, 경제, 군사 등을 중심으로 하는 제도적인 차원을 넘어서 일상적 삶의 영역을 포괄하고 그 영역이 새로운 통일담론 구성의 진원지가 되게끔 해야 한다. 이제 통일을 현재적 과정으로 바라보면서 현실적으로 통일을 이루어가는 문화적 주체(통일주체)의 형성, 즉 민주주의적 민족공동체(남북한 모두를 망라한)를 건설해가는 실천적 차원으로 발전해 가야한다. 더 이상, 통일문화의 형성은 기존의 통일논의의 관점과 방법론에 입각해서는 안 되고, 특히 이분법적 대립구도로 상대방을 파악하는 관성을 버리고 심리적인 감정이입(empathy)과 공감(sympathy) 과정이 경과되어야 한다. 통일을 위한 남북의 문화적 실천은 이러한 이분법적 가치체계를 지양하는 것이고, 그것은 지금까지 정치에서 소외되어

---

20 이러한 '포용의 정치'와 관련된 정책적 또는 이론적 논의는 다음을 참조, Kim Dae-Jung, *The Sunshine Policy*, Seoul: Millennium Books, 1999 및 Anthony Giddens, *The Third Way: The Renewal of Social Democracy*, London: Polity Press, 2000.

왔던 대중의 담론구성의 능력이 제고됨으로써 가능하리라고 본다.

실제로 바람직한 통일문화의 형성은 북한사회에 대한 이해와 더불어 반드시 남한사회에 대한 새로운 이해를 수반해야 하고, 대중 속에서 통일 공간을 확장할 수 있는 새로운 담론적 실천 즉 통일담론의 재구성을 고민해야 한다. 따라서 그것은 통일에 관한 어떤 새로운 주제를 생산하는데 그치는 것이 아니라, 통일과 연관된 억압적 가치체계를 근원적으로 해체-재구성하는 것이다. 말하자면, 통일을 위한 담론적 실천은 분단이라는 외적 규정성을 단순히 해체하는 것으로 실행될 수 없으며, 우리의 삶의 각 부분에 스며들어 있는 분단논리를 해체하고 통일논리로 이끌어 내야 할 것이다.

이 대목에서 남북의 민족구성원이 만들어나가야 할 새천년 한국인상 (인성구조)의 정립과 관련된 통일지향적 가치체계가 문제시되는 것이다. 그러면 통일지향적 가치체계란 무엇인가? "통일을 성취하는 데에도 도움이 되고 통일 이후의 남북 주민들 간의 생겨날 긴장과 갈등을 해소하는 데에도 소용이 닿는 새로운 가치체계를 뜻한다". 따라서 가치체계 형성의 기본 원칙과 실험적 절차를 통일문화의 형성 속에서 확인하고 제도화하는 것이 중요하다고 보여진다. 이에 필자는 주로 심리적 차원에서 그 원리와 기제를 제시하고자 한다.

1990년 통일된 독일이 선례를 남겼듯이, 남북의 통일과정, 심지어 정치적 통합 이후에 남북한 사회는 주기적으로 개인적 또는 집단적 분열과 퇴행의 소용돌이에 이끌리게 될 수도 있다. 우리는 정치제도적 통합 - 남북연합제이든 소위 '낮은 단계의 연방제'이든 간에 - 이후, 증오와 이익 주장으로 가득차 있는 분열된 사회적 행위자들을 어떻게 설명할 수 있는가? 우리는 정치적 권위의 옹호자이자, "만인은 만인에 대한 투쟁"을 상기시키는 은밀한 홉스주의자로서 우리의 형상을 그려야 하는가? 필자는 그렇게 생각하지 않는다. 통일문화의 형성을 위한 포용의 정치원리는 분열과 퇴행에 반대하여 스스로를 방어할 것이다.[21] 그리고 상호적이고 관용적인 틀을 포함한 '집합표상'으로서의 가치체계는 개인들이 '건강한' 발달을 이루도록 사회에서 작동한다. 그리고 중재자 또는 매개자로서 '이행대상'[22]의 중요성은 정치사회화 과정에서 포용의 효과(사회심리적 불안의 해소와 문화의 통합적 발전)를 유발하여 상호포용적 민족공동체의 건설에 심리적 기초를 제공한다.

2) 포용적 통일문화형성으로 남북 사회 심리적 불안해소

하나의 개념으로서 이행대상은 가치체계의 근원을 설명할 수 있고, 그것의 형성에서 병리적인 '열광주의'로부터 건강한 신념구조를 구분하게 된다. 이행대상이 개인심리에서 자아와 타자의 가교(架橋)라면, 그 대상

---

21 포용(containing)은 클라인 학파의 정신분석적 치료에서 핵심적인 개념이다. 그 개념은 한 사람이 타자의 일부분을 포용한다는 '투사적 동일시'(projective identification)의 비병리적 측면을 기술하는 것으로부터 유래한 것이다. 클라인 학파의 대표주자 격인 비온(Bion)은 치료자와 환자의 상호작용을 연구함으로써 이 개념을 발전시켰다 (R. D. Hinshelwood, *A Dictionary of Kleinian Thought*, London: Free Association Books, 1989, pp.244-249). 이러한 개념을 정치과정에 도입하여 이해하면, 그 포용은 사회갈등이나 사회심리적 불안 및 그로 인한 문화적 병리현상을 해소하는 기제와 절차로 볼 수 있다. 이에 대한 논의는 다음을 참조, 이만우, 「민주주의적 정치의 정신역동적 조건들 - 윈니코트(Winnicott)의 심리발달 이론과 그 비판을 중심으로」, 『정신문화연구』 21권 3호, 한국학중앙연구원, 1998.

22 윈니코트는 유아에게서 자기관련성의 변화를 설명하기 위해 '이행대상'이라는 개념을 중요시 하였다. 즉 이행대상은 아이가 일차적 자기애로부터 세계와 관련된 존재로 이행하게끔 도와주는 대상이다(Donald Winnicott, "Transitional Objects and Transitional Phenomena", *Through Paediatrics to Psycho-Analysis*, New York: BRUNNER/MAZEL, Publisher, 1992, pp.229-242). 이행대상을 정치사회화에 원용하면, 집단과 권력표상들에 대한 자아의 관계를 성립시키고, 자아가 자기애적 과장(왜곡된 '자아이상')으로서가 아니라, 차이와 타자의 존중을 강화하는 상호적 교환과 인정으로서 권력을 행사하게끔 한다. 이행대상은 문화 속에서 자아가 상호적 의무와 책임성을 자각케하여 공동체를 묶어 세우고 망상적 투사물에 대항하여 방어하는 것이다.

은 자폐증적인 이데올로기에 대립하는 공유된 가치체계의 투사를 통해 정치사회화 과정에서 스스로를 드러낸다. 정치적으로 이러한 이행대상 개념에 대한 고려는 동의 또는 합의의 심리적 기초를 중시하는 것이며 포용의 정치에서 권리, 자유, 그리고 개인성을 존중하는 인성구조는 분열되고 양극화된 심리를 포용하고 변형시킬 수 있는 사회적 행위자를 구성하는 것이다.[23] 그것은 '치료하는 통일문화'를 정당화하려고 하는 문제가 아니다. 개인과 집단의 관계는 치료의 문제가 아니라 대인관계적 동태성이 감정과 사고에 미치는 영향의 문제이다. 개인의 일차적 고립을 지탱하고, 집단적 타자들 속에서 살아가다가, 상호성의 영역에서 만족을 얻는 것이다. 상호성의 쾌락을 경험하고, 절망을 초극하며, 그리고 자율적인 존재로서 타자를 간주하는 것, 즉 집단적 경험의 유독한 측면을 포용하는 방법을 배움으로써 심리내적 세계에서 외부의 세계로 이행하는 이러한 심리적 적응은 통일문화의 형성에서 요구되는 본질적 인성이다.

이러한 인성이 자아와 타자의 상호작용의 장인 '대상관계'의 상호성을 중시하고 합의적 현실을 수용하는 심리적 기제들을 창출하고, 그것들에 입각한 정치원리는 자아와 타자 사이의 매개 또는 의사소통을 발달시키는 경험영역인 '이행'의 공간을 횡단함은 분명하다. 그 기제들을 세부적으로 열거하면, ①공유된 가치체계의 중재 ②동의와 자율성의 존중, ③타협으로의 의지와 상보적 권력행사 ④자기규제와 그것의 사회적 조직화를 위한 균형, ⑤인간적 교환의 가능성과 공감의 변증법(관용과 동정 및 의무의 실행), ⑥분열되고 양극화된 감정을 담보하고 변형할 수 있는 자아의 능력배양 등등이라고 할 수 있다.

실제로 통일문화의 형성과정에서 이러한 심리적 기제들 또는 조건에

---

23 윌프레드 비온(Wilfred Bion)의 포용자/피포용자(container/contaioned) 이론을 참조, Wilfred Bion, Elements of Psycho-Analysis, Northvale, NJ: Jason Aronson INC, 1995.

입각한 정치원리를 적극적으로 수용하지 않는다면, 통일한국의 정치사회화의 모습은 억압적 지배자가 피지배자의 기능과 잠재성을 구조적으로 배제하는 '조증적 가해자'(manic persecutor)[24]의 잔치로 얼룩질 것이고, 그 가해자들 간의 국가제도를 장악하기 위한 끊임없는 권력투쟁이 발생하여, 문화적으로 무제한적 권력추구의 경쟁적 정치문화를 지속시킬 것이다. 따라서 통일국가의 구성원들이 성취해야할 삶의 양식과 가치체계로 정의된 통일문화는 포용의 정치원리에 근거하여 짜임새가 형성되고, 통일한국의 인성구조를 '조증적 가해자'로부터 '상호적 포용자'로 전화시키는 규범체계라고 재 개념화 될 수 있다.

5. 분열과 갈등에 대한 감성

실제 '상호적 포용자'의 인성이 확대되어 남북한의 의사소통 환경을 마련한다고 해서 우리가 원하는 문화통합의 지름길이 직접적으로 열리는 것은 아니다. 그러나 상호성과 차이에 입각한 포용의 정치원리는 사회적 행위자들이 통일문화의 형성을 위해 상호성과 변화 및 관용을 지탱한다는 점에서 긍정적인 것은 분명하다. 그런데 그 행위자들은 주위 세계와 연계되어 대상과의 상호작용을 가장하기 마련이다. 즉, 모든 주체들은 어느 정도 분열되어 있고 갈등으로 충만하며, 그리고 철저하게 지각과 행위에 영향을 주는 무의식적 가치체계에 의해 이끌린다는 것을 명심해야 한다. 따라서 진정한 통일의 정치원리는 포용된 것(행위자들 간의 갈등)을 고려하는 것이고, 정치사회화의 도구에 대한 신념 때문에 상호성과

---

24 이 용어는 지배의 권력관계로 구조화된 정치제도와 문화형태에 순응하여, 집단적 이상화와 구조적 배제라는 이분법적 가치체계에 입각하여 행위하는 사회적 행위자들 또는 인성을 의미한다.

타자성을 관념화 또는 신비화하지 않고, 통일비용의 현존을 부인함이 없이 포용행위를 성취하는 것이다.

얼핏 생각하면, 통일문화의 형성을 위해서는 통일주도 세력의 권력독점을 향한 파괴적 충동을 동화하고, 길들여 보상해야 하는 것으로 생각하기 쉽고, 문화통합을 향한 통일운동은 치료, 보상 및 성장을 의미하는 것으로 보인다. 그러나 그것은 '통일을 추동하는 것'을 신비화시키는 것이다. 우리의 억압적 권력표상[25]이 단순히 해체되기를 원한다고 해서 그렇게 되는 것은 아니다. 남북한 서로에 대한 우리의 권력표상은 이미 서로에 대해 "위험한 타자"(uncanny other)[26] - 또는 "내적인 이방인"(internal foreigner) - 이라고 할 수 있다. 이것들은 억압적 권력작용을 활성화하여 대중에 대한 지배를 구조화하는 심리적 동인이다. 이러한 권력표상의 위상을 제대로 포착하지 못하는 곳에 바로 상호주의의 '순진함'이 있다. 즉, 자기가 완전하게 될 수 있고 관념화된 통일에 기초한 타자성을 자리매김함으로써 우리 자신으로부터 "위험한 타자"를 어느 정도 일소할 수 있다는 생각은 신화이거나 오류이다. 사실상 인간존재의 정신분석적 의미인 분리, 배제, 자기애적 요소들은 단순히 통일문화에 동화될 수 있는 것이 아니며 그것들은 우리에게 너무도 무거운 실재적 '하중'이다.

확실히 남북한 관계에서 상호주의를 '경작'할 필요는 있다. 그러나 그 과정에서 상호성과 관용에 대한 믿음에 사로잡혀 "위험한 타자"를 받아들이지 않은 것은 오히려 상호주의를 무색케 할 것이며 "위험한 타자"를

---

25 정신분석적으로 권력표상이란 우리가 주위 타자 또는 대상을 지배하려고 하는 심리적 '내사물'(introjects), 즉 자기 또는 대상표상으로서 이것은 심적 현실을 장악하기 마련이다(R.D. Hinshelwood, Elements of Psycho-Analysis, London: Free Association Books, 1989, pp.327).

26 Julia Kristeva, Elements of Psycho-Analysis, trans. by R. Diaz, New York: Columbia University Press, 1982, pp.1.

유해하지 않은 것으로 만들 수 있다는 신념과 포용이 중요하다. 그렇게 함으로써 우리는 그것을 인식하고 표상하며 그것으로부터의 위험을 벗어날 수 있다. 실제로 우리는 정치과정에서 그 타자를 포용함으로써 갈등을 이해하고 관용해야 하며 외부의 개인이나 집단을 희생화시키고 박해하는 것을 제어해야 한다.

결론적으로 필자가 주장하는 것의 요점은 '완전함'의 민족공동체 의식을 두고 형성된다. 통일문화의 형성이라는 목적을 이루기 위해서, 반드시 집단적 경험의 갈등과 분열된 속성을 무시하는 완전함으로 민족공동체를 인지할 필요는 없다. 통일문화의 민주적 제도화는 이러한 "위험한 타자"의 혐오스러운 투사물에, 그리고 그 문화에 내재한 그 투사물의 위험에 대한 예민한 감성을 요구할 뿐이다.

우리는 분열과 갈등, 그리고 그것들이 이성의 이면에서 인지되고 자연적임을 의미할 때만 통일문화의 형성에 기여할 수 있다. 이런 의미에서, 통일문화는 완전함의 공동체성이 아니라, 분열과 갈등에 대한 감성을 요구한다. 문제는 어떻게 갈등을 유지하고 다루며, 어떤 개인, 집단 또는 프로젝트를 희생함으로써 경험을 전체화하지 않고, 통일문화 프로젝트의 일부분으로서 갈등을 받아들이는가이다. 의사소통의 일 형태로서의 갈등은 제거될 필요가 없다. 갈등이 통일주체의 행위를 동기화 한다는 것을 이해하는 한에서, 갈등은 잠재적으로 창조적이고 상호성과 관용의 목적을 지탱할 수 있지만 남북갈등이 완전함의 이름으로 치료될 수 없고, 그 상대가 포용되는 장소는 공적 정치과정이어야만 한다. 따라서 남과 북의 이해, 포용 및 교류협력은 통일 문화의 형성과 제도화, 즉 민주주의적 민족공동체의 건설에서 핵심이다.

그러므로 상호주의에 입각한 화해, 합의 및 타협은 민족통합이나 통일문화에 있어 인성구조의 한 측면만을 이룰 뿐이며 또 다른 측면은 권력표상을 동반하는 분열과 갈등 속에서 사는 방법을 배우는 것이고, 문화통합에 대한 환상적 신화를 대체하는 열망을 무시하거나 과소평가하지 않는 것이다. 통일문화형성에 있어 중요한 것은 가치체계내용 보다는 공존할 줄 아는 통일문화의 삶의 태도와 능력이므로 인간 및 정신적 가치의 우위, 이성과 공정심에 따른 행동, 남북연대성, 공익성, 상호보완성 등의 원칙이 민족통합이나 통일문화 형성과정에서 필히 반영되어야 한다.

참고문헌

김일성, 『3대혁명에 대하여』, 조선로동당출판사(평양), 1980.

박승덕, 『사회주의문화건설리론』, 사회과학출판사(평양), 1985.

사회과학원 문화예술연구소 편, 『문화예술사전』, 과학백과사전출판사(평양), 1993.

사회과학원 언어연구소 편, 『조선말 대사전』, 사회과학출판사(평양), 1992.

오기성, 『문화의 구조분석에 의한 남북한 문화통합 연구』, 서울대학교 국민윤리학과대학원, 1998.

이만우, 「민주주의적 정치의 정신역동적 조건들 - 윈니코트(Winnicott)의 심리발달 이론과 그 비판을 중심으로」, 『정신문화연구』 21권 3호, 한국학중앙연구원, 1998.

이우영, 『남북한 문화정책 비교』, 민족통일연구원, 1994.

이인창, 『남북한 사회통합을 위한 전통문화의 역할에 관한 연구』, 서울대학교 국민윤리학과대학원, 1997.

이정호, 『포스트모던 문화읽기』, 서울대학교출판부, 1995.

조한혜정 · 이우영, 『탈분단시대를 열며: 남과 북, 문화공존을 위한 모색』, 삼인, 2000.

한중모, 『주체적 문예리론의 기본 I : 사회주의공산주의 문학예술의 건설』, 문예출판사(평양), 1992.

황성모, 『한국사회사론』, 심설당, 1984.

Anthony Giddens, *The Third Way: The Renewal of Social Democracy*, London: Polity Press, 2000.

Clifford Geertz, *After the Fact: Two Countries, Four Decades One Anthropologist*, Cambridge, MA and London: Harvard University Press, 1995.

Donald Winnicott, "Transitional Objects and Transitional Phenomena", *Through Paediatrics to Psycho-Analysis*, New York: BRUNNER/ MAZEL, Publisher, 1992.

Jeffrey C. Alexander and Steven Seidman, *Culture and Society: Contemporary Debates*, London: Cambridge University Press, 1990.

Julia Kristeva, *The Powers of Horror: An Essay on Abjection*, trans. by R. Diaz, New York: Columbia University Press, 1982.

Kim Dae-Jung, *The Sunshine Policy*, Seoul: Millennium Books, 1999.

R. D. Hinshelwood, *A Dictionary of Kleinian Thought*, London: Free Association Books, 1989.

R.D. Hinshelwood, *A Dictionary of Kleinian Thought*, London: Free Association Books, 1989.

Tom Bottomore, 임석진 역, 『마르크스思想事典』, 청아출판사, 1988.

Wilfred Bion, *Elements of Psycho-Analysis*, Northvale, NJ: Jason Aronson INC, 1995.

통일의 커뮤니타스와 이뮤니타스

김종곤

1. 화해의 시대와 새로운 공동체

한동안 얼어붙어 있던 남북관계는 문재인 정부의 출범과 아울러 새로운 국면을 맞기 시작하였다. 2017년 말까지만 하더라도 한미 합동군사훈련과 북의 핵/미사일 실험 발사로 인해 한반도에는 전운(戰雲)이 감돌 정도로 긴장은 최고조에 달하였지만 2018년 새해를 맞아 국면은 급속도로 전환되기 시작하였다. 그 시작은 2018년 2월에 열린 평창동계올림픽에 북측 선수들이 참여하고 북측 고위급 인사들이 방남을 하면서부터였다.[1] 이때 남북 정상회담에 대한 논의가 오갔고 같은 해 4월 남북 정상은 판문점에서 만났다. 그리고 연내 종전선언과 평화 체제 구축을 골자로 하는 〈한반도의 평화와 번영, 통일을 위한 판문점 선언〉(판문점 선언 혹은 4.27 선언)을 발표하였다. 이후 남과 북은 2차례의 정상회담을 더 진행하였으

---

1 구갑우는 이 시기를 "평창 임시 평화 체제"라 부른다. 구갑우, 「평창 임시 평화체제에서 판문점 선언으로-북한의 개혁·개방 선언과 제3차 남북정상회담, '연합적 평화'의 길」, 『동향과 전망』 103권, 한국사회과학연구회, 2018, 33쪽.

며 급기야 70여 년 동안 적대적 관계를 맺어오던 북한과 미국이 역사상 처음으로 정상회담을 개최하였다. 북·미정상회담 끝에 발표된 공동성명은 다소 추상적이라 평가되지만 한반도의 항구적인 평화체제 구축을 위해 공동으로 노력하겠다는 내용을 담고 있다는 점에서 의의를 지닌다고 할 수 있다.

그 어느 때보다 남북관계는 해빙기를 맞고 있으며 화해의 시대라 불러도 좋을 만큼 관계 개선에 급물살을 타고 있다. DMZ 일부지역에서는 전방초소(GP)를 시범적으로 철수하고 남북도로를 연결하였다. 한반도의 허리를 가로지르면서 남북을 나누고 있던 DMZ는 분단에서 평화의 상징적 공간으로 변화 가능성을 보여주고 있다. 뿐만 아니라 지난 12월 말에는 남북을 잇는 철도 연결 사업도 착수하였다. 남북을 잇는 철도는 상호 간의 정치적/군사적 신뢰를 전제한다는 점에서 그 효과는 경제적 차원에만 머무르지 않는다. 남북 철도 연결 또한 현재의 정전체제에 큰 변화를 불러오고 나아가 종전과 항구적인 평화체제를 구축하는 기초가 될 수 있다. 남북의 이러한 관계 변화와 화해의 분위기에 비추어 짐작컨대 남북 간 교류는 빠른 속도로 더욱 확대될 것으로 보인다. 이미 폐쇄되었던 개성공단 가동과 금강산 관광 재개를 위한 각계각층의 움직임이 있다는 점은 이러한 예측을 뒷받침해준다. 더 나아가 항구적인 평화체계가 보장될 경우 머지않은 미래에 해외여행을 가듯 남북의 주민들이 금단의 선을 넘어 자유롭게 왕래할 수 있을지도 모르겠다.

문제는 오랜 세월 갈라져 있던 남북의 주민들이 만났을 때 그 만남이 평화롭게만 이루어지지 않을 것이라는 점이다. 알다시피 남북은 정치/경제와 같은 거시적 체제의 차이만이 아니라 주민들의 정서적이고 생활문화와 같은 미시적 차원에서 상호 간에 큰 이격(離隔)이 있다. 일반적인 의사소통이 가능한 한국(조선)어를 사용하고 유사한 생김새를 지녔다고 하더라도 둘 사이의 거리는 "갈등 상황에서 생겨나는 무조화(aharmonic) 혹은 반조화적(disharmonic) 과정"[2]을 낳을 수밖에 없다. 그렇다면 화해의 시대, 남북의 만남을 준비하는 지금, 예상되는 갈등적 상황에 우리는 어떤 대비를 해야 하는가?

흔히 이런 물음에 통일 이후 동/서 주민들 간에 심각한 갈등을 겪은 독일을 사례로 들어 우리도 남북의 주민들이 갈등하지 않고 조화롭게 살아가는 사회를 고민해야 한다고 말한다. 하지만 하나의 사회는 결코 폐쇄적이고 총체적인 고정된 객관적 실체가 아니라 언제나 변화 과정 중에 있으며 그 과정에서는 갈등을 동반할 수 없다는 점을 전제한다면[3] 선행되어야 하는 것은 갈등하지 않는 방법을 고민하는 것이 아니다. 갈등 없음을 추구하는 것은 개별성을 인정하지 않는 동일성의 논리에 빠지기 쉽다는 점에서 폭력성을 함축하고 있다. 그렇다고 이것이 일체의 연결고리 없는 완전한 분리와 독립으로서 개별성을 옹호하고자 함은 아니다. 남북은 민족적 동일성에 대한 욕망을 지니고 통일을 지향하는 특수한 관계라는 점에서 어떠한 방식으로든 관계를 맺을 수밖에 없다면, 그럼에도 이둘의 만남이 갈등·충돌·반목의 진통을 겪을 것이라고 예상한다면, '갈등하면서도 열려 있는 만남은 어떻게 가능한가', '적대적이면서도 연대하는 공동의 삶은 가능한가'와 같은 문제를 고민하는 것이 오히려 필요하다. 이는 어느 한쪽을 배제하고 억압하지 않는 관계맺음에 대한 물음이면서 향후 남북이 지향해야 할 '새로운 공동체'에 대한 물음이기도 하다.

---

2   빅터 터너, 강대훈 역, 『인간 사회와 상징행위:사회적 드라마, 구조, 커뮤니타스』, 황소걸음, 2018, 46쪽.

3   "합리적으로 통일된 총체성으로서의 사회라는 객체는 불가능"하다는 에르네스토 라클라우의 주장을 상기해보라. (Ernesto Laclau and Chantal Mouffe, *Hegemony and Socialist Strategy: Towards a Radical Democratic Politics*, London and New York: Verso, 1999, pp.100-101.)

이에 이 글은 남북이 갈등할지라도 어느 한쪽을 배제하지 않으면서도 함께 살아가는 공동체를 논의하는 것에 그 주요 목적이 있다. 우선, 이 글은 지금까지 남북이 지향해야 할 공동체와 관련하여 제출되었던 기존 논의들을 검토하고자 한다. 그 논의들은 크게 두 가지 담론으로 요약될 수 있다. 하나는 가장 보편적이면서 한국 정부의 공식적인 통일방안의 기초가 되어온 '민족공동체' 혹은 '한민족공동체'에 대한 논의이며, 다른 하나는 오늘날 세계화와 다문화 사회를 염두한 소위 '시민공동체' 논의이다. 이 두 담론을 중심으로 기존의 공동체 논의가 지닌 문제점을 비판적으로 검토하고자 한다. 기존 연구들에서 논의되는 '통일공동체'는 민족, 국민, 시민을 공동체 구성원의 전제로 삼기에 특정 정체성을 지니지 못한 타자나 소수적 입장을 억압하는 결과를 낳을 수 있다는 문제점을 지닌다. 이에 이 글은 공동체 개념에 대한 근본적인 사유의 전환이 필요하다는 문제제기와 아울러 장 뤽-낭시의 논의에 기대어 민족 혹은 시민과 같은 헌정질서나 민족적 정체성을 전제하지 않는 '함께-있음'의 통일공동체에 대해 논의한다. 끝으로 이 글은 장 뤽-낭시의 사유를 일부 계승하는 로베르트 에스포지토의 이뮤니티 논의를 살펴보면서 '함께-있음'의 통일공동체를 '적대주의적 개방성'이 전제되는 공동체로 확장하여 해석하고 이것이 바로 남북이 지향해야 할 새로운 공동체여야 한다고 주장한다.

2. 통일 공동체에 대한 두 가지 담론 : (한)민족공동체와 시민사회 공동체

남북이 지향해야 할 공동체로서 가장 대표적으로 제기되어왔던 것 중 하나가 '민족공동체'이다. 기존 논의들에서 '민족공동체'는 대체적으로 "공통적인 언어, 지역, 경제생활, 문화 등에 의해 결속된 인간집단인 민족

이 집단적으로 생활을 영위하는 공동체"[4]라는 의미로 사용된다. 그래서
이 논의들은 연대기적 시간 속에서(과거 통일신라나 고려에서부터) 민족공동
체의 원형을 찾거나 하나의 언어, 영토, 생활문화를 지닌 민족공동체는
분단으로 인해 '상실'되었고 따라서 '회복'되어야 할 어떤 대상으로 여겨
지는 경향이 있다. 또 그 회복을 위해 민족의 정신적 유대관계를 형성하
고 공통의 역사인식을 재정립하며 이질적 문화요소를 넘어 문화적 동질
성을 회복함으로써 통일된 민족공동체를 회복해야 한다는 주장으로 나아
가기도 한다.[5]

그렇다고 이러한 민족공동체 논의가 이론적인 차원에서만 이루어져 온
것은 아니다. 그것은 한국 정부의 공식적인 통일방안인 '민족공동체 통일
방안'[6]의 바탕을 이루어 왔다. 민족공동체 통일방안은 1989년 북방정책
을 본격화한 노태우 정부 시기 수립되었다. 그것은 하나의 민족공동체
아래 두 개의 국가가 공존협력하며 평화통일을 지향하는 내용을 골자로

---

4 이현희, 「민족공동체 형성의 역사적 접근 방법」, 『통일전략』 2(1), 한국통일전략학
   회, 2002, 351쪽.
5 이현희, 같은 글; 박광수, 「한민족 문화공동체 형성 방안-한민족 평화통일의 문화적
   접근-」, 『圓佛敎學』 8, 한국원불교학회, 2002.
6 이헌경은 대북정책과 통일방안을 구분할 필요가 있다고 역설한다. 예를 들어 김대중
   정부의 남북 화해 · 협력 정책(햇볕정책), 이명박 정부의 상생과 공영 정책은 통일 정
   책이 아니라 대북정책이라고 주장한다. 그 역시 한국 정부의 통일방안은 공식적으로
   '한민족공동체 건설을 위한 3단계 통일방안' 곧 민족공동체 통일방안이라 말한다. 하
   지만 이헌경은 이러한 통일방안이 이상주의적이라고 말한다. 왜냐하면 남북한 간 적
   대관계의 청산없이는 민족공동체의 형성은 불가능하기 때문이다. 그렇다고 이헌경
   이 새로운 민족공동체의 상을 제시하는 것은 아니다. 그는 1992년 남북기본합의서에
   명시되어 있듯 "정치군사적 긴장상태를 완화하고 다각적인 상호 교류 및 협력을 통
   해 상호 관계를 우호적으로 증대시켜 궁극적으로 민족공동체를 형성하는 것"을 말하
   고 있을 뿐이다. 다시 말해 그는 민족공동체를 여전히 남북의 민족이 정치,경제,문화
   적으로 결합된 형태로만 사유하고 있는 것이다(이헌경, 「김영삼 정부의 민족공동체
   통일방안」, 『동아시아:비교와 전망』 9(1), 동아대학교 동아시아연구원, 2010, 91-101
   쪽.)

하고 있다. 이러한 민족공동체 통일방안은 이후 남북유엔동시가입, 남북 화해와 불가침 합의, 비핵화공동선언 등을 이끌어내는 데에 일조하였다고 평가된다.

그리고 이후 들어선 정부들에게도 그 기조는 계속해서 유지된다. 김영삼 정권에서는 대북정책에 있어 민족우선론의 입장을 내세우며 한민족공동체건설을 위한 3단계 통일방안(화해협력→남북연합→1민족 1국가의 통일국가 완성)을 수립하는 기초가 되기도 하였다. 다음 정권인 김대중 정부도 마찬가지로 같은 기조 아래 소위 햇볕정책을 펼치며 3단계 통일방안 중 첫 번째 단계인 화해협력을 진전시키고자 하였다. 그 결과 2000년 남북 정상이 만나 합의한 6.15공동선언에서 남쪽의 연합제와 북쪽의 낮은 단계의 연방제 간에 공통성이 있음을 인정하고 공존공영을 위한 합의문을 만들어 내기도 하였다. 또 노무현 정부는 김대중 정부의 이러한 정책을 계승하면서 평화번영정책과 동북아시대구상을 내놓았으며, 2007년 10.4선언을 통해 화해협력단계와 남북연합의 초기단계를 실현할 수 있는 합의를 이끌어 내었다.[7]

이처럼 민족공동체는 남북이 도달해야 하는 상생과 공영이 가능한 미래통일국가와 동일시되고 이를 실현하기 위한 통일방안의 초석을 제공해 준 지향점이었다. 물론 노무현 정권 이후 이명박과 박근혜 정부에서는 그 이전과 다르게 남북관계가 매우 악화된 것이 사실이다. 그렇다고 이명박과 박근혜 정부가 이를 폐기하였다고 할 수는 없다. 비록 이명박 정권의 대북정책은 이전에 합의한 6.15와 10.4선언의 이행을 유보하고 강압적인 대북정책을 펼쳤지만 상생공영의 대북정책을 표방하였기 때문이다. 박근혜 정부 역시 남북 간 신뢰관계가 형성되고 북의 비핵화가 진전될

---

7   고유환, 「민족공동체 통일방안의 평가와 계승 발전방안」, 『한국국제정치학회 학술
     대회 발표논문집』, 2014, 34-37쪽.

경우(신뢰프로세스) 비전코리아 프로젝트를 통한 경제공동체를 건설하겠다는 민족공동번영의 계획을 내놓기도 하였다. 정권에 따라 대북정책의 기조에는 차이가 있지만 역대 정권들은 공통적으로 민족공동체 통일방안의 큰 줄기 아래 '민족의 상생과 공영'이 실현되는 민족공동체를 통일의 지향점으로 삼아온 셈이다.

하지만 그러한 지향점에도 불구하고 민족공동체 통일방안은 민족공동체를 "**하나의 가치체계** 속에서 번영과 복지를 위해 함께 살아나가는 사회집단"[8]이라고 규정한다는 점에서 그것이 기조로 내세우는 '상생과 공영'에 충돌할 수밖에 없다는 문제점을 안고 있다. 왜냐하면 우리가 살아가는 이 세계 자체는 균질적으로 구성되어 있지 않으며 수많은 '단수성-들'[9]이 존재하고, 그렇기에 상생과 공영은 '하나의 가치체계'가 아니라 서로 차이나는 것들이 특이성을 유지한 채 서로에게 기대어 살아갈 수 있을 때 비로소 가능하기 때문이다. 더구나 하나의 가치체계를 지향하는 것은 타자를 필요로 하지 않는다는 점에서 상생과 공영의 가치는 하나의 가치체계를 공동체의 지향점으로 내세우는 순간 그 의미를 상실한다. 스스로 자기 동일성과 자기 결정력을 가지고 있다고 여기는 것은 곧 자기 완결성을 의미하기에 자신의 외부를 필요로 하지 않기 때문이다. 그럼에도 하나의 가치체계를 상생과 공영이라는 지향점과 동일선상에 놓는 것은 모순이면서 스스로 실천 불가능성을 드러내는 것이다. 이는 상생과 공영이라는 이름으로 자신이 민주적이라는 점을 내세워 그 불가능성을 은폐하려는 시도일 수 있기에 더 폐쇄적으로 보인다.

---

8 이헌경, 같은 글, 92쪽(강조는 필자).
9 이때의 단수성은 모나드적 존재를 의미하는 것이 아니다. 이때의 단수성은 뒤에서 논의될 장-뤽 낭시의 개념으로서 특이성을 지니면서도 타자에 편위되어 있는 존재를 의미한다.

실제로 민족공동체 통일방안은 이미 "통일의 주도적 역할을 한국이 담당할 것", "인간중심의 자유민주주의를 강조"하면서[10], '민족'의 공동체적 삶을 '국가'적 삶으로 옮겨놓고 있다. 이명박과 박근혜 정부에 들어서 대북정책이 전환되고 남북관계가 악화된 것은 국제적 정세와 해당 정부의 보수적 성격 때문만이 아니라 한국정부가 지향해온 민족공동체의 개념 안에 이미 그 조건을 내포하고 있었기 때문인지 모른다. 그렇다면 남북이 통일 과정에서 기조로 삼고 통일 이후 형성해야 할 공동체에서 민족공동체는 제외되어야 하는가? 더 정확하게 말하자면 탈민족주의 입장들이 주장하듯 남북의 공동체에서 '민족'은 삭제되어야 하는가? 기존의 민족공동체 개념이 그 중심에 민족의 상생과 공생을 내세우는 것이지만 분단국가가 내세우는 가치체계로 옮겨놓는 것이 문제라면, 민족의 집합적 삶이라는 조건을 남겨둔 채 공동체의 개념적 전환은 불가능한가?

여기에서 우리는 강광식의 논문 「한민족공동체와 남북통일 문제」에 주목할 필요가 있다. 이 논문은 "이질적인 것들이 공존할 수 있고, 다양한 연대가 가능하며, 보편적 인간성에 근거한 자연스런 정체성과 결속이 허용되는 민족공동체, 유연한 경계와 분산된 권력구조, 그리고 다중적으로 이루어지는 결합의 망을 통해서 형성되는 '개방적 시민사회'가 그 공동체의 내용이 되는 통일한국의 미래상"을 제안하고 있다.[11] 그는 민족의 공동체라는 테제(민족정체성)를 폐기하지 않으면서도 이질성과의 공존, 연대가 가능한 공동체를 사유하고자 하는 것이다.

미루어보건대 그가 민족정체성을 폐기하지 않는 것은 '한민족공동체'를 "지구촌의 한민족이 동포의식을 토대로 결속하고 공동번영을 위하여

---

10 이헌경, 같은 글, 92쪽.

11 강광식, 「한민족공동체와 남북통일 문제」, 『在外韓人硏究』 12(2), 在外韓人學會, 2000, 56쪽.

상호협조하는 하나의 응집된 연결망으로 발전하는 것을 상정한 하나의 가상공동체"[12]로 정의하고자 하는 논의들에 반대하기 때문이다. 그가 보기에 가상적인 공동체로서 한민족공동체는 실체를 지니지 못한다는 점에서 "사상누각(沙上樓閣)"에 불과하다.[13] 오히려 그가 보기에 필요한 것은

---

12 정영훈, 「한민족공동체 형성과제와 민족정체성 문제」, 『在外韓人研究』 12(2), 在外韓人學會, 2002, 9쪽; 윤민재, 「민족통일운동의 측면에서 바라본 한민족공동체 모색」, 『인문사회 21』 7(1), 아시아문화학술원, 2016, 55쪽; 이재석, 「한민족네트워크공동체 구축운동의 성격」, 『한국동양정치사상사연구』 10(1), 한국동양정치사상사학회, 2011, 134쪽. '한민족공동체론'은 세계화, 네트워크화, 탈영토, 탈민족주의와 같은 21세기의 변화상을 반영한 논의라고 할 수 있다. 이 논의는 무엇보다 한반도 영토중심의 통일과 공동체 추구를 넘어 남과 북뿐만 아니라 전세계에 이산되어 있는 코리언 디아스포라를 아우르는 공동체가 필요하다는 인식 위에 기초해 있다. 정영훈의 경우 한민족공동체는 "전세계에 흩어져서 살고 있는 한민족 성원들을 공동 번영을 위하여 서로 돕고 협조하는 하나의 공동체로 결속시키자는 취지 하에 재기되고 있는 용어로서, 지금 무한경쟁의 세계화 시대를 헤쳐갈 수 있는 민족적 생존발전 전략의 하나"(정영훈, 같은 글, 6쪽)라는 목표를 밝힌다. 이 공동체는 한반도를 중심으로 한 통일국가와 지역적 공동성을 전제로 하지 않는다는 점에서 앞서 보았던 민족공동체와 차이를 지닌다. 또한 한민족이라는 혈연에 기초한 공동체나 어떤 정치공동체로 한정하지 않으며 남북과 해외 디아스포라까지 포괄하고 이들 모두를 공동체 형성을 위한 수평적인 주체로 상정한다는 점에서도 다르다. 그렇기에 공동체의 현실적 실체성을 전제하지 않으며 오히려 "느슨한 공동체로서 네트워크 개념을 강조"한다.(윤민재, 같은 글, 45쪽) 이 공동체는 예를 들어 세계한상대회와 같이 "지구촌의 한민족이 동포의식을 토대로 결속하고 공동번영을 위하여 상호협조하는 하나의 응집된 연결망으로 발전하는 것을 상정한 하나의 가상공동체"(정영훈, 같은 글, 9쪽; 윤민재, 같은 글, 55쪽; 이재석, 같은 글, 134쪽)라 할 수 있다. 그렇다고 한민족공동체론이 그 구성원으로서 한민족의 조건으로서 민족정체성을 폐기하는 것은 아니다. 물론 이때 정체성은 한반도나 해외 디아스포라가 하나의 동질성으로서 같아야 하는 것은 아니다. 전제조건으로서 민족정체성은 고정불변의 것이 아니라 환경적 차이에 따라 다를 수 있다는 점을 인정하지만 그럼에도 정서적이고 심리적 차원에서 한민족이라는 소속의식(귀속의식)과 한민족의 문화를 공유하는 것을 의미한다. 그렇기에 이 논의는 한반도가 아닌 해외에 거주하는 코리언 디아스포라의 다중 정체성을 인정하면서도 민족문화와 소속감에 기초한 민족정체성을 본질적인 요소라고 주장한다.(이재석, 같은 글, 140쪽) 따라서 한민족공동체는 "민족이 문화적 동질성에 기초한다는 관점의 연장선 위에서 문화공동체"이자 "한민족공동체는 동포애에 토대한 연대성을 강조하는 정서공동체"라 할 수 있다.

13 강광식, 같은 글, 41쪽.

세계화 시대의 흐름에 따라 개방되고 연결되어 있으면서도 한반도라는 영토를 중심으로 세워질 미래통일국가에서 서로 이질적인 남북의 민족이 갈등하지 않고 서로를 포용하면서 통합되는 공동체를 고민하는 것이다.

물론 과거에 민족주의는 남이나 북에서 정권의 위기를 타개하고 권력을 재생산하기 위한 명분으로 사용되기도 하였다는 점을 그도 인정한다. 하지만 그가 보기에 이것의 문제는 민족주의 그 자체에 있는 것이 아니라 "우리없는 우리의식"[14]으로 왜곡되었기 때문이다. 더구나 민족주의는 고정된 객관적 산물이 아니라 "민족 내부의 다양한 주체들간의 상호작용에 의해서 결정되는 것"이며, 민족주의가 "다양한 인권의 무시, 인종 청소 등 부정적인 측면과 결합될 필연성을 가지고 있는 것은 아니"라는 점에서 필요한 것은 왜곡된 역사과정을 지양하고 새로운 방향으로 재정립하는 가운데 "진정한 '우리의식'의 형성을 가능하게 하는 열린, 시민적 정체성으로 재구성"하는 것이라고 주장한다.[15] 이때 그가 말하는 시민적 정체성(시민사회상)은 국가에 대해 자율성을 가지면서도 다원주의적이고 관용적인 문화에 대한 지향성을 말한다.

그의 이러한 논의는 한마디로 통일한반도의 공동체를 '민족적 집합이자 시민적 집합'이라는 이중성에 근거하는 것으로 분단국가의 가치체계로 공동체의 삶을 전환하는 기존의 민족공동체 논의의 한계를 넘어서려는 시도라 할 수 있다. 뿐만 아니라 남과 북이 같은 민족이기는 하지만 차이를 지닐 수밖에 없다는 점에서 미래의 통일국가에서의 공동체는 곧 "초점 불일치의 민족정체성"으로 인한 갈등을 넘어서면서도 자율적 개인

---

14 여기서 그가 말하는 '우리의식'이 정확하게 무엇을 의미하는지는 불분명하다. 그는 우리 의식이 민족주의 핵심이라고 말할 뿐이다. 다만 민족주의가 남북의 체제건설이나 지배체제의 합리화를 위한 동원 이데올로기로 활용되었다는 점을 비판하고 있다는 점에서 민족의 자율성을 강조하는 의미로 유추할 수 있다.

15 강광식, 같은 글, 43-45쪽.

을 확립하고, 참여민주주의를 지향하며, 탈물질적 가치관의 확립과 연대의식에 기초한 열린 시민적 정체성을 도입한다는 점에서 상생과 공생의 가능성을 한층 더 열어놓았다고 평가할 수 있다.

그럼에도 이 논의에는 일정정도의 한계가 있다. 이들의 주장대로 민족 정체성이 고정되지 않고 지속적으로 변화하면서 새롭게 정립될 수 있는 것이라 할지라도 '한민족공동체'는 결국 '한민족'이라는 테두리를 필요로 하며, 또한 이를 보완하기 위한 시민적 정체성 또한 통일한국의 정체(政體)와 헌정(憲政)적 원칙들로부터 자유로울 수 없기에 통일국가의 '시민'이라는 정체화를 필요로 한다. 타자의 포함이라는 그의 의도와 다르게 '어떤' 공동체라고 이름 붙일 때 그 공동체의 성원과 비성원의 구별이 작동하게 되는 문제가 발생할 수 있다는 것이다. 그가 자신의 글에서 참고하고 있는 하버마스 역시 세계시민주의를 논의하면서 데모스(demos)를 에트노스(ethnos)로부터 분리하여 규정하고자 하지만 "자신을 민주적이라 이해하고자 하는 모든 정치적 공동체는 정의상 성원과 비성원 사이의 특정한 구별을 행해야만"[16] 한다는 데모스의 역설을 스스로 인정하고 있다. 그렇다면 강광식이 말하는 열린 시민사회로서의 공동체(여기에 그는 하버마스의 세계시민사회도 결합시키고 있는데) 역시 사실상 이미 특정한 타자에 대한 배제나 소수자적 해석에 대한 억압 가능성을 여전히 지니고 있는 것이 된다.

그렇다면 공동체의 성원을 규정하는 민족이나 시민을 전제하지 않는 공동체는 가능한가? 또 민족과 시민을 전제하지 않는 공동체를 공동체라 부를 수 있는가? 이는 하나의 난제로 보인다. 왜냐하면 무엇보다 한반도

---

16 Jurgen Habermas, *The Postnational Constellation*, translated by Max Pensky, The MIT press, 2001, pp.107; 최원, 「통일과 민주주의-에트노스와 데모스의 변증법」, 『시대와 철학』 제26권 1호, 한국철학사상연구회, 2015, 434쪽 재인용.

의 통일에 있어 민족정체성은 통일의 동력이라는 점을 부정할 수 없으며, 통일은 어찌되었건(복합국가론을 주장하는 백낙청도 인정하듯이) 국민국가의 틀을 완전히 벗어나기는 힘들기 때문이다. 그럼에도 아니 그렇기에 이러한 물음들은 대단히 중요해 보이는데 민족과 시민에 대한 전제를 지금 당장 포기할 수 없는 것이라면 '적어도' 성원과 비성원을 구분하면서 폭력을 낳을 수 있는 공동체에 대해 지속적으로 문제를 제기하고 그래서 더 나은 공동체로 나아갈 견인적 표지로서 새로운 공동체에 대한 논의가 필요하다. 아래에서는 그것을 그 어떤 것으로도 규정하지 않는 공동체, '무위의 공동체'를 주장하는 장-뤽 낭시의 논의를 통해 찾아보고자 한다.

3. '공동체' 대한 사유의 전환 : '함께-있음'의 공동체

공동체에 대한 가장 오래된 논의 중 하나는 아리스토텔레스의 저작에서 찾아진다. 잘 알다시피 아리스토텔레스는 인간을 '정치적 동물'(zoon politikón)로 규정한다. 그에게 정치적 동물은 곧 "공동체를 형성하는 생명"이다. 인간은 동료 인간과 함께 살아가는 군서(群棲) 동물로서 일정한 공동의 목표를 지니며 집단적인 행동 능력을 지닌다. 하지만 인간은 꿀벌이나 개미와 같은 여타의 군서 동물과는 다르게 더욱 발전된 의미에서 '정치적'이라는 차이를 지닌다. 인간은 단지 생존만을 위해서 혹은 기본적인 욕구 충족만을 목표로 하지 않으며, 언어능력과 아울러 이성적이고 윤리적인 생명이다. 그런 인간은 정치적 공동체 내에 있을 때 자신의 잠재력을 온전히 전개할 수 있다. 아리스토텔레스가 보기에 인간은 공동체 내에서 탁월하고 유익한 삶을 영위할 수 있다. 그런 의미에서 인간은 정치적 동물이며, 인간의 공동체성은 본성적인 것이다.[17]

하지만 이러한 아리스토텔레스의 정치적 공동체는 토마스 아퀴나스를 경유하여 하이데거에 이르게 되면 그 의미가 존재론적 범주에서 사유된다. 예를 들어 하이데거에서 있어 공동체 개념은 "무의식적 구조로서 전 인류를(심지어 때로 자연과 대상들도) 포괄하는 근본적 사회성이라는 방향으로 이동한다." 공동체는 어떤 공통의 가치들이나, 언어, 협력적 행위라는 이념과는 결합되지 않는다. "공동체는 근원적이고 선행적이며 불가피한, 모든 사람들이 필수적으로 그리고 자동적으로 참여하는 '함께-있음'(Mit-sein)을 의미한다."[18] 장-뤽 낭시는 이러한 하이데거의 논의를 계승하면서도, 특히 '공동존재'(Mitsein)에 대한 이해를 급진적으로 전환시켜 공동체를 통일적이거나 자기-동일적이라고 가정하는 사유에 대해 반대하는 공동체 개념을 제안한다.[19] 미리 말하자면 낭시에게 공동체는 본질적인 것의 실현체이거나 동일성의 연합과 같은 것이 아니라 '함께-있음' 그 자체이다. 그렇기에 공동체는 망각될 수는 있으나 상실되는 것은 불가능하며 또한

---

17 하르트무트 로자 외, 곽노완·한상원 역, 『공동체의 이론들』, 라움, 2017, 18-20쪽.

18 하르트무트 로자 외, 같은 책, 21-22쪽. 이 책에서는 Mit-sein을 '함께-있음'으로 번역하지만 이 글에서 참조하는 낭시의 『무위의 공동체』에서는 '공동-존재'로 번역하고 있다.

19 낭시의 논의는 전근대적이고 낭만적인 공동체론만이 아니라 근대 정치철학의 사회계약론자들의 기획, 즉 (신)자유주의적 공동체론에 대한 반대로부터 나온 것이라는 점을 알아 둘 필요가 있다. 예를 들어 대표적인 사회계약론자인 홉스나 루소는 공통적으로 방법론적 개인주의에 입각하여 사회 전체에 대한 개별자의 우위성을 인정하면서 계약론적 공동체에 대한 논의를 전개한다. 홉스는 인간을 생존을 최우선으로 하는 고립된 존재로 파악하며, 리바이어던 자연상태가 가져다 주는 공포상태로부터 벗어나기 위하여 개별화한 결과로 본다. 그렇기에 리바이어던은 개인의 생존을 보장한다는 점에서 정당성을 가질 뿐이다. 홉스와 자주 대조되는 루소 역시 유사하다. 루소가 보는 인간은 자족적인 개별자로서 자유롭고 구속되지 않는 존재이다. 오히려 공동체는 이러한 개인을 교육체계를 통해서 구속하는 인위적인 산물에 불과하다. 아리스토텔레스와 다르게 홉스와 루소는 인간을 정치적 동물로 보지 않을 뿐만 아니라 공동체를 본성적인 것으로도 보지 않는다. 하지만 낭시는 "개인이란 공동체가 와해되는 시련 이후에 남은 찌꺼기에 지나지 않는다"고 하면서 홉스와 루소와 같이 개인을 공동체 너머의 절대적 존재로 보는 것에 반대한다.(장-뤽 낭시, 박준상, 『무위의 공동체』, 인간사랑, 2017, 27-28쪽.)

공동체가 상실되었기에 회복해야 한다는 것 또한 성립가능하지 않는다. 오히려 그가 말하는 공동체는 어떤 이름으로 규정하는 것에 대하여 전적으로 저항하는 공동체이다.

"공동체는 어떤 의미에서는 저항 자체, 즉 내재성에 대한 저항이다. 결과적으로 공동체는 초월성이다. 어떠한 '신성한' 의미도 갖지 않는 그 '초월성'은 정확히 내재성에 대한(모든 자들의 연합에 대한, 또는 하나 또는 몇몇 사람을 배제하려는 정념에 대한, 주체성의 모든 형태와 모든 폭력에 대한) 저항 이외에 다른 어떠한 것도 의미하지 않는다."[20]

낭시는 공동체가 내재성에 대한 저항이자, 초월이며, 저항이라고 말하고 있다. 그렇다면 이때의 내재성(immanence, 內在性)이란 무엇인가? 낭시가 말하는 내재성은 개인이나 집단이 함축하고 있다고 보는 본질적인 것이다. 그것은 가령 "인간에 대한 인간의 절대적 내재성-휴머니즘과 공동체에 대한 공동체의 절대적 내재성-공산주의" 등으로 경험되었다. 특히 후자의 (현실)공산주의는 낭시가 공동체에 대해 사유하게 된 주요한 계기였다. 그에 따르면 공산주의 이상은 인간을 "자신의 작업과 생산물을 통해 자신의 고유한 본질을 생산하는 자"로 규정하고 "공동체 자신의 고유한 본질은 그 자체로 인간의 본질을 완성"하는 것으로 파악했다는 점에서, 인간본질을 전제하고 그것을 공동체적 이념과 동일시하는 '전체주의'에 다름 아니었다. 낭시는 이를 '내재주의(內在主義, immanentisme)'라 명명하면서 비판의 주요 타겟으로 삼는다.[21]

아울러 낭시는 개인의 특권을 강조하고 세계와 "절대적으로 분리된 대자"로 파악하는 개인주의에 대해서도 비판적이다. 절대적 분리는 그 의미

---

20 장-뤽 낭시, 같은 책, 86쪽.(강조는 필자)
21 장-뤽 낭시, 같은 책, 23쪽.

상 혼자 있는 것만으로는 충분하지 않으며 유일하게 혼자이어야 한다. 하기에 절대적 분리는 어떠한 관계도 없는 무관계(無關係)이어야 한다. 하지만 무관계는 역설적이게도 어떤 관계 내에 연루될 때만이 가능하다. 즉, 절대적 분리의 논리는 무관계를 강요하면서도 깨뜨리는 모순을 낳는 것이다. 따라서 "개인주의는, 원자의 문제가 세계의 문제라는 사실을 망각한 자가당착의 원자론"에 불과하다. 그러나 낭시가 보기에 "단순한 원자들로 하나의 세계를 이룰 수는 없다. 그 원자들 안에서 편위(clinamen)가 있어야만 한다. 동일자가 타자로, 동일자가 타자로 인해, 또는 동일자가 타자에게 향해 있거나 기울어져 있어야 한다. 공동체는 적어도 '개인'의 편위에서 연유한다."[22]

낭시는 내재성의 원리에 따른 개인과 공동체를 부정하면서, '함께-있음'의 공동체를 제안한다. 이때 공동체에서 '함께-있음'은 어떤 목적이나 이유를 전제하지 않는 '함께-있음'이다. 그것은 존재가 "본래 언제나 이미 공동-존재"라는 점으로부터 연유한다. 이는 앞서 언급한 것처럼 하이데거의 공동존재 개념을 자신의 방식으로 전환하면서 얻어내는 결론이다. 하이데거의 공동존재는 타자와 함께 존재하는 현존재의 존재방식이다. 하지만 낭시가 보기에 "'죽음을 위한(또는, 으로 향한)-존재'에 대한 하이데거의 모든 성찰은 나는 주체가 아니라고 선포하는 것 외에 다른 의미를 갖고 있지 않다." 나아가 하이데거의 "현존재의 '죽음으로-향한-존재'가 함께-있음 속으로 (공동존재 속으로) 급진적으로 연루되지 않았다"는 점은 낭시에게 불만족스러운 부분이다.[23]

반면에 낭시는 자신의 (탄생과) 죽음을 자신이 소유할 수 없다는 유한성(finitude)[24]이라는 한계를 통해 내재성의 불가능함을 부각시키고자 한다.

---

22 장-뤽 낭시, 같은 책, 26쪽.
23 장-뤽 낭시, 같은 책, 46쪽.

탄생과 죽음처럼 "**우리의 것**일 하나의 시작과 하나의 끝을 소유하지 못한 채, 단지 그것들을 타자들을 거쳐, 타자들처럼 소유하면서(또는 하나의 시작과 하나의 끝이면서) 시작하고 끝낸다. 나의 시작과 나의 끝은 정확히 내가 나의 것으로 소유할 수 없는 것, 어느 누구도 자신의 것으로 소유할 수 없는 것이다."[25] 현존재로서 자아는 결코 이러한 실존성 자체를 자신의 것으로 전유할 수 없다. 이는 실존의 타자성을 드러내는 계기이다. 유한성으로 인해 각자는 타자에 대해서도 또 각자는 자기에 대해서도 타자들이다. 유한성으로 인해 실존은 자기 동일적이고 완결적인 것으로서 동일성을 유지할 수 없고 자기 바깥으로의 열림, 즉 '함께-있음'의 공간으로 외존(exposition)이 불가피하게 된다.[26] 외존은 모든 동일화에 실존적

---

24 낭시의 유한성에 대해 박준상은 다음과 같이 해석하고 있다. "유한성은 첫째로 완전한 내재성(內在性)의 불가능성이다. 완벽히 자기 자신에게 갇혀 있을 수 있는, 그 스스로에 정초되어 있거나 스스로가 자신의 존재를 결정할 수 있는 개인이란 없다. 즉 완전한 자율성을 가진 개인이란 없다. 인간은 항상 자기 아닌 자에게 열려 있을 수밖에 없다. 그에게로 향함, 그에게 노출되어 있음, 그를 향한 외존, 관계 내에 존재함, 그것이 '나'의 존재의 조건이다. (⋯) 두번째로 유한성은 만남의 유한성을 가리킨다. '우리'의 실존들의 접촉은 영원히 지속될 수 있는 것이 아니다. 그 접촉은 불규칙적·단속적 시간에, 즉 시간성 내에서 전개된다. (⋯) 만남의 유한성은 '내'가 관계를 지배할 수 없다는 사실, 즉 '나'에게 필요한 그 '무엇'의 요구에 따라 어떤 동일성 내에로 타인을 동일화할 수 없다는 사실의 징표일 뿐이다. (⋯) 세 번째로 낭시가 말하는 유한성은, 가장 보편적인 의미에서, 한계 상황(죽음, 병, 고독)에 놓여 있는 인간의 존재 양태를 표현한다. (⋯) 낭시는 죽음으로의 접근의 경험이 '내'가 본래적 실존으로 돌아가도록 한다기보다는 오히려, 외존(타인을 향해 존재함, 타인과의 관계에 존재함)을 통해 급진적인 공동-내-존재를 부르게 한다고 본다. 죽음으로의 접근의 경험은 '나와 자신의 본래적 관계의 회복을 요청한다기보다는, 죽음이라는 절대 타자 앞에서 '나'의 동일성이 한계에 이르렀다는 사실을 가리킨다. 그것은 '나'의 본래성 (Eigenlichkeit)으로 향해 가는 경험이라기보다는, '나와 자신의 관계의 파기의 경험이며, 무명씨의 경험이고, 공동-내-존재로 열리는 경험이다."(모리스 블랑쇼·장-뤽 낭시, 박준상 역, 『밝힐 수 없는 공동체/마주한 공동체』, 문학과 지성사, 2016, 141 -143쪽.)

25 장-뤽 낭시, 같은 책, 233쪽.

26 "여기서 외존의 ex는 한편에서 자신의 밖으로 열림이면서 동시에 실존적 자아 자체

으로 앞서 있으며, '함께-있음'의 공동체는 실존의 자리이다.

그렇지만 외존적 열림은 주체의 일방적 행위가 아니다. 그것은 "주체와 타자 모두에게 적용되는 존재론적 조건이다." 그렇기에 공동존재의 외존성은 언제나 함께(ensemble)를 전제하고 평등성에 기반한다. 즉, 공동존재는 자신의 자유를 상실하거나 타인에게 복속되지 않을 뿐더러 타자 역시 레비나스의 타자와 같이 비대칭적인 절대적 타자가 아니라 어느 일방이 우선성을 가지지 않고 소통하는 타자이다. 그렇기에 "공동-존재의 타자성은 절대적 타자와 같이 각자의 자아성을 부인하지 않는다."[27]

그러나 이것이 주체와 타자 간의 평화로운 융합이나 연합을 보증한다는 것은 아니다. 공동-존재의 타자성은 서로의 만남이 화상과 같은 상처를 동반할 가능성을 배제하지 않는다. 하지만 '함께-있음'의 공동체는 어떤 본질적인 목적이나 규범적인 것이 아니라 "인간에게 원초적이고 다른 무엇으로 환원시킬 수 없는 것", 어떠한 근거도 없이 "같이 존재한다는 우연하고 순수한 사건(event)의 결과"[28]라는 점에서 관계 자체를 파괴하지 않는다. 결국 낭시는 공동체가 '어떤', '무엇의', '무엇을 위한' 공동체와 같은 것이 아니라 누구도 배제하지 않고 공유되면서 "그 안에 포함된 균열을 그 자체로 인정하는 가운데 존재할 수 있는 어떤 것으로 이해되어야 한다고 말"[29]하는 것이다.

이상에서 보았듯이 낭시의 공동체에 대한 논의는 통념적인 공동체만이 아니라 내재성의 논리로 구성된 공동체 개념을 넘어서는 사유의 전환을

의 비동일성을 의미한다."(손영창, 「낭시의 공동체론에서 공동: 존재와 그것의 정치적 함의」, 『새한철학회』 82, 새한철학회, 2015, 289쪽.)

27 손영창, 같은 글, 291쪽.

28 이문수, 「인간 존재와 열린 공동체-로베르토 에스포지토의 사상을 중심으로」, 『문화정치』 5(2), 한양대학교 평화연구소, 2018, 156쪽.

29 하르트무트 로자 외, 같은 책, 153쪽.

제공하고 있다. 무엇보다 그것은 앞서 우리가 문제로 제기하였던 (한)민족공동체와 시민사회공동체론이 성원과 비성원의 구분이 내재성의 원리에 입각하고 있는 것으로서 타자에 대한 소외와 배제, 폭력의 가능성을 함축하고 있는 공동체라는 비판을 가능하게 한다. 무엇보다 낭시의 공동체는 남과 북이 만나 삶의 공간을 창출하는 과정에서 그 공동체가 어느 특정 이름에 부합하는 존재들만이 공동체원으로서 자격을 얻게 된다는 정체성의 정치를 넘어서게 한다. 그 공동체는 차이들이 서로에 대해 친구일 수도 있으면서도 적이 될 수 있으며, 적이면서도 친구가 될 수 있다는 점을 부정하지 않는다. 곧 공동체를 '함께-있음'으로 이해할 때 그 공동체는 이미 그 자체로 적대성을 포함하는 것이라는 윤리적 전회를 시사하는 것이다.

혹자는 이러한 공동체가 비현실적이라 말할지 모른다. 하지만 오히려 낭시가 말하는 공동체가 더 현실적일 수 있다. 인간 존재가 살아가는 세계는 결코 하나의 이름으로 구성되지 않으며 설사 자신과 입장을 달리하는 자를 적으로 간주하고 박멸 수준에서 제거하려 하더라도 그것은 폭력과 비탄만을 낳을 뿐 결코 동일성으로만 구성된 공동체에 다다를 수 없기 때문이다. 역사적으로도 완전한 동일성에 근거한 공동체는 존재한 적이 없다. 남북이 만났을 때에도 마찬가지이다. 우리가 여전히 지난 분단의 역사와 동일하게 '어떤' 정체성을 중심으로 공동체를 사유하게 된다면 남과 북은 함께 존재하기는커녕 (통일 이후 첨예한 갈등을 겪다 결국 내전을 치른 예멘과 같이) 전쟁의 역사를 반복할지도 모른다. 그렇기에 통일 공동체를 사유한다고 하였을 때 무엇보다 요청되는 것은 적대적인 것과 함께 살아가는 방법을 적극적으로 사유하는 것이다.

일찍이 이러한 맥락에서 낭시의 공동체론을 적극적으로 수용하면서 고민하였던 사람은 이탈리아의 정치철학자 로베르트 에스포지토이다. 그는 흥미롭게도 의학이나 생물학에서 주로 사용되는 '면역' 개념을 전복하면서 공동체 내 균열과 이질성의 도입이 지니는 '긍정성'에 대해 논의한 바가 있다. 아래에서는 에스포지토의 논의를 따라가면서 '함께-있음'을 전제하는 통일 공동체를 사유하는 데에 있어 우리가 견지해야 할 정치-윤리적 가치에 대해 논의해보고자 한다.

4. 통일한반도의 이뮤니티 : 적대주의적 개방성

이탈리아의 정치철학자 로베르트 에스포지토는 공동체에 대해 다음과 같이 말한다. "공동체의 본뜻은 바로 개체를 포기하고 주체를 가로질러 주체의 변화로 향하는 것, **감염과 상처에 노출되는 것**이다. 공동체의 구성원이 공유하는 것은, 고유한 것 따위는 아무것도 없다는 역설이다. 공동성[공통성]의 본질은 다른 것, **바깥에 열려 있다**는 데 있다."[30] 보았듯이 그는 낭시의 공동체에 대한 논의를 상당 부분 수용하면서도 특히 그 공동체가 (앞 절에 논의했던 것처럼) 감염과 상처 그리고 개방을 포함하는 개념이어야 한다는 점에 무게를 싣고 있다.

하지만 공동체에 대한 에스포지토의 이해는 그 출발에 있어 낭시와 다르다. 낭시는 공동체의 라틴어 communitas(cum + munus)에서 with(함께)의 의미를 지니는 cum에 주목했다면 에스포지토는 munus(직분, 직무, 의무, 책임)에 주목한다. 그가 보기에 낭시와 같은 해체적 공동체론자들은 지금까지 공동체에서 상호교환의 객체를 드러내는 munus를 간과했다. munus는 로마어 donum(댓가 없는 선물)와 다르게 "수신자가 대가를 지불

---

30 로베르트 에스포지토, 김상운 역, 「면역적 민주주의」, 『문화과학』 83, 문화과학사, 2015, 409쪽.(강조는 필자)

하는, 상호작용을 해야만 하는 선물"로서 공동체 내 존재들을 묶어주는 역할을 하는 것이었다. 그렇게 본다면 코뮤니타스는 타인에 대해 의무를 바탕으로 성립하는 것이 된다.

그런데 문제는 그러한 의무는 곧 개인적 정체성의 희생과 같은 의미를 지닌다는 것이다. 다시 말해 "코뮤니타스의 구성원들이 공유하는 것은 그들의 소유(having)에 국한되지 않고 그들의 주체로서의 존재 그 자체를 말하는 본질이 탈취(expropriation)된다는 사실이"며 이는 공동체가 주체의 결핍을 초래하는 것이 된다. 하지만 근대에 들어서면서 사람들은 스스로 관계로부터 단절된 고립된 원자가 되어 이러한 결핍으로부터 벗어나고자 하였다. 에스포지토는 바로 이 지점에서 코뮤니티가 이뮤니티(immunity)로 대체된다고 본다. 그것은 홉스의 사회계약론의 설명과 맞닿아 있다. 그에 따르면 홉스의 자연상태에서 코뮤니티의 구성원들은 재산, 생명, 정체성의 탈취에 늘 불확실한 공포상태에 있어야 했는데, 사람들은 이러한 공포상태로부터 벗어나기 위해 권리를 양도하는 계약을 맺고 확실한 공포를 선택함으로써 불안으로 부터 벗어난 것이 근대적 면역 패러다임(immunitary paradigm)의 출발이라는 것이다.[31] 원래 immunity는 정치적, 법적 용어였지만 19세기 중반 이후 그것은 생물학적, 의학적 의미로 주로 사용된다. 오늘날 "면역은 외부의 침입에 대한 개체의 방어, 즉 '자기 방어(self defense)'라는 생물학적 특성"으로 개념화되었다.[32]

---

31 이문수, 같은 글, 159-163쪽.

32 황임경, 「자기 방어와 사회 안전을 넘어서-에스포지토, 데리다, 해러웨이를 중심으로 본 면역의 사회 · 정치 철학」, 『의철학연구』 16, 한국의철학회, 2013, 119쪽. 에스포지토의 면역 개념은 이와 유사하다. "생체의학적 언어에서 면역은 전염병과 관련된 면제나 보호의 한 형태로 이해된다. 반면 법률 어휘에서 면역은 누군가가 공통의 법을 모면할 수 있게 해주는 일종의 안정망(sauf-conduit)을 나타낸다. 따라서 이 두 경우에 면역화는 오히려 공동체 전체가 노출된 리스크로부터 누군가를 안전하게 하는 [거리를 두고 떼어놓는] 특별한 상황을 가리킨다."(로베르트 에스포지토, 김상운 역,

그런데 에스포지토는 홉스와 같은 사회계약론자들이 이뮤니티의 부정적인 일면만 과잉되게 부각시켰다고 비판한다. 그가 보기에 "외부적 타자성, 이질성을 무조건적으로 적으로 보면서 이 적들에 대하여 개인적, 사회적 삶을 방어하는 것을 근대 국가의 가장 중요한 존립 근거로 보는 생각들"은 이뮤니티에 대한 잘못된 이해에서 비롯된 것이다.[33] 면역학적 차원에서도 1960년대 보호해야 할 자기를 스스로 공격하는 자가면역질환이 발견되면서 면역 개념은 흔들리기 시작하였다. 뿐만아니라 그 보다 더 이전에 이미 항원에 반응하지 않는 면역관용(immune tolerance)이 발견되었는데, 이는 면역 체계 이상이 아니라 차이들이 섞이고 침투하면서 오히려 주체를 재구성하는 역할을 하는 것으로 밝혀졌다.[34] 이뮤니티는 코뮤니티와 대립하고 파괴하려는 속성이 아니라 타자와 연결될 수 있는 가능성이다. 그럼에도 불구하고 에스포지토가 보기에 정치/사회적 차원에서 적대적인 면역 작용은 그 이해를 달리하기 보다는 그 어느 시대보다 최고로 강하게 작동하고 있다.[35] 물론 에스포지토는 신체든 사회든 면역체계는 필요하다고 말한다. 그럼에도 그는 면역체계의 비대화는 외부의 적뿐 아니라 자신의 신체 또한 파괴하고 내부화의 폭력을 나으면서 총제적 부정성으로 역전될 수 있다고 경고한다.[36] 그렇다면 그런 총체적 부정성의 늪에 빠지지 않기 위해 무엇을 어떻게 할 수 있을까?

에스포지토는 다음과 같은 대답을 내놓는다. "확실히 우리는 '베스트팔

「면역화와 폭력」, 『진보평론』 65, 진보평론, 2015, 311쪽.)

33 이문수, 같은 글, 164쪽.

34 황임경, 같은 글, 130-131쪽.

35 그는 심지어 다음과 같이 말한다. "실제적이면서도 상징적인 저 유명한 베를린 장벽의 파괴가 그토록 많은 작은 벽들을 벽들의 건립을 소생시키고 그 결과 공동체의 이념 자체를 포위된 요새로 변형시킴으로써 이런 이념 자체를 바꿔버리고 도착시키게 할 정도에 이르렀던 것이다."(로베르트 에스포지토, 2015, 314쪽.)

36 로베르트 에스포지토, 2015, 319-320쪽.

렌 모델'로 더 이상 돌아갈 수 없다. (…) 이 모델로 돌아갈 수 없는 것과 똑같이, 제2차 세계대전의 종결부터 20세기의 마지막 10년까지 세계를 지배했던 유형인 대립된 [냉전]블록들 사이에서 균형을 재구축[복원]하는 것도 가능하지 않다. (…) 민족적(ethnic)으로 한정된, [즉] 영토[terra]와 피와 언어 사이의 배타적 관계에 의해 결속된 장소들의 성좌로 돌아가는 것도 상상할 수 없다. 내가 보기에 [우리가] 걸어야 할 길은, 현실의 거의 모든 정치철학이 참조하는 전지구(global)와 지역(local) 사이의, 대립된 듯 보이나 실제로는 그렇지 않은 변증법에 의해 걸어갈 수 있는 게 아니다. 오히려 특이한 것과 세계적인 것 사이의 듣도 보도 못한 관계를 구축함으로써 그렇게 할 수 있다. 하지만 이런 관계는 **일신교적 패러다임**과 근본적으로 **면역화 논리**의 바깥에서만, 이것들과 단절할 때에만 사유할 수 있다."[37]

에스포지토가 제시한 '면역화 논리의 바깥'은 우선 항체와 항원의 이분법적 구도를 벗어나는 것이 아닐까? 그것은 자신의 법을 가지고 친구와 적을 구분하지 않는 것일테다. 그렇다고 이것이 모든 타자를 친구(이웃)로 대하라는 의미는 아닐 것이다. 그것은 오직 사랑하는 대상하고만 사랑하는 '일신교적 패러다임'으로 돌아가는 것이다. 오히려 우리의 논의 맥락에서 보자면 인간 존재는 적대적인 것과 함께 하는 세상에 던져질 수밖에 없으며(함께-있음), 그 적대적인 것이 언제나 자신을 파괴하는 것이 아니라 긍정적 상호작용의 가능성을 가지고 있다는 점에서 '적대주의적 개방성'(antithetical openness)을 요구하는 것으로 읽어야 할 것이다.

그렇다면 그것이 어떤 형태이든 간에 남북이 만나 살아가는 공동체에 부단히 요청해야 하는 것은 나와 적대적인 타자가 반드시 자신을 파괴하

---

37 로베르토 에스포지토, 2015, 320쪽.(강조는 필자)

지는 않으며 오히려 그것과 공존하는 방법을 모색할 때 삶이 더욱 풍성해질 수 있다는 윤리일 것이다. 이는 적대적인 타자를 단지 친구와 동일하게 자신의 곁에 두는 것만을 의미하지 않는다. 오히려 이는 적대적 타자와 함께 소통하는 방법을 '모색'하라고 요구하는 정치-윤리적인 실천의 문제인 것이다. 상호 갈등하더라도 상대를 삭제하는 죽음의 정치가 아니라 대립하는 둘이 모두 살아갈 수 있는 대안의 정치를 모색하라고 요청하는 것에 다름 아닌 것이다. 따라서 통일의 공동체는 그 어느 하나의 고정된 상(像)으로서 도달해야 하는 목표가 아닌 것이다. 그것은 적대적인 것과도 함께-있음이 곧 공동체라는 테제가 부단히 도입되고 또 그것이 실현되는, 그래서 어느 하나의 이름으로 불릴 수 없는 공동체이다.

참고문헌

강광식, 「한민족공동체와 남북통일 문제」, 『在外韓人研究』 12(2), 在外韓人學會, 2000.

고유환, 「민족공동체 통일방안의 평가와 계승 발전방안」, 『한국국제정치학회 학술대회 발표논문집』, 2014.

구갑우, 「평창 임시 평화체제에서 판문점 선언으로-북한의 개혁·개방 선언과 제3차 남북정상회담, '연합적 평화'의 길」, 『동향과 전망』 103권, 한국사회과학연구회, 2018.

로베르트 에스포지토, 김상운 역, 「면역적 민주주의」, 『문화과학』 83, 문화과학사, 2015.

로베르트 에스포지토, 김상운 역, 「면역화와 폭력」, 『진보평론』 65, 진보평론, 2015.

모리스 블랑쇼·장-뤽 낭시, 박준상 역, 『밝힐 수 없는 공동체/마주한 공동체』, 문학과 지성사, 2016.

박광수, 「한민족 문화공동체 형성 방안-한민족 평화통일의 문화적 접근-」, 『圓佛敎學』 8, 한국원불교학회, 2002.

빅터 터너, 강대훈 역, 『인간 사회와 상징행위:사회적 드라마, 구조, 커뮤니타스』, 황소걸음, 2018.

손영창, 「낭시의 공동체론에서 공동: 존재와 그것의 정치적 함의」, 『새한철학회』 82, 새한철학회, 2015.

윤민재, 「민족통일운동의 측면에서 바라본 한민족공동체 모색」, 『인문사회 21』 7(1), 아시아문화학술원, 2016.

이문수, 「인간 존재와 열린 공동체-로베르토 에스포지토의 사상을 중심으로」, 『문화 정치』 5(2), 한양대학교 평화연구소, 2018.

이재석, 「한민족네트워크 공동체 구축운동의 성격」, 『한국동양정치사상사연구』 10(1), 한국동양정치사상사학회, 2011.

이헌경, 「김영삼 정부의 민족공동체 통일방안」, 『동아시아:비교와 전망』, 9(1), 동아대학교 동아시아연구원, 2010.

이현희, 「민족공동체 형성의 역사적 접근 방법」, 『통일전략』 2(1), 한국통일전략
　　학회, 2002.

장-뤽 낭시, 박준상, 『무위의 공동체』, 인간사랑, 2017.

정영훈, 「한민족공동체 형성과제와 민족정체성 문제」, 『在外韓人硏究』 12(2),
　　在外韓人學會, 2002.

최원, 「통일과 민주주의-에트노스와 데모스의 변증법」, 『시대와 철학』 제26권
　　1호, 한국철학사상연구회, 2015.

하르트무트 로자 외, 곽노완·한상원 역, 『공동체의 이론들』, 라움, 2017.

황임경, 「자기 방어와 사회 안전을 넘어서-에스포지토, 데리다, 해러웨이를 중심
　　으로 본 면역의 사회·정치 철학」, 『의철학연구』 16, 한국의철학회, 2013.

Ernesto Laclau and Chantal Mouffe, *Hegemony and Socialist Strategy:
　　Towards a Radical Democratic Politics*, London and New York: Verso,
　　1999.

제2부

부딪힘의 사건과 아곤(agon)적 서사

통합서사에 바탕을 둔
'평화로운 싸움'의 가능성 모색

남경우

1. 분단서사의 현재적 영향

남과 북의 정상이 판문점에서 만나 악수하고, 함께 군사분계선을 넘나들었다. 이 장면을 생중계로 지켜본 많은 사람이 감동했다. 근래에 들어 남북관계는 매우 긍정적으로 변화하고 있는 것으로 보인다. 그럼에도 변하지 않는 것은 현재 한반도가 분단되어 있다는 사실이다. 남북관계의 긍정적 변화와는 별개로 분단의 자장 속에서 살아가는 삶은 그 전제 조건에서부터 변화가 없는 것이다. 분단이라는 강력한 힘은 남과 북의 통일을 넘어 통일 이후 사회적 갈등이 충분히 완화되기 전까지 사람들에게 영향을 끼칠 수밖에 없다.

분단의 영향은 사람들의 삶 속에서 의식/무의식적으로 드러난다. 오랫동안 사용되었던 '말 많으면 빨갱이'라는 표현은 시간의 흐름에 따라 여러 분신을 만들고 전혀 다르게 보이는 표현이 되어 사람들의 생활에 더 가까이 침투하였고, 여전히 그 생명력을 지속하고 있다.

남북관계의 개선과 4.27 남북정상회담의 여파로 북한의 김정은 위원장은 '정으니'로 불리며 대중들에게 조금 더 익숙한 존재가 되어가고 있지만, 그 이미지를 소비하는 방식은 다분히 적대적이고 비하적이다. 이는 단순히 김정은이라는 인물에게만 적용되는 것이 아니다. 김정은 위원장에 대한 표현은 곧 북한에 대한 메타포이기 때문이다. 분단과 한국전쟁 이후 오랜 시간이 지났음에도 불구하고 한반도에서 삶을 사는 사람들 모두에게 분단의 영향이 미치고 있음을 알 수 있다.

분단과 한국전쟁을 역사적 트라우마의 맥락으로 접근할 때 우리는 분단 트라우마의 실체를 마주하게 된다. 그간 분단 트라우마가 생활 속에서 표출되는 양상으로서 분단서사를 진단하고, 그 역사적 상처를 치유하기 위한 방안으로 통합서사를 활용한 구술치유가 제시되었다.[1] 그러나 분단의 상처를 치유하기 위해서는 그 상처를 주는 원인에 대해 면밀한 확인이

---

1 분단서사와 통합서사, 구술치유 등의 개념은 김종군에 의해 구체화되었으며 점차 연구의 범위가 확대되고 있다. (김종군, 「한국전쟁 체험담 구술에서 찾는 분단 트라우마 극복 방안」, 『문학치료연구』 제27집, 한국문학치료학회, 2013; 김종군, 「구술생애담 담론화를 통한 구술 치유 방안 -.고난의 행군시기 탈북자 이야기.를 중심으로」, 『문학치료연구』 제26집, 한국문학치료학회, 2013; 김종군, 「통합서사의 개념과 통합을 위한 문화사적 장치」, 『통일인문학』 제61집, 건국대학교 인문학연구원, 2015; 김종곤, 「기억과 망각의 정치, 고통의 연대적 공감」, 『통일인문학』 제61집, 건국대학교 인문학연구원, 2015; 김종군, 「분단체제 속 통합서사 확산을 통한 사회통합 방안」, 『한국민족문화』 제56집, 부산대학교 한국민족문화연구소, 2015; 박재인, 「서사적 상상력과 통일교육」, 『통일문제연구』 제28집 1권, 평화문제연구소, 2016; 김종군, 〈강도몽유록〉을 통한 고통의 연대와 통합서사의 사회적 담론화 모형」, 『문학치료연구』 제40집, 한국문학치료학회, 2016; 김종군 · 박재인 외, 「탈북 트라우마에 대한 인문학적 치유 방안의 가능성 -구술 치유 방법론을 중심으로」, 『통일문제연구』 제28집 2권, 평화문제연구소, 2017; 박재인, 「고향'으로서의 북녘, 통일을 위한 정서적 유대 공간으로의 가능성」, 『통일인문학』 제71집, 건국대학교 인문학연구원, 2017; 김종곤, 「분단폭력 트라우마의 치유와 '불일치'의 정치」, 『통일인문학』 제74집, 건국대학교 인문학연구원, 2018; 김종군, 「분단체제 속 국가폭력과 분단 트라우마의 혼재」, 『통일인문학』 제74집, 건국대학교 인문학연구원, 2018.)

필요하다. 또한 치유의 과정에서 중요하게 다루어지는 통합서사와 그 말하기 방식에 대해서도 보다 구체적인 구상이 있어야 한다. 여기서는 한국인의 분단 트라우마에 지대한 영향을 미친 한국전쟁의 경험담을 조사한 자료인 한국전쟁 체험담 구술 자료[2]를 중심으로 분단 트라우마와 분단서사의 양상, 그리고 이를 통합서사로 전환하는 구술치유의 과정에 대해 살펴보고자 한다.

2. 분단 트라우마의 치유를 위한 통합서사

1) 한반도 주민의 집단적 상처, 분단 트라우마

PTSD(Post-Traumatic Stress Disorder, 외상 후 스트레스 장애)에서 볼 수 있듯이 트라우마라는 단어는 의학적으로 외상(外傷)을 뜻한다. 자아 심리학에서는 트라우마를 '영구적 정신 장애를 남기는 정신적 충격'을 의미한다. 역사적 트라우마는 후자의 개념에 더 가깝다고 할 수 있다.

역사적 트라우마는 특정 집단의 집단적 욕망이 역사적 사건을 바탕으로 타 집단에 의해 좌절되고 상실되며 발생한 정신적 상처이다.[3] 코리언

---

2 건국대학교 국어국문학과의 신동흔 교수는 한국학중앙연구원의 지원으로 2011년부터 2014년까지 만 3년에 걸쳐 전국 각지를 현지구술조사하여 한국전쟁 체험담을 수집하는 〈한국전쟁 체험담 조사연구〉를 수행하였다. 350여명의 화자를 대상으로 수집한 400여 건의 구술자료에서 자료적 가치가 높은 194건의 구술자료를 선별하여 총 10권의 『한국전쟁 이야기 집성』을 발간하였다. 필자는 이 사업에 연구원으로 참여하였다.

3 "역사적 트라우마는 집단 트라우마라는 점에서 특정 시기와 조건에서 형성하고 있는 집단 리비도의 흐름이 중단되면서 형성된 트라우마, 다시 말해 특정 집단의 사회적 공간의 조건이 형성하는 사회적 성격 혹은 아비투스가 집단 리비도를 포획하여 집단적 욕망으로 조직하였지만 그것이 타 집단에 의해 집단 전체가 상실을 경험하였다는 실제적 역사성을 바탕으로 한다."(김종곤, 『'역사적 트라우마'에 대한 철학적 재구성』, 박사학위논문, 건국대학교, 2014, 90쪽.)

의 역사적 트라우마는 식민·분단·한국전쟁 등의 역사적 사건을 바탕에 두고 있다. 코리언의 집단적 욕망은 한반도에 거주하였던 하나의 민족이 온전한 하나의 국가를 가지고자 하는 것을 말한다. 그러나 일련의 역사적 사건들은 이러한 집단적 욕망을 지속적으로 좌절시켰고 이로 인해 발생한 정신적 상처가 바로 코리언의 역사적 트라우마이다.

중요한 것은 역사적 트라우마는 '트라우마'라는 의학적이고 심리학적인 용어를 차용하였음에도 불구하고 트라우마와는 다른 성격을 지닌다는 것이다. PTSD와 유사하게 보이는 일련의 증상들은 역사적 사건에서 형성된 트라우마가 원인이 된다. 이러한 역사적 사건은 한반도에 살던 모두에게 벌어진 것이며, 그 증상 또한 집단의 차원에서 발현되기에 역사적 트라우마는 집단적 트라우마이다. 또한 사건을 직접 경험하거나 옆에서 체험한 사람들 뿐만 아니라 직접적인 경험이 없는 후세대에게까지도 전이되는 독특한 특성을 가진다.[4]

모든 한국인들은 분단체제 속에서 살아가고 있다. 한국전쟁은 종전이 아닌 휴전 상태이며 남과 북은 실질적으로 군사적 대립의 상황에 놓여 있다. 이러한 분단체제는 분단으로부터 비롯되었으며 분단이라는 역사적 사건은 한반도에 살던 주민들에게 커다란 정신적 상처를 남기게 된다. 이것이 분단 트라우마이다. 역사적 트라우마의 하나로서 "한반도의 분단과 한국전쟁, 이후의 분단체제가 지속되는 가운데 자행된 살상과 폭력, 국가의 통제가 개인에게 가한 상처"[5]와 그로 인한 후유 증상으로 정의할 수 있다.

---

4 "일반적 의미에서 '트라우마'가 그 체험의 당사자에게 직접적으로 일어난 사건의 충격으로 형성된 시간의 전복이자 뒤엉킴이자 억압된 것의 회귀로서 '외상 후 스트레스 장애'를 유발하는 것이라면, '역사적 트라우마'는 직접적인 체험 당사자뿐만 아니라 그와 관계하는 특정 집단 내부에서 전이되는 감연체계를 가진, 후천적이면서도 이차적인 트라우마화라고 할 수 있다."(박영균·김종군, 건국대학교 통일인문학연구단, 「코리언의 역사적 트라우마에 관한 연구방법론」, 『코리언의 역사적 트라우마』, 선인, 2012, 31쪽.)

2) 구술치유를 통한 분단서사의 통합서사화

분단 트라우마와 같은 역사적 트라우마는 후세대로 전이되는 특성을 갖기에 한국전쟁과 같은 역사적 사건의 체험자뿐만 아니라 그 가족과 친지를 넘어 사회 전반까지 분단 트라우마의 영향을 받고 있다. 사회 구성원들이 분단적 사고, 분단적 행동, 분단적 언술을 하도록 영향을 미치는 것이다. 이러한 분단 트라우마의 생산물들을 '분단서사'라 일컫는다.

여기서의 '서사'는 '어떤 사실을 있는 그대로 기록하는 글의 양식'이라는 의미를 넘어선다. "인간 행위와 관련되는 일련의 사건들에 대한 언어적 재현 양식"[6]이라는 문학적 의미와, "시간적이며 인과론적인 경로에 따라 의미 있게 연결된 일련의 사건들을 기호로 표상한 것"[7]이라는 서사학적 의미를 복합적으로 내포하고 있다. 즉 여기에서 서사는 '글쓰기에 국한되지 않는 '인간의 삶에 관련된 일련의 사건들에 대한 표현 활동 제반'이라는 의미를 가진다.[8]

어떤 사람이 자신의 삶과 관련된 사건에 대해서 표현할 때는 개인의 가치관이 강하게 투영된다. 기억 속 사건을 떠올려 말하기를 통해 표현하는 것은 자기가 나름대로의 기준으로 이해한 맥락으로 재구성하여 말하는 것이고, 이때 적용되는 자기의 기준은 개인이 지닌 가치관이며 자신을 둘러싼 세계를 이해하는 개인적 의미 체계이다. 말하는 행위가 어떠한 표현방식보다 즉시적이고 일차적임을 생각하면, 말하기에는 개인의 가치

---

5 김종군, 「구술을 통해 본 분단 트라우마의 실체」, 『통일인문학』 제51집, 건국대학교 인문학연구원, 39-40쪽.

6 권영민, 『한국현대문학대사전』, 서울대학교출판부, 2004.

7 한국문학평론가협회, 『문학비평용어사전』, 국학자료원, 2006.

8 김종군, 「통합서사의 개념과 통합을 위한 문화사적 장치」, 『통일인문학』 제61집, 건국대학교 인문학연구원, 2015, 269쪽.

관이 선명하게 반영되어 있는 것이다.

그렇기에 어떠한 사건을 통해 개인의 가치관·의미 체계에 균열이 발생한다면 그 균열의 상황이나 과정은 말하기 과정에서 여실히 드러날 수밖에 없다. 심리적 문제를 치료하기 위해 시도되는 치료 프로그램의 거의 대다수가 말하는 행위로 이루어지는 '상담'의 형식을 반드시 포함하는 데서 반증된다.[9] 한국전쟁은 현재 한반도의 물리적 분단과 분단체제의 강화 및 유지에 커다란 영향을 미친 역사적 사건이다. 이러한 한국전쟁과 관련한 직/간접적 경험의 구술에는 코리언의 분단 트라우마가 강하게 반영되어 있을 수밖에 없다.

모든 전쟁이 그러하듯 한국전쟁은 생명을 위협하는 폭력을 직접 느낄 수 있었던 대표적인 역사적 사건이다. 전쟁의 상황 속에서 대부분의 사람들은 '아(我)'가 아니면 '적(敵)'이 되어 생명의 위협을 받는 상황을 경험하였다. 전쟁에서 '우리 편'의 기준은 국가였으며, 국가에 반하는 것은 모두 적으로 취급되었다.

전쟁에서 개인이 겪는 피해는 반드시 적으로부터 비롯되는 것이 아니었다. 우리 편인 국가로부터 당한 폭력과 피해도 상당했다. 그러나 국가에 반하는 것들이 소멸하는 상황을 체험한 사람들은 국가로부터 당한 피해를 말할 수 없었다. 많은 시간이 흘러 자신이 겪은 전쟁 피해를 말할 수 있게 되었다고 하더라도 사람들은 국가의 영향력으로부터 자유로울 수 없었다. 그러한 속박은 국가의 정책적 관리를 통해 이루어지기도 했고, 개인이 살아가는 집단의 차원에서 이루어지기도 했다. 폭력에 대한

---

9 같은 맥락에서 PTSD(Post-Traumatic Stress Disorder, 외상 후 스트레스 장애) 치료에 주력하는 정신의학자인 주디스 허먼은 트라우마를 치료하는 과정에서 이야기하는 행위가 외상에 대한 증언임과 동시에 상실했던 세계를 다시 찾는 치료의 중요한 방법이자 과정임을 역설하였다. (주디스 허먼, 최현정 역, 『트라우마』, 열린책들, 2012, 302쪽.)

공포는 외부로부터의 속박이 아니라 자기 스스로 자기를 검열하는 상황을 낳기도 했다. 이러한 기억을 가진 사람들이 전쟁에 대해서 자유롭게 말한다는 것은 절대로 쉬운 일이 아니다. 그리고 이와 같은 상황에서 구술될 수 있는 내용은 적대적 정서를 포함하고 있을 가능성이 높다.[10]

한국전쟁 체험담은 시간적 배경으로 전쟁과 그 이후를 전제하고 있기 때문에 대부분의 구술이 적군 혹은 아군에 의한 폭력, 죽음과 죽음에 대한 공포, 부상과 기아 등 육체적이거나 정신적인 고통을 담고 있다.[11] 때문에 분단서사의 양상을 명확히 파악하기 위해서는 체험담에 담긴 소재 보다는 전쟁과 그 속의 사람들을 바라보는 시각에 주목해야 한다. 이때 한국전쟁 체험담의 분단서사적 양상을 파악하는 주요한 기준으로 사용할 수 있는 것이 '이분법적 사고방식'과 '적대성'이다.

분단과 전쟁은 공통적으로 이분법적 인식을 지니고 있다. 영토의 분단은 남과 북으로 구분되며 전쟁은 아군과 적군으로 구분된다. 분단과 전쟁의 이분법적 인식체계가 중첩될 때 '국가에 반하는 자는 소멸시켜야 하는 존재'가 되어버린다. 국가의 과오를 지적하고 개선을 요구하는 목소리에 '빨갱이'라는 낙인을 찍어 사회에서 박멸해야 하는 존재로 만들 수 있게 되고,

---

10 "분단 사건과 한국 전쟁, 분단체제 속에서 표출되는 상호 적대적 정서를 분단서사라고 할 때 그 서사의 사건에는 질서 . 억압 . 폭행 . 죽음 . 복수 등의 광범위한 폭력이 기본적으로 개재하고 있다고 볼 수 있다."(김종군, 「〈강도몽유록〉을 통한 고통의 연대와 통합서사의 사회적 담론화 모형」, 『문학치료연구』 제40집, 한국문학치료학회, 2016, 197쪽.)

11 신동흔은 2011년부터 2014년까지 이루어진 '한국전쟁 체험담 조사연구' 결과를 분석하는 과정에서 구술자료를 참전담 · 피난담 · 군치하생활담 · 빨치산체험담 · 이념갈등담 · 특수체험담 · 전쟁고난담 · 전쟁미담 · 전쟁설화 · 전쟁후일담 등의 10개 유형으로 분류하였다. 그 결과 피난담, 참전담, 전쟁고난담, 이념갈등담, 군치하생활담 순으로 비중이 높았다. 전체적으로 전쟁으로 인해 혼란한 시기의 고난 체험이 한국전쟁 체험담의 많은 부분을 차지하고 있음을 밝혔다. (신동흔, 「한국전쟁 체험의 구술과 세계관적 의미화 양상」, 『통일인문학』 제65집, 건국대학교 인문학연구원, 2016, 318쪽.)

'우리'가 추구하는 목표에 따르지 않거나 '우리'의 이익을 감소시킬 수 있는 주장을 하는 사람은 그 집단의 구성원으로서의 자격을 박탈당한다.

분단서사의 기준을 이와 같이 고려할 때 한국전쟁 체험담에서 파악되는 분단서사들은 몇 가지의 말하기 방식으로 구분할 수 있다. 우선 전쟁과 관련된 사건 자체의 언급을 피하는 방식이다. 극단적으로 말하기를 피하는 경우에는 구술조사 자체가 불가능하다. 말하지 않고자 하는 사람들은 조사에 응하지 않거나, 청중의 입장에서 다른 사람의 구술에 개입하여 어떠한 사건을 말하는 것을 제지하기도 한다. 조사자의 설득과 반복된 요청에 어쩔 수 없이 전쟁시기 체험을 말하더라도 전쟁과 관련된 피해나 갈등과 관련된 것은 배제한다. 구술 내용 또한 구체적이지 않거나 부정적인 경우가 대부분이다.

이와는 다르게 자신의 전쟁 체험을 적극적으로 구술하고자 하는 경우에도 말하기 방식이 다른 것을 확인할 수 있다. 한국전쟁 체험담은 하나는 우리 편이 아닌 적에 대해서만 구술하는 방식이다. 한국전쟁 체험담은 공통적으로 고난의 경험이 많은 비율을 차지하고 있다. 전쟁에서 고난을 끼치는 주체는 반드시 적에 한정되지 않는다. 한국전쟁 체험담에서도 그러한 내용들을 확인할 수 있다. 고난을 끼친 것이 적인 경우도 있고 아군인 경우도 있다. 심지어 같은 마을 사람이거나 가족인 경우도 있다. 이때 제보자가 자신이 경험한 고난을 이야기하면서 우리 편에 해당하는 존재가 끼친 고난은 말을 하지 않으려 한다.

반면 다른 하나의 말하기 방식에서는 고난의 경험을 말하면서 우리 편이나 적 양자 모두가 끼친 고난을 말한다. 자신이 겪은 전쟁 전체를 말하는 데 더 집중하는 것이다. 그런데 그 고난을 행한 주체에 대해서는 감추거나, 고난의 주체가 우리 편인 것은 강력하게 부정한다. 이런 말하기는 부정하는 방식이 더욱 강화되어 적에 대한 극단적인 적대감으로 표출되기도 한다.

이와 같은 말하기 방식들은 분단서사를 포착하는데 주요한 기준이 된다. 왜냐하면 이러한 구술은 전체적으로 자연스러운 하나의 맥락을 이루지 못하기 때문이다. 앞서 말한 바와 같이 사람이 자신의 기억 속 사건을 떠올려 말할 때는 자기 나름대로의 기준으로 이해한 맥락으로 재구성하여 말한다. 그런데 우리 편의 책임을 부정하거나, 전체 맥락 속에서 어떠한 사건만을 누락시키려 하면 그 이야기의 흐름이 이어지지 않는 지점이 반드시 나타난다.

사람은 나와 타인의 관계 속에서 자기에 대한 이해가 가능하다. 경험은 대상과의 관계 속에서 이루어지는 것이며, 개인의 삶을 구성하는 일부이다. 즉 개인의 삶은 관계를 바탕으로 구성되는 것이며, "과거의 시간과 현재의 시간이 겹치고 나와 남이 함께 하는 삶의 관계 속에 자신의 위치를 확인하는 작업"[12]을 통해서 자기 정체성을 구체화하는 것이다. 그렇기 때문에 어떠한 경험이 이해되지 않는 것은 그 경험을 자신의 삶이라는 맥락 속에 편입시키지 못한 것이라 말할 수 있으며, 삶에 편입되지 못하는 경험이 그 사람에게 상처로 남아 있는 것을 의미한다.

분단서사가 이분법적 인식에 기인한 분단적 사고, 분단적 행동, 분단적 언술 등을 총체적으로 의미한다면, 통합서사는 "분단체제 속 한국 사회 구성원들이 갖는 이념적 적대 정서에서 기인한 분단서사를 완화시키는 일련의 인간 활동으로 사회를 통합시키는"[13] 인간 활동으로 정의된다. 곧 통합서사는 분단서사를 극복할 수 있는 대항적 개념으로 이해할 수 있다.

---

12 김근호, 「이야기판과 서사적 정체성의 역학 관계 -MBC FM 〈라디오 여성시대〉를 중심으로-」, 『국어교육학연구』 제27집, 국어교육학회, 2006, 263쪽.

13 김종군, 「통합서사의 개념과 통합을 위한 문화사적 장치」, 『통일인문학』 제61집, 건국대학교 인문학연구원, 2015, 269쪽; 이후 통합서사의 유형에 대한 논의는 김종군의 논의를 따른다.

분단서사가 분단체제 속 폭력과 그로 인한 고난에서 비롯된다면 통합서사는 그러한 폭력들이 존재하지 않는 상황이 전제되어야 한다. 때문에 분단서사가 통합서사로 전환되는 과정에는 몇 가지의 비순차적 완화 과정이 존재할 수 있다. 그 중 하나는 '고발'하는 말하기이다. 강력한 폭력을 경험한 사람은 자신이 당한 고난을 말했을 때 다시금 폭력이 이어질 수 있다는 생각을 할 수밖에 없다. 특히 한반도에 유지되고 있는 분단체제 속에서는 그러한 말하기는 금지된 것과 같다. 이렇게 되면 고난을 경험한 사람은 자신의 그러한 경험을 쉽사리 말할 수 없게 되고, 말하지 못하는 것 자체가 상처로서 남게 된다. 때문에 이것을 낱낱이 말할 수 있게 되는 고발 형식의 말하기가 가능할 때, 이것을 분단서사를 극복하는 통합서사로의 전환 과정 중 하나라 볼 수 있는 것이다.

또 다른 통합서사적 말하기 방식은 이분법적 사고의 틀에서 바라보게 되는 적대적 대상을 이해하고 받아들이는 형태이다. 나에게 고난을 끼친 가해자가 그저 폭력을 행사한 것이 아니라 다른 폭력적 상황에 놓여 있기 때문에 어쩔 수 없었을 것이라 여기거나, 그렇게 할 수밖에 없었을 것이라 이해하는 방식이다. 말하지 못하던 것을 고발하게 되고, 적대적 대상을 이해하고 포용할 수 있게 될 때 자연스럽게 이어질 수 있는 것은 바로 화해하는 말하기 방식이다. 더 이상의 적대와 반목을 멈추고 폭력이 존재하는 상황을 비폭력적인 상태로 전환시키고자 하는 방식을 말한다.

분단서사가 통합서사로 전환되는 과정은 구술치유를 통해 구체화한다. 본고에서 말하는 서사는 주로 말하기 방식을 지칭한다. 구술치유는 명칭에서 알 수 있듯 구술자의 말하기에 주목한다. 분단 트라우마의 영향이 자유롭지 못한 말하기의 형태로 구술에 반영되기 때문이다. 구술자의 구술 내용과 양상을 면밀히 살펴 분단 트라우마의 양상과 분단서사의 특성을 진단한다. 그리고 이를 '통합서사'로 전환할 수 있도록 도와 분단 트라우마가 개선될 수 있도록 하는 것이다.

구술 치유에서 분단 트라우마의 진단에 사용되는 것이 바로 서사이다. 분단 트라우마적 사건은 개인의 가치관에 균열을 만들어 기억의 맥락에서 벗어나 이해할 수 없는 사건으로 존재하게 된다. 자신의 경험을 말하는 것은 맥락으로 구술되기에 이를 파악하기 위해서는 서사적 접근이 필요하다. 또한 구술자의 분단 트라우마적 말하기 방식은 곧 분단서사의 서사적 특성이기 때문에 서사적 접근이 요구된다.

구술자의 분단 트라우마 양상이 확인되고 분단서사의 특성이 파악되면 조사자는 그 유형에 적합한 통합적인 시각을 갖는 구술생애담을 선택할 수 있다. 구술자는 자신의 말하기 방식, 나아가 사고방식과 유사한 것처럼 느껴지면서도 통합적인 결과를 보여주는 생애담을 통해 분단 트라우마적 사건을 삶의 맥락 외에 두거나 그 사건을 그대로 두고 삶에 부여하는 의미를 바꾸어 맥락을 변형시키기보다는 왜곡 없이 올곧은 맥락으로 삶을 재구성하는 방법을 참고할 수 있게 된다.

3. 통합서사 개념의 성찰적 구체화

1) 분단서사의 자기보호 · 자가치유적 성격

분단서사가 분단 트라우마의 표출 양상이며, 분단적 사고에 기인한 분단적 말하기 방식임은 재론의 여지가 없다. 그러나 분단서사와 통합서사를 바라보는 시각 자체에 분단서사의 특성인 이분법적 사고가 반영되고 있는 것은 아닌지 고민할 필요는 있다. 구술조사를 통해 많은 구술을 접하고 다른 연구자들의 연구를 통해 그보다 더 많은 구술자료를 접할 수 있었다. 역사적 트라우마를 연구하는 연구자들이 그러하듯 분단 트라우마의 표출 양상을 구체적으로 파악하고 이를 통합서사로 전환하는 방법을 고민하였는데 이는 역사적 트라우마의 치유와 통합서사의 사회적 확산을 위한 것이었다. 그러나 문제는 치유라는 목표 아래서 이분법적 시각과 적대성을 표출하는 분단서사가 단순히 극복의 대상이자 치유의 '대상'으로만 여겨질 가능성이 높다는 점이다.

궁게 아주 연로허신 할머니 할아버지, 새로 시집온 각시, 우리 아부지께서는 인자 명주로 며느리가 해온 한복을, 이쁜 한복 입고 계신디. 이장 반장 나오라고 항게로 나가야제. 좋아마치. 대사 침선 반란군들 잘 믹여가꼬 형사 죽였다고. 그른 소리만 할라믄 마음 아퍼요 (목이 메다) 형사 죽였다고 죄 없이, 아무 죄도 없고 참 아주 선량하신 양반을. 왼 동네 사람 다 모아놓고 요런 작대기가 다 뿌러지도록, 명주옷이 착착 갈라지도록 뚜드러 그 앞에서. [조사자 : 사람들 보라고?] 인자 이 우리 대한민국 형사 죽였다고. 잘 믹여서. 대사치고 잘 믹여가꼬 이장이 요롱게 반란군을 옷 걷어다 줘서 키와가꼬 죽였다고. 그르니 그 연로허신 할아버지 할머니가 (목소리가 떨리며) 아들을 때릴 때 마음이 얼마나 아프며 자식들이 얼마나 마음이 아팠겠소. 그래가꼬 딱 묶어서 개 끄집어가듯이 끄집어가부렀어 인자.

나는 그 어렸을 때 했던 일이라도 너무너무 인공이 미웅게 지금도 저 이북사람 말만 하믄 긁어 느그들은 죽어야 맞어, (중략) 어떤 양반이 딱 해서 어느 나라에서 돌아가시게 헌 것은 아닌디 그 피해를 입었지요이. 인공으로 해서 피해 입었제. 대한민국한테도 맞기는 맞았제 잘못했다고. 그릏게 해서 좋은 부모 참 우리 아부지는 어디다 거시기 해도 대단헌 선비시고 또 할아버지가 훈장이시고 아주 집안이 큰 집안이었어.

그런디 그 양반이 긍게 조건이 시방 생각허믄 맞어. 그떡에는 그냥 분허고 억울허고 아버지를 그냥 억지로 해서 돌아가셨다 싶응게 그런

억울헌 마음만 들어가드니 지금 이렇게 철 들고 생각해보므는 딱 맞어 거시기가. 그 바란스가 딱 맞어. 왜냐, 옷을 걷어서 줬제. 마을에서 밥을 먹여 살렸제, 대사를 쳤제. 대사 쳤응게 그놈들을 잘 먹였제. 한마디로. 긍게 인자 그 형사만 안죽였으므는 그런대로 무마가 되았을 것인디 해필 곶감을 사러 왔당게 이서면서. 일반민이.[14]

A씨의 기억 속에서 자신이 태어난 집안은 대대로 훌륭한 집안이었고, 스스로 허드렛일을 한 번도 해본 적이 없었을 정도로 편안한 삶을 누릴 수 있었던 곳이었다. 그러나 반란군들이 마을에 내려오기 시작하면서 상황이 변하였다. 어느 날 마을에 숨어 살던 반란군이 경찰(혹은 군인) 한 명을 총으로 쏴 죽이는 사건이 생겼고 반란군은 다시 산으로 도망갔다. 이후 군인들이 마을로 들어와 책임을 추궁하였고, 이 과정에서 마을 이장이었던 아버지가 반란군을 도왔다는 명목으로 심한 구타를 당하게 되었다. 이후 경찰서로 끌려가기까지 했던 아버지는 어머니와 여러 사람의 노력으로 풀려난 후에 후유증을 앓다가 돌아가셨다.

밤마다 내려와 식사를 요구하거나 물품을 빼앗아 갈 때까지의 반란군은 A씨에게 '귀찮게' 여겨지는 존재였다. 이는 낮에 마을로 들어오는 국군도 마찬가지였다. 그러나 아버지가 공개적으로 매를 맞고 이후 사망하는 과정을 거치며 A씨는 평화로웠던 삶의 붕괴와 아버지의 죽음에 대한 책임이 반란군('인공'으로 표현)에게 있다고 말한다. 실재로 아버지를 죽음으로 몰고 간 것은 국군의 폭행이다. 그렇다면 아버지의 죽음에 대한 책임은 국군에게 부여되어야 한다. 그러나 A씨는 반란군에게 책임을 돌리고 부정적으로 만드는 방향을 선택하였다.

A씨가 아버지의 죽음을 이해하는 방식이 명확하게 드러나는 부분이

---

14 구술자: A(1939년생, 여), 조사자: 박현숙 · 박혜진 · 조홍윤 · 황승업, 조사장소: 전라남도 담양군 창평면, 조사일시: 2012. 7. 24.

있다. 바로 아버지가 무고하게 몰려 폭행당하고 돌아가시게 된 정황이 이해된다고 말한다. 어쩔 수 없는 상황이었지만 아버지의 행동들이 의심을 사기에 충분했으며, 하필 그날 벌어진 큰오빠 혼인 잔치도 의심을 살 만했다는 내용이다.

A씨의 구술을 전체적으로 살펴보면 국군에게 구타를 당한 아버지가 앓다가 돌아가셨다는 충격적인 사건을 겪었으며 이것을 자신의 삶 속에 조화롭게 위치시키지 못하고 있다는 것을 알 수 있다. 분단 트라우마의 영향을 강하게 받고 있음을 알 수 있다. 또한 이를 구술하는데 있어서 폭력의 주체인 국군이 아닌 반란군에게 비난의 화살을 돌리고, 직접적 피해자인 아버지에게도 책임이 있다고까지 말하는 방식은 이분법적인 구도 속에서 우리 편의 잘못을 묵인하고 누락시키는 분단서사로 판단할 수 있다.

　　그 당시에는 처녀들 못쓰게 되났어. 나도 홈마 심어갈 뻔 했는데. 동네 따이가 와가지고 누님, 누님, 저기 고바, 고바, 무사 저기 왔어, 왔어. 그란데 항, 옛날에 장 담는 항에 그 속에 곱 안에 두께 덥고, 숨을 못 쉬터라고. [조사자 : 그럼, 동네 처녀들은 그렇게 자주 되려갔어요?] 응. 허끄머한 사람은 다 데려가. [조사자 : 허끄머한 사람? 예쁜 사람?] 응. 예쁘고 안 예쁘고 처녀는 다 심어가 군인들이라노니까. 무조건. 처녀만 보면 무조건 심어가는거라.

　　아 북촌강 들어보지, 나한테 뭐하러 와? [조사자 : 아, 이제 또 할머니는 물질을 하셨으니까, 전쟁 때 또 물질하신 분들은 어떻게 사셨는지 이제 그런 거는 북촌이 아니라 물질하신 할머니한테말고는 들을 수가 없으니깨 월정도 많허고. [조사자 : 아, 그런데 물질을 못 하셨구나. 전쟁때늬 응, 월정도 만하고 북촌이 많지 잠수들은, 우리는 김녕보다 북촌이 많아. [조사자 : 전쟁 때 피해본 데가] 응, 북촌이 많아. [조사자 : 그럼 제주도는 전쟁 때 피해본데가 조천 이쪽이 제일 심해요?] 북촌이 제일 심하지 거기가 사람이 많이 죽었지. 헌 번에 허루 저녁에 열여덟 죽어바게. [조사자 : 그러게] 쪼꼴락한 마을에 남자들만 열여덟 죽지 않았어? 여자는 아니고 남자들만 [조사자 : 그래서 제삿날이 다 똑같애.] 섣달열여드레 날 이젠 잊어 불지도 않어. 섣달 열여드레 날 찍어 부니까 그때 제사를 막하지. 명절 같이로 해여. [조사자 : 그건 유명한 얘기인가 봐요?]응 거기가 제일 유명한 마을이라 낫쥬. 이제는 지금도 기냥 말해요. 헌 번에 열여덟 살 모란 서북 청년들 죽여부리라. 총으로 쏴 그때는 창이쥬. 총이 아니고 창. [조사자 : 네, 창.] 창으로 다 쏴 죽여 버렸자나. 남자들만 죽였죠. 여자들은 안 죽어 남자들만 다 죽여 뭘? 허슬 젊은 사람은 다 죽여. [조사자 : 응, 젊은 사람들을, 그래도 무서운 시절 사셨어요. 그렇죠?] 이제 이말 어디로 내와놓면 큰일나. [조사자: 예, 저희 공부하는 데만 쓸게요.] 당신 어떻게 알아서 했냐고 닦달시키러 와. [조사자 : 세상이 바뀌었는데?] 우리아들은 "어머니 시간 갖지 맙세요. 뭐이 말하지 맙세요." 그러고 나대. 아들이 [조사자 : 그러시구네] 일절 말 못하게 해요. 우리 아들은 [조사자 : 이 좋은 시절인데도?] 응, 일절 말 못하게 해요. [조사자 : 저희, 나라 돈 받고 이렇게 들으러 다니는 거니까, 나라에서 이야기들 잘 듣고 다니라고] 이대로 안 해요.[15]

B씨는 제주4.3 당시 있었던 일에 대해서 구술하였다. 천굴부리 마을에 서북청년단이 들이닥쳤다. B씨는 물질을 했었는데 서북청년단과 군인들이 사방에 있던 터라 속옷만 입고 해야하는 물질을 할 수가 없었다. 어느 날부터 동네 처녀들을 학교 운동장에 모아놓고 군사훈련을 시켰는데 훈련에 참여하지 않으면 총으로 쏘겠다는 협박을 받기 일쑤였다. 군인들은 훈련을 받는 처녀들을 봐두었다가 밤에 찾아가 끌어내어 겁탈했다. B씨도 끌려갈 뻔했지만, 동네 동생 청년이 숨겨주어 위기를 넘겼다.

B씨는 제주4.3당시 있었던 일을 비교적 구체적으로 구술하였다. 자신

15 구술자: B(1930년생, 여), 조사자: 박현숙 외, 조사장소: 제주시 구좌읍 동녕리, 조사 일시: 2014.01.21.

뿐만 아니라 주변 다른 마을에서 있었던 서북청년단과 군인에 의한 사건들에 대해서도 구술하였고, 친척 중 산폭도(무장대)외삼촌의 죽음도 구술할 정도로 자신이 겪은 고난에 대해서 말하는 데에는 크게 어려움이 없는 듯했다. 그러나 자신이 결혼해 들어오게 된 김녕에는 아무 일이 없었다는 점을 지속적으로 강조하는 데서 부자연스러움을 확인할 수 있다.

그런 부자연스러움이 가장 명확하게 드러나는 부분은 '이 말을 어디에 내놓으면 큰일난다'고 조사자에게 당부하는 장면이다. 표면적인 이유로는 B씨의 아들이 이런 말 하는 것을 꺼려한다는 것이지만, '당신 어떻게 알아서 했냐고 닦달시키려 온다'는 표현의 주체는 아들로 보이지 않는다. 자신의 경험을 구체적으로 구술할 수 있지만, 자신이 말했다는 것은 밝혀지지 않기를 원하며, 그렇기 때문에 무언가 말하지 않고 가려놓은 것이 있다는 추측을 가능케 하는 분단서사적 말하기 방식임을 알 수 있다.

이러한 분단서사는 확실히 분단 트라우마의 발현 양상으로 판단된다. 그렇기 때문에 이러한 구술을 바라볼 때 치유의 대상으로 바라보는 시각을 취하기 쉽다. 그런데 여기서 분단서사가 드러나는 양상이 아니라 분단서사가 구술자 자신에게 어떤 의미로 작용하는지 살펴보면 다른 방향의 관점을 가질 수 있다.

심리학에서는 자신을 부정적으로 평가하는 사고·느낌·신체적 감각·기억, 그리고 이를 유발하는 상황을 회피하거나 통제하려는 의도적인 노력을 '회피'라 칭한다. 따라서 '회피적 대처방식'이란 개인의 수용능력을 위협하는 것을 다루려는 대처방식의 하나로서, 자신의 정신건강과 사회적 관계 등에 피해를 입지 않고자 하는 의식적·무의식적 범위를 포괄하는 자기보호 행위[16]라 할 수 있다. 즉 전쟁과 관련된 경험을 말하

---

16 심리학에서는 삶의 다양한 자극들로부터 느끼는 충동들, 적개심, 원한, 좌절 등에서 오는 갈등으로 인해 내적 긴장과 불안이 유발될 때 이에 대항하여 자신을 보호하려

지 않고자 하는 것이나, 일정 부분을 누락시키는 것이나, 있었던 사실을 부정하는 것 모두 자신에게 다가올 것으로 예상되는 피해를 줄이고자 하는 '회피적 대처방식'으로 바라볼 수 있다. 예를 들어 A씨의 경우 아버지를 돌아가시게 한 직접적 원인인 국군이 아니라 반란군에게 책임을 돌린 것은, 압도적인 폭력의 상황 속에서 아버지의 죽음이라는 사건의 부당함을 주장하기보다 자신과 주변의 안전을 선택하는 합리화의 결과일 수 있으며, 일종의 회피적 대처방식을 선택한 것이다.

한국전쟁이 1950년에 발발했다고 정의할 때, 전쟁체험을 구술한 구술자들은 그들의 기억을 70여 년에 걸쳐서 곱씹어 왔다고 볼 수 있다. 심지어 그 기억이 분단 트라우마로 부를 수 있을 정도로 상처를 남기는 것이었음에도 그 경험을 망각하지 않고 자신의 삶이라는 맥락 주변에 유지시켜 온 것이다.[17] 이들은 상처로 남은 경험을 자기의 세계관 속에서 이해

는 심리적 책략을 '방어기제'라 일컫는다. 방어기제는 갈등 상황에 대처하는 개인의 다양한 유형의 '대처방식'으로 이해된다. 이러한 대처방식은 유형에 따라 개인의 성숙도를 평가하는 데 사용되기도 한다. 개인의 성숙도를 평가할 때에 정신병적 수준·미성숙한 수준·신경증적 수준·성숙한 수준으로 나누는 DSQ(Defense Style Questionnaire, Bond, M., Gardner, S. T., Chrustian, J., & Sigal, J, 1983)나 이를 개량한 측정방법을 사용한다. 개량한 측정방법은 대부분의 경우 이러한 분류체계의 큰 틀을 벗어나지 않는다. 한국판 방어유형질문지(K-DSQ)가 있는데, 여기서는 방어유형의 영역을 미성숙형·자기억제형·갈등회피형·적응형으로 구분하였다. 미성숙형은 자신을 위해 건설적인 행동을 하는 능력을 저해하는 기제이다. 자기억제형은 자기 자신을 친절하고 도움이 되며 화내지 않는 사람으로 지각하는 것을 의미한다. 갈등회피형은 갈등상황에 직면하지 못하고 피하는 것을 의미한다. 적응형은 갈등을 건설적으로 다루는 것을 의미한다(조성호, 「한국판 방어유형 질문지 타당화 연구」, 『한국심리학회지: 상담 및 심리치료』, 제11집 2권, 한국심리학회, 1999).

17 자신의 삶이라는 맥락 주변에 '유지'시켰다는 것은 삶의 맥락에 자연스럽게 연결될 수 있도록 '녹아들었다'고 볼 수 있는 상황과는 구분해야 할 것이다. 어떠한 경험이 자신의 삶 속에 자연스럽게 녹아들지 못했다는 것이 트라우마 증상의 주된 논의점이기 때문이다. 맥락의 주변에 위치하고 있다는 것은 그 경험을 이해하려는 시도가 지속적으로 이루어지고 있다는 것이며, 이는 곧 트라우마적 증상이 지속되고 있는 것으로 보아야 한다.

하기 위해 오랜 시간 동안 다양한 방법을 시도했음에 틀림없다. 그들이 말하는 방식, 곧 기억하는 방식은 상처를 감당해내기 위해 자기 스스로를 보호하고 치유하고자 했던 노력의 발로일 수 있는 것이다.

한국전쟁 체험담 구술자료를 검토해보면 대부분 그 내용이 체계적으로 조직되어 완결성 있는 서사로서 구성되어 있지는 않다는 점을 확인할 수 있다. 조사자의 요구로 대게 전쟁 이전 – 전쟁 중 – 전쟁 후라는 커다란 시간적 흐름을 따라 구술되기는 하지만, 자세한 내용들은 말하고 있는 와중 연상되는 내용으로 바로 전환되기도 하는 등 체계적이지 않다. 구술하는 내용의 성격 또한 그러하다.

> 그런 도중에 우리 작은집에서 군인이 죽어가지구, 죽진 않았어요, 밤새 거기서 앓는 소리해요. 총에 여기 맞아서. 아버지가 가보더니, 아유 지금도 생생해요. "미숙아 엄마 아버지, 나 죽는다" 그냥 밤새도록 그래요. 아버지가 불쌍허니까 몰래 불을 때줬어요. 따뜻허게 있으라고. 밥 좀 먹을라니까, 아주 못 먹는다구 그래요. 난 들어가 보진 않았는데, 밤새껏 죽겠다고 소리소리 지르드라구요. 새벽이 되니까 조용해요. 쪼끄매져요 새벽에 "엄마 아부지 미숙아 나 죽는다." 점점점 쪼끄매져요. 아버지가 새벽에 가보니까 숨이 아주 넘어간 거야. 우리 한국군이에요,

> 일동 학교요. 사람이 인파가 얼마나 많이 몰렸는지, 한번 들어가면 나오질 못해요. 차례차례 나와야지 못 나와요. 나올라믄 아유 꽉 차 거기서 사람죽는다구 거기서 오줌이 아무리 마려워도 참아야돼요. 가만 있어야 돼요. (중략) 난리통에 고칠 길은 없고 약도 쓸 길도 없구요 병원도 없구요 그때는. 난리가 나 죄 나가는데 무슨 병원이에요. 그냥 죽는 거죠. 그래 오줌통이 터져가지고 거리에서 세상을 뜨신 거에요. 그러니까 포를 쏘면 죽을거란 거죠, 한국군은 대포감이라고 맨날 방송허는 소리 죄들려요. 그것도 소름이 끼치는데 텔레비젼 보면 여전히 지금도 '우리는 핵무기를 맹글었다'

중공군은 바로 망해 들어갔어요. 그 왜 말이 있잖아요. 중국군이 좁쌀 한말이 나와 가지고 콩 한 말이 들어갔다고. 별만 많이 못 돌아갔을걸요. 콩 한말도 못 들어갔다고 봐요. 거의 다 죽었어요. 다 죽었다고 봐야 돼요. 선량허게 착헌 대한민국을 자꾸 내미는데 좋은 짓이라고 안 허죠.

내 세계는 우리 친정어머니 돌아가시고 다 잃었죠. 살아도 산게 아니고. 잠자코 지둥에 붙어 있는 거예요. 지둥에요. 바깥 대문턱에. 지둥에 가만히 붙어. 그래서 엄마 없는 애들이 알아보겠드라구요. 벌써 고개부터 수그러들어 요렇게 붙어가지고 가만히 대문터리 지둥에 붙어 있는 거예요. '아 빨리 들어와. 이 양반 바쁘대 얼른 가야돼.' 할 수 없이 들어갔죠. 옛날 밀린주라고 분홍치마 그거허고 연두 저고리 허고 우리 친정, 산 엄마가 해준 거예요 좋은 걸로. 고걸 입혀서 "따라가라." 어떡해요. 그걸 입혀줘서 그냥 저적저적 따라나서는데 길이 없고 도성고개 길마장 고개라고 있어요. 하루 종일 걸었어요. 종일 아주 산을 넘고 물을 건너서 죙일. 나중에 다리를 디딘건지 안 디딘건지 모르겠드라구.[18]

인용문은 모두 한 사람의 구술 내용에서 발췌한 것이다. 단락들은 구술 자료에 수록된 순서대로 나열되어 있으며 C씨는 한국전쟁이 나던 날부터 피난 과정과 피난살이, 전쟁 후의 삶까지 구체적으로 구술하였다. 각 단락들이 담고 있는 내용은 다양하다. 중공군 참전을 목격하던 날 부상당한 국군의 죽음 / 피난 과정에서 오줌소태로 돌아가신 어머니 / 집근처의 강 너머에서 들려오는 포를 쏘아 한국을 없애버리겠다는 북한 방송 / 선량한 한국을 침범한 중공군의 죽음은 당연하다는 평가 / 어머니 사후 새어머니를 들이고 곧바로 딸들을 시집보내버리는 아버지에 대한 원망 등이다. 물론 구술의 소재들로만 분석하는 것은 아니지만, C씨의 구술에서

---

18 구술자: C(1938년생, 여), 조사자: 박경열 외, 조사장소: 경기도 가평군 북면 백둔리, 조사일시: 2014.02.18.

는 인민군과 중공군에 대한 공포, 사람의 죽음을 직접 마주했을 때의 공포와 잔인함, 가족에 대한 원망 등이 보인다. 어떤 부분에서는 상당히 분단서사적인 말하기를 하고 있는데, 한편 강조되는 것은 피아를 불문하고 죽어가는 사람들에 대한 안타까움이었다.

이처럼 한 사람의 구술이라 하더라도 전체적인 맥락에서 바라보는 것이 아니라 부분적으로 접했을 때는 구술자의 말하기 방식 자체를 하나의 형태로 판단하기 어렵다.[19] 오히려 부분적으로 드러나는 서사적 특성으로 구술자의 말하기 방식을 규정짓는 것은 자칫 잘못된 분석결과를 야기할 가능성이 높다.

분단서사와 통합서사라는 개념은 각자의 특성을 가지고 있다고 할 수 있다. 그러나 그것이 과연 분명하게 구분할 수 있을 정도로 명료한 특성인지, 더 나아가 두 개념이 반드시 길항관계에 놓여 있는 것인지 고찰할 필요가 있다. 극단적으로 표현한다면, 치유적 방법이자 대안으로서 통합서사를 규정지을 때 그 대척점에 놓여 있을 것으로 상정되는 분단서사는 통합서사라는 긍정적 의미영역의 외부로 밀려나며 그 자체의 의미를 상실할 수도 있는 것이다.

이는 서발턴 논의에서도 확인되고 있는 바이다. 서발턴의 '말하지 못함'에 대한 논의에서 제기되었던 문제 중 하나는 서발턴이라는 존재가 어떻게 규정되었는지에 대한 탐색이었다. 여기서 서발턴이 존재할 수 있는 것은 서발턴과 엘리트, 나아가 정상과 비정상이라는 대립이 존재하기

---

19 신동흔은 한국전쟁 체험담 자료를 분류하며 전쟁과 관련된 여러 사연이 다양하고 복합적으로 진술된 경우가 많았기에 자료를 유형별로 분류하는 작업에 난점이 있었음을 밝힌 바 있다. 물론 다양한 소재가 복합적으로 진술되었다는 것이 구술 자체의 서사적 성격 또한 복합적이라는 것을 직접적으로 의미하지는 않는다. 그렇다 하더라도 구술의 서사적 성격을 하나로 규정하는 것이 쉽지 않다는 것을 유추할 수 있는 부분이다. (신동흔, 「한국전쟁 체험의 구술과 세계관적 의미화 양상」, 『통일인문학』 제65집, 건국대학교 인문학연구원, 2016, 318쪽.)

때문이다. 그렇게 때문에 대립 구도는 엘리트를 규정하고 정상을 규정했을 때에만 성립이 가능해진다.[20]

'말할 수 없다'는 일종의 특성을 지닌 서발턴은 그러한 특성을 가지고 있어야만 존재할 수 있다. 자유롭게 말할 수 있는 서발턴은 더 이상 서발턴이 아니게 되는 것이다. 자유롭게 말할 수 있는 서발턴은 담론 속에서만 존재할 뿐 실재로는 존재할 수 없다는 지적과 같이 한국전쟁 체험담의 구술자료 중에서 분단서사로 판단되는 것들 또한 마찬가지이다. 분단서사로 분류되는 구술을 일종의 증상으로 간주하고, 그것이 치유의 대상이 될 때에만 명확한 지위를 갖는 상황에 놓일 수 있는 것이다.

여기에서 중요한 것은 서발턴의 '침묵'은 말을 하지 못하거나 말을 하지·않는 것이 아니라는 점이다. 그들은 항상 말하고 있으나 지배적인 구조 속에서 그 소리가 인정되지 않는다. 이러한 상황을 대입하여보면, 한국전쟁 체험담 구술자들이 말하는 방식은 '말하지 못하는 상황'을 타개하기 위해서, 자신이 말하고 있는 목소리가 다른 사람들에게 닿을 수 있는 다양한 경로를 찾던 와중 선택한 하나의 방법으로 바라볼 수 있게 된다.

사례로 들었던 A씨, B씨, C씨의 구술에서 분단서사 혹은 통합서사적 특성을 포착하기 위해서는 구술자가 기억을 표현하는 데서 드러나는 무의식적 패턴을 찾아내야 한다. 즉 구술로 표현되는 것과 구술 속에서 말해지지 않는 것을 구분하는 것이다. 이를 바탕으로 연구자의 시각에서 해석할 때 일정한 결과를 도출할 수 있다. 그리고 그 결과는 연구자마다 다양하게 도출될 수 있다. 그런데 이 해석의 과정에서 구술자와 구술자의 말하기 방식을 연구자가 지니고 있는 혹은 이미 규정지어진 어떠한 틀을 적용하려 한다면, 예를 들어 분단서사를 정의하고 여러 구술내용을 분단

---

20 김원, 「서발턴은 왜 침묵하는가? - 구술, 기억 그리고 재현을 중심으로」, 『사회과학연구』 제17집, 서강대학교 사회과학연구소, 2009, 144쪽.

서사로 판단하여 분단 트라우마의 증상이자 치유의 대상으로만 바라보게 된다면, 그 구술/말하기가 담고 있는 수많은 가능성이 사라지고 연구자가 원하는 하나의 결과만을 얻게 된다.

분단체제 속에서 살아가는 사람들에게 지속적으로 영향을 미치는 분단 트라우마를 진단하고 그 상처를 치유하기 위해서는 분단 트라우마가 발현되는 양상인 분단서사를 분석해내야만 한다. 그러나 분단서사 자체가 지니는 복합적인 존재의 의미를 고려한다면 분단서사가 치유되어야 하는 대상임에도 한편으로는 계속해서 존재해야 하는 어떤 면에서는 모순적으로 보이는 결론에 도달할 수 있다.

2) 자유로운 말하기의 장(場)으로서 통합서사

분단서사의 경우와 같이 통합서사에 대해서도 그것을 규정하는데 몇 가지 조건을 고려해야 한다. 우선 전쟁 체험을 구술하는 상황에 대해서 생각해보면, 앞서 살핀 바와 같이 전쟁에서 개인이 겪는 피해는 반드시 적으로부터 비롯되는 것이 아니었다. 우리 편인 국가로부터 당한 폭력과 피해도 상당했다. 그러나 국가에 반하는 것들이 소멸하는 상황을 체험한 사람들은 국가로부터 당한 피해를 말할 수 없었다. 많은 시간이 흘러 자신이 겪은 전쟁 피해를 말할 수 있게 되었다고 하더라도 사람들은 국가라는 힘이 드리우고 있는 그림자에서 벗어날 수 없었다. 단적으로 말하자면 전쟁 중에 국가로부터 폭력을 당한 경험이 있는 사람들이 전쟁에서 벌어진 국가의 폭력과 그 피해에 대해서 자유롭게 말한다는 것은 절대로 쉬운 일이 아닌 것이다. 그렇기 때문에 '자유롭게 말하기'가 가능한 조건이 통합서사에 수반되어야 한다.

앞서 분단서사가 분단체제 속 폭력과 그로 인한 고난에서 비롯된다면 통합서사는 그러한 폭력들이 존재하지 않는 상황이 전제되어야 한다고 언급하였다. 특히 죽음이 횡횡할 수밖에 없는 전쟁이라는 상황의 경험이라는 특성을 생각하면 폭력이 존재하지 않다는 것은 일차적으로 존재의 보장이 될 것이다. 즉 어떠한 상황에서도 개별 존재가 소멸되거나 통합서사의 영역 밖으로 밀려나는 일이 없어야 하는 것이다. 자유롭게 말하지 못한다는 분단서사의 성격을 고려한다면 통합서사의 성격은 '자유롭게 말하기'에 그치는 것이 아니라 자유로운 의견 개진의 기회가 보장되는 것으로 정리할 수 있다.

다음으로는 통합서사에서 '통합'의 의미를 살펴보아야 한다. 지금까지의 논의 속에서 분단서사와 통합서사가 동시에 언급되는 것에서 볼 때 통합서사에서 통합은 '분단으로 인한 분열 및 분열적 사고를 봉합하는 활동'이라는 표면적 의미를 가진다는 것을 직관적으로 파악할 수 있다. 헌데 '분열을 봉합하는 활동'은 두 가지의 의미로 해석될 수 있다. 하나는 '통일'의 의미이다. 여러 조각으로 나뉘어진 것을 하나로 묶는 것이다. 마치 각각의 형태를 가지고 있는 조각들이 하나로 뭉쳐 원래 하나였던 모양으로 되돌리는 것과 같다. 그런데 이렇게 '하나'로 뭉쳐진 조각은 각각의 조각들이 지니고 있던 모양을 잃어버리고 전체의 모양에 포섭되게 된다. 즉 모든 것이 융화되어 하나의 모양만이 남을 뿐 그 이전에 각각의 조각이 지녔던 개성적인 모양은 사라질 수 있는 것이다.

이러한 과정을 말하기에 적용한다면, 각각의 의견을 제시하던 목소리들이 하나의 커다란 목소리에 합쳐지게 되고, 그 이전에 존재하던 각각의 목소리는 사라지게 되는 바와 같다. 즉 개별적 주체들이 사라지고 집단과 동일화된 하나의 주체만이 남게 되는 것이다. 이는 곧 '동일화의 폭력'이며 개별 주체의 존재가 보장되어야 하는 통합서사의 의미로서는 부적절하다.[21]

---

21 이는 민족적 '동질성'에 바탕을 둔 통일론에 대한 비판 지점과도 같다. 남과 북뿐만 아니라 코리언 디아스포라들은 각각의 정체성을 확립해왔는데, 이러한 각자의 개성

다른 하나의 의미는 여러 조각으로 나뉘어진 개체를 한데 모으는데 그 개체들이 지닌 각각의 모양이 그대로 유지되면서 모임 그 자체로 새로운 전체의 모양을 만들어내는 것이다. 이러한 상태의 특성은 모든 조각들의 모양을 유지할 수 있다는 점이다. 개성이 유지되는 점에서 '병존(竝存)'이라 할 수 있다. 통합서사에는 기본적으로 폭력이 존재하지 않아야 하기 때문에 하나로 만들고자 하는 동일화의 폭력이 포함될 가능성이 없다. 즉 통합서사의 '분열을 봉합하는 활동'은 각각의 개체들이 자신의 정체성을 유지하면서 함께 존재할 수 있는 '병존시키는 활동'으로 이해할 수 있다.

정리하면, 통합서사는 말하기의 소재나 방식에 제한을 두지 말아야 하며, 말하기의 기회가 누구에게나 보장된다는 성격을 지녀야 한다. 또한 말해진 것들이 지닌 각각의 성격이 온존될 수 있어야 한다. 이러한 성격들을 고려한다면 통합서사는 분단서사의 대척점에 위치하며 특정한 형식을 지닌 서사의 형태를 가리키는 것이 아니게 된다. 오히려 그러한 형식적 조건들을 넘어서 모두의 말하기가 안전하게 이루어질 수 있는 '자유로운 말하기의 장(場)'의 의미를 지니는 것이다.

"통합서사를 최종의 단계인 화해가 이루어진 서사라고 전제한다면 외형적으로는 우리 사회 갈등의 근원인 분단이 해결된 통일체제에서 가능한 담론일 것이다. 그렇지만 우리는 지금의 분단 상황에서도 보다 행복한 삶을 영위하기 위해 통합을 말하는 것이므로, 완전하지는 않지만 분단서사가 완화된 서사들도 통합서사의 의미를 가지고 있다고 보자는

을 무화시키고 분단 이전 공유했던 정체성 하나로 회귀하는 것은 불가능하기 때문이다. 각각의 정체성이 별개로 확립된 것에서 볼 수 있듯이 고정불변의 민족적 정체성은 존재하지 않는다. 때문에 각자가 확립한 정체성, 이 모든 개성들이 함께 존재할 수 있는 통일론이 필요하며, 개성들이 연대하여 합력을 창출할 수 있는 '민족공통성'을 대안으로 제시할 수 있다(건국대학교 통일인문학연구단, 『코리언의 민족정체성』, 선인, 2012, 19-52쪽).

것이다."[22]

침묵하는 사람들은 그들을 둘러싼 복잡한 정치·경제·사회적 맥락의
영향 때문에 침묵하게 된다.[23] 그들이 자신을 둘러싼 세계의 복잡한 맥락
을 인식했을 때 말하기를 포기하거나, 말하고 있음에도 세상에서 그것을
들어주지 않는다는 것을 알게 된다. 그러한 제약의 굴레를 벗어나려는
노력 끝에 말하기에 성공한다 하더라도, 그 말하기에 반영된 그들의 복잡
한 세계관을 몇몇의 기준을 가지고 분석해내는 것이 가능할 것이라 단언
할 수도 없다. 그러나 그들이 가진 상처는 삶에 균열을 가하기 때문에,
보다 나은 삶을 살기 위해서 '덜 아픈 상태'로 나아가야 한다. 그러기 위해
서는 끊임없이 말하고자 해야하고, 말할 수 있는 상황을 조성해야 한다.

'자유로운 말하기의 장'으로서의 통합서사는 그것이 가능해지는 판이
다. 누가 어떠한 말을 한다 하더라도 말하기를 방해받지 않는 장소이기
때문이다. 이 판에서 금지되는 것은 개인의 개성을 해치고, 그 존재를
소멸하고자 하는 위협적인 시선뿐이다. 이러한 통합서사 안에서 말하는
횟수가 늘어날 때, 부자연스럽게 말하게 만드는 지배적 담론과 권력의
언어들에서 멀어지게 될 것이다. 통합서사가 민주시민사회와 상통하는
바가 바로 이 지점이다.

4. 평화로운 싸움의 확산과 치유의 시작

제주 4.3 70주년 기념사업위원회는 2018년 4.3 발발 70주년을 맞이하

---

22 김종군, 「통합서사의 개념과 통합을 위한 문화사적 장치」, 『통일인문학』 제61집, 건
    국대학교 인문학연구원, 2015, 273쪽.
23 김원, 「서발턴은 왜 침묵하는가? - 구술, 기억 그리고 재현을 중심으로」, 『사회과학
    연구』 제17집, 서강대학교 사회과학연구소, 2009, 151쪽.

여 "제주4.3은 대한민국의 역사입니다"라는 슬로건을 내걸고 활발한 활동을 전개하였다. 그런데 이 슬로건을 정할 때 격한 논쟁이 일었다고 한다. 이 문구를 보았을 때 개인적으로 떠올린 생각은 '4.3이 역사에 포함되는 순간 생명력을 잃고 박제화 되는 것이 아닐까?'라는 의문이었다. 전해들은 바로는 필자의 생각과 같은 의문이 제기되었기 때문에 슬로건에 대한 논의가 상당히 격했다고 한다. 지속적으로 제기되는 4.3에 대한 정명(定名)의 논의도 마찬가지이다. 정명(正名)으로 인정받기 위하여, 정명(正名)을 찾아내기 위하여 쏟아내는 에너지들이 4.3으로 모여들기 때문에 4.3이라는 기억이 생명력을 유지할 수 있다고 볼 수 있기 때문이다.

규정짓는 행위의 힘은 매우 크다고 생각한다. 공적기억에 대항하는 대항기억은 열려 있는 상태로 시작한다. 그야말로 공적기억이 배제하거나 담고 있지 못하는 기억들이 함께 하게 되는 것이다. 하지만 대항기억의 흐름이 강해지고 '대항기억'이 일종의 안티테제로서 인정받기 시작하면, '대항기억'에 포함되기 위한 기준이 생긴다. 기준을 통과하지 못하는 기억들은 대항기억으로서의 자격을 얻지 못하게 된다.[24]

분단 트라우마의 표출 양상으로 정의할 수 있는 분단서사를 병리학적 시각에 입각하여 치료의 대상으로 보고 있다는 사실을 인지한 것은 필자의 개인적 경험이었다. 그렇기 때문에 분단서사와 통합서사의 개념에 대한 다른 방향에서의 구체화 작업은 일반적으로 공감할 수 있는 논의가 아닐 수 있다. 그럼에도 불구하고, 분단서사를 통합서사의 대척점으로

---

24 "한국에서 과거사와 의문사 진상규명 등 대중 기억을 회복하려는 시도는 원인과 전개과정 등 사실을 드러내는 작업부터 역사적 의의를 평가하는 작업까지 공식기억을 생산하는 작업방식과 동일했다. (중략) 역설적으로 대항기억이나 익명적 지식을 만들어내는 데는 제한적일 수밖에 없었다."(김원, 「서발턴은 왜 침묵하는가? - 구술, 기억 그리고 재현을 중심으로」, 『사회과학연구』 제17집, 서강대학교 사회과학연구소, 2009, 145쪽).

규정하는 순간 자기의 상처를 스스로 치유해나가기 위해 시도했던 사람들의 여러 노력이 무화될 수 있고, 상처를 가진 많은 사람들이 말할 기회를 박탈당할 수 있기에 통합서사는 여러 말하기 방식들이 평화롭게 싸울 수 있는 공간이어야 한다는 것은 모든 논의의 중심에 놓여 흔들리지 말아야 할 가치가 된다.

> 피해자들이 체험한 생생한 증언을 통해 분단 트라우마의 양상을 도출하고자 하였다. 피상적으로 알고는 있었지만 상상을 초월한 비극적인 피해담을 듣는 상황에서 그 참상에 경악하기도 했고, 피해자와 함께 울기도 했다. 구술의 과정에서 피해자는 자신의 상처와 트라우마를 토로하면서 후련하다고 하였고, 그 상태가 일정 정도의 치유의 효과를 보인 것으로 진단하였다. 그리고 조사가 진행되는 가운데 필자 스스로가 그들의 증언에 동의를 표하고, 그들이 겪은 참혹한 고통에 연대하는 모습을 발견할 수 있었다. 피해자의 증언을 듣고 그 고통을 이해하고 함께 아파하는 조사자의 모습이 그들에게 위안으로 자리 잡는 것도 직접 확인할 수 있었다.[25]

모든 사람들이 자유롭게 말할 수 있게 하는 사회적 공감대, 서로 의견을 교환하며 갑론을박이 이루어지면서도 각자의 안전이 보장될 수 있는 사회적 분위기를 통합서사라 할 수 있을 때, 말할 수 있게 되는 것만으로도 느낄 수 있는 '후련함'은 단순히 시원해지는 기분의 차원을 넘어 진정한 치유로 나아가는 기반이 될 수 있을 것이다. 이러한 통합서사가 사회적으로 널리 확산된다면, 개인이 겪은 교통에 대해서 주변의 사람들이 함께 아파하고 눈물 흘려줄 수 있는 공동체의 실현을 꿈꿀 수 있을 것이다.

---

25 김종군, 「〈강도몽유록〉을 통한 고통의 연대와 통합서사의 사회적 담론화 모형」, 『문학치료연구』 제40집, 한국문학치료학회, 2016, 196쪽.

참고문헌

건국대학교 통일인문학연구단, 『코리언의 민족정체성』, 선인, 2012.

권영민, 『한국현대문학대사전』, 서울대학교출판부, 2004.

주디스 허먼, 최현정 역, 『트라우마』, 열린책들, 2012.

한국문학평론가협회, 『문학비평용어사전』, 국학자료원, 2006.

김근호, 「이야기판과 서사적 정체성의 역학 관계 -MBC FM 〈라디오 여성시대〉를 중심으로-」, 『국어교육학연구』 제27집, 국어교육학회, 2006.

김원, 「서발턴은 왜 침묵하는가? - 구술, 기억 그리고 재현을 중심으로」, 『사회과학연구』 제17집, 서강대학교 사회과학연구소, 2009.

김종곤, 「기억과 망각의 정치, 고통의 연대적 공감」, 『통일인문학』 제61집, 건국대학교 인문학연구원, 2015.

김종곤, 「분단폭력 트라우마의 치유와 '불일치'의 정치」, 『통일인문학』 제74집, 건국대학교 인문학연구원, 2018.

김종곤, 『'역사적 트라우마'에 대한 철학적 재구성』, 박사학위논문, 건국대학교, 2014.

김종군, 「구술생애담 담론화를 통한 구술 치유 방안 -고난의 행군시기 탈북자 이야기를 중심으로」, 『문학치료연구』 제26집, 한국문학치료학회, 2013.

김종군, 「구술을 통해 본 분단 트라우마의 실체」, 『통일인문학』 제51집, 건국대학교 인문학연구원, 2013.

김종군, 「분단체제 속 국가폭력과 분단 트라우마의 혼재」, 『통일인문학』 제74집, 건국대학교 인문학연구원, 2018.

김종군, 「분단체제 속 통합서사 확산을 통한 사회통합 방안」, 『한국민족문화』 제56집, 부산대학교 한국민족문화연구소, 2015.

김종군, 「통합서사의 개념과 통합을 위한 문화사적 장치」, 『통일인문학』 제61집, 건국대학교 인문학연구원, 2015.

김종군, 「한국전쟁 체험담 구술에서 찾는 분단 트라우마 극복 방안」, 『문학치료연구』 제27집, 한국문학치료학회, 2013.

김종군, 「〈강도몽유록〉을 통한 고통의 연대와 통합서사의 사회적 담론화 모형」,

『문학치료연구』 제40집, 한국문학치료학회, 2016.

김종군 · 박재인 외, 「탈북 트라우마에 대한 인문학적 치유 방안의 가능성 -구술 치유 방법론을 중심으로」, 『통일문제연구』 제28집 2권, 평화문제연구소, 2017.

박영균 · 김종군, 건국대학교 통일인문학연구단, 「코리언의 역사적 트라우마에 관한 연구방법론」, 『코리언의 역사적 트라우마』, 선인, 2012.

박재인, 「'고향'으로서의 북녘, 통일을 위한 정서적 유대 공간으로의 가능성」, 『통일인문학』 제71집, 건국대학교 인문학연구원, 2017.

박재인, 「서사적 상상력과 통일교육」, 『통일문제연구』 제28집 1권, 평화문제연구 소, 2016.

신동흔, 「한국전쟁 체험의 구술과 세계관적 의미화 양상」, 『통일인문학』 제65집, 건국대학교 인문학연구원, 2016.

전진성, 「기억의 정치학을 넘어 기억의 문화사로 - '기억' 연구의 방법론적 진전을 위한 제언」, 『역사비평』 제76집, 역사비평사, 2006.

정지영, 「침묵과 망각으로 말하는 '구술/사'」, 『동북아문화연구』 제43집, 동북아 시아문화학회, 2015.

조성호. 「한국판 방어유형 질문지 타당화 연구」, 『한국심리학회지: 상담 및 심리 치료』 제11집 2권, 한국심리학회, 1999.

분단국가와 아카이브 기억·갈등 능력과 비당사적 기억 그리고 문화적 기억의 관계에 대한 시론

이 진

1. 통일 연구와 아카이브 분단 기억 연구

본 논문은 분단 국가에 있어 아카이브 기억이 갖는 의의에 대한 시론적 논의에 해당한다. 이론적 논의를 구체화할 사례로서 서독 여론조사 및 연구기관인 인프라테스트의 동독주민 대리조사에 대해서도 간단한 소개 및 평가가 이루어질 것이다. 동 기관은 독일의 분단기 내내 접근하기 어려웠던 동독 주민들의 내면에 대한 조사를 당시로서는 유일하게 대리조사라는 방식으로서나마 장기적으로 수행했는데, 특히 본 논문에서는 그 결과물이 분단이라는 특수 상황 속에서 아카이브화의 과정을 거쳐 다시 활성화되는 과정에 주목할 것이다.

1989년에서 1990년 사이 분단된 독일에는 혁명적인 변화가 일어났다. 1989년 6월 오스트리아-헝가리 간 국경의 개방에 뒤이은 베를린 장벽의 붕괴 그리고 1990년 3월의 자유선거를 전후로 한 급작스러운 동독의 체제 전환과 두 독일간의 형식적 통일 절차가 짧은 기간 중에 연속되었기 때문이다. 그러나 당시의 서독 및 서방의 주요 동독 관련 정책입안자 및 전문 연구자들은 그 직전까지도 이와 같은 거대한 역사적 변화의 조짐을 감지하지 못하고 있었다.

이러한 상황에서 위 인프라테스트의 조사는 특별한 의미를 갖는다. 동 기관에서는 위 비공개 조사를 수행하면서 일련의 주제들 ― 동독 체제에 대한 만족도 및 자기 동일시 정도, 동서독 간의 주관적 체제 비교 및 각 체제 하에서 가능한 삶의 질에 대한 개인적 인식 그리고 통일의 가능성 및 필요성, 그 방식과 시기 그리고 분단의 지속에 따른 민족 동일성 상실 여부 ― 에 대한 장기 조사를 통해 80년대에 이르러 동독 사회에 본질적인 변화가 움트고 있었음을 사전에 감지할 수 있었기 때문이다. 그러나 그 독자적인 관찰은 동독은 물론이고 서독 전문가 집단 내에서도 공유되지 못했다는 한계를 배태했다. 이는 통일논의를 지나치게 부각시키지 않으려고 했던 당시 서독 정부의 전략적인 방침 속에서 이 조사가 비공개 방식으로 수행되었기 때문인데, 그 결과 분단이 끝날 때까지 동 조사의 존재 및 성과는 약 20년간 비공개 상태로 아카이브화되어 보관되게 되었다. 분단 시기 내내 서독에서도 극소수의 인사를 제외하고는 전혀 알려지지 못했으며 아카이브 상태로 비활성화된 상태였기에 형식적 통일 과정에도 별다른 영향을 끼치지 못했다는 점을 고려할 경우에도, 분단기의 아카이브 기억에서 찾을 수 있는 그 어떤 현재적 의미가 있을까? 이러한 문제제기를 통해 독일 통일연구라는 틀을 넘어 아카이브화된 분단 기억에 대한 새로운 접근을 모색해보고자 한다.

2. 기억의 '공간' 그리고 공정한 경쟁의 '장소'로서의 아곤

1) 아카이브와 아카이브 기억

우선 아카이브 기억이라는 표현은 무엇을 말하는 것인지를 정리할 필요가 있다. 아카이브라는 용어가 기록물 뿐 만이 아니라 기록물이 저장된 장소를 가리키기에, 아카이브 기억이라는 표현이 일반적인 기록 보관소에 저장된 기억을 지칭하는 것으로만 이해할 수도 있기 때문이다. 특히 기억의 공간(Erinnerungsort) 혹은 기억의 장소(lieu de mémoire)라는 문화학 및 역사학 용어들을 사용하며 '아카이브 기억'을 언급할 때 물리적 공간으로서의 아카이브가 더욱 더 연상되는 것은 어떻게 보면 당연하다고 하겠다.

그러나 아카이브는 기록물이 보관된 장소만이 아니라, 사실 그 기록물 자체가 갖는 특성을 말하는 것이다. 논자는 이 기록물이 다른 정보와 구분되는 것은 아카이브화된 상태라는 특별한 존재론적 양태(Modus)때문이라는 점에 주목하고자 한다. 즉, 아카이브 기억이라는 용어에는 아카이브화되지 않은 현재 사용되고 유통되는 활성화된 기억들과 아카이브 상태라는 잠재태(dynamis) 상태의 기억 간의 구별이 전제되어 있는 것이다.

집단적 기억은 개인적 기억자료의 공적 전시, 교과서, 각종 국경일, 국가, 문학과 예술작품, 건축물, 위령비와 기념비 등의 다양한 문화적 제도를 통해 구성되고 저장되고 소통되고 가공되고 또 재해석된다. 기록보관소 혹은 아카이브도 이러한 집단적 기억을 위한 하나의 특별한 문화적 제도이다. 만일 어떤 일반적으로 잊혀졌다고 간주되던 사태에 대해 최소한 그에 대한 기록이 아카이브로/아카이브에 저장되어 있다고 한다면, 그러한 기억은 역설적으로 말해 참으로 망각된 기억은 아니다. 이와 같은 아카이브 기억의 특수성은 좁게는 기록물보관소로서의 아카이브 제도를 통해 저장된 기억에 해당되는 사항이지만, 넓게는 예술작품과 같은 다른 문화적 제도에 저장된 기억이 비활성화된 상태로 인식의 지평에서 잠시 사라지게 되는 경우에도 논할 수 있는 것이다. 구체적인 개인 또는 집단의 의식 속에서 반추되는 것이 활성화된 현실태(energeia)로서의 기억이라면, 현실에서 더 이상 적극적으로 참조되지 않는 그에 대한 기록은 잠재적인 기억의 한 예라고 하겠다.

그런데 잠재태로서 아카이브 기억(archiviertes Gedächtnis)이 가능하다는 사실에서, 복수의 다양한 기억들이 동시에 병렬적으로 존재할 수 있는 비물리적인 기억의 압축적 공간이 존재한다는 가능성이 발견된다. 이러한 의미에서 특정 기억 공간의 질적 혹은 물질적 수용력을 논할 수 있는데, 이때 그 수용력은 각각의 아카이브마다 다양한 요인에 의해서 상이하게 결정되게 된다.

2) 기억의 '공간' 그리고 공정한 경쟁의 '장소'로서의 아곤

이러한 맥락에서 물리적 공간으로서의 아카이브에 대한 논의를 수용력의 결정요인으로서의 기억의 아카이브화 과정 및 양태 그리고 그 기능 및 의미에 대한 질문과 결부해서 재구성할 필요가 있다. 또한 아카이브화된 기억 혹은 저장 기억이 다시 활성화되는 조건과 방식 그리고 그 양상에 대해서 질문을 던져보아야 한다. 이 질문은 특히 분단 기억에 있어 중요한 의미를 갖는다. 극단적인 갈등이 존재했거나 현재도 지속 중인 분단 국가에서는 서로 대립하고 경쟁하는 상이한 집단적 기억들이 존재한다. 그런데 이 집단적 기억들은 공식화의 과정 속에서 분단 구조와 분단 서사 그리고 진영논리에 부합하는 것들만이 선별되기 때문에 분단 시기에 형성된 여타의 이질적이고 심지어는 상호 모순적인 기억들을 모두 포함하지 못한다. 그 한계를 넘는 탈분단의 기억 나아가 통합의 기억을 구축하는 데 비활성화상태의 아카이브 기억에 대한 논의가 특별한 기여를 할 수 있다. 바로 이러한 맥락에서 기억의 '장소'와 공정한 경쟁의 '공간'으로서의 '아곤'의 교차점을 모색해야 한다.

보통 경쟁 혹은 쟁투로 번역되는 고대그리스의 아곤(agon; ἀγών)이라는 개념은 한편으로는 서로 다양한 입장과 이해관계를 가진 행위자 간의 관계를 지칭한다. 즉, 그들 간의 경쟁, 공생, 공존 및 충돌과 갈등을 모두 포괄한다. 그런데 다른 한편으로 동 개념은 이들이 모이는 장소 즉 여론의 장일수도, 시장일 수도, 재판정일 수도 있는 공간(agora; ἀγορά)도 함께 지시한다. 이 용어는 또한 이러한 것들의 전제가 되는 그 행위자들의 집단(Versammlung) 및 모이는 과정 자체(versammeln: ἀγείρω)을 가리키기도 한다.[1] 아곤에 대한 고대그리스인들의 성찰을 재발견하는 가운데 출발한 현대정치철학의 아곤주의 논의는 민주주의에서 갈등을 어떻게 이해할 것인지라는 질문, 더 나아가 가치 다원주의의 역동성을 담을 수 있을 뿐만 아니라 숙의 민주주의의 자기성찰을 담을 수 있는 조건은 무엇인가라는 질문과 밀접히 연관되어 수행되곤 한다.[2]

여기에서 신다원주의, 자본주의 및 신자유주의에서 말하는 경쟁과 구분되는 아곤주의적 경쟁이 과연 존재하는지 그리고 양자의 변별점은 무엇인지에 대해 반론을 제기할 수 있을 것이다. 이 지점에 있어 특히 아곤주의에서 공정한 경쟁에 대한 논의가 갖는 중요성을 설파했던 니체의 철학에서 우리는 동시에 이와 관련해 더욱 논의가 필요한 중요한 논점들을

---

1 이진, 「Normative Spielregeln für Produktive Konflikte - Multikulturalität und das agonale Verhältnis der Kulturen」, 『니체연구』 제29권, 한국니체학회, 2016, 121쪽.

2 Cf. Siemens, Herman W. · Roodt, Vasti (ed.), *Nietzsche, Power and Politics. Rethinking Nietzsche's Legacy for Political Thought*, Walter de Gruyter, 2008.

발견할 수 있다. 이러한 해석에 따르자면, 한편으로는 공정한 경쟁에 대한 아곤주의적 성찰을 통해 가치에 대한 유럽중심주의 및 가치보편주의 혹은 단편적인 자문화중심주의(Nativismus)의 폭력 및 비생산성을 폭로할 수 있을지를 논의해야 할 것이다. 다른 한편으로는 이를 통해 가치다원주의 및 다문화성(Multikulturalität)에 대한 지지가 문화상대주의 또는 소위 평행사회(parallele Gesellschaft)적 정형화에 대한 지지로 수렴되지 않는 조건은 무엇인가라는 질문이 필요하다. 이러한 배경에서 생산적인 논쟁 문화와 갈등 능력에 대한 천착이 더욱 요구된다고 하겠다.[3]

그러나 이상의 논의만으로 아곤주의의 모든 이론적 가능성이 드러나는 것은 아니다. 이는 앞서 아곤 개념에 대한 다양한 정의들로 미루어보아도 그렇다. 왜냐하면 갈등하는 입장들 간의 선명한 차이를 드러내는 것만이 중요한 것이 아니라, 그러한 입장들 중이 서로 공존할 수 있는 방식으로 그 차이를 드러내는 방식, 그리고 그 차이들이 병존할 있는 '공간'이 무엇인지에 대한 고민이 아직 충분히 전개되지 않았기 때문이다. 이것이야말로 더욱 어렵고, 그 때문에 더욱 흔하게 방기되는 질문이다. 실천적 차원에서 그 중요성은 더욱 분명하다. 예를 들어 다양한 이행기 사회의 갈등을 실천적으로 모색하는데 중요한 역할을 하고 있는 갈등의 전환이론에서도, 입장 간의 권력 관계 및 구조에 대한 '전환'(Konflikttransformation)이라는 장기적 목표는 갈등하는 입장들 간의 차이를 정교하게 드러내고 (articulation) 이를 충분히 개진시키는 (development) 방식과 공간을 어떻게 마련하는 것에 달려있다고 본다.[4]

특히 독일 및 한반도의 통일 및 통합연구의 틀 안에서 아곤주의에서

---

3 Siemens · Roodt, ibid., pp.124-127.

4 Berghof Foundation (Hrsg.), *Berghof Glossar zur Konflikttranformation. 20 Begriffe für Theorie und Praxis*, Berghof Foundation, 2012, s.88-89.

말하는 공정한 경쟁 혹은 공정성이라는 표현 속에서 과연 어떠한 측면들이 반성되고 포섭되어야 하는지를 충분히 고민해야 한다. 즉, 차이나는 입장들 혹은 서로 충돌할 수밖에 없는 정체성을 가진 행위자과 집단들이 어떠한 조건 속에서 우선 하나의 공유된 장(場)에 모일 수 있을지, 또 그러한 '모임'의 구성과 생태는 어떠한 것인지, 마지막으로 그러한 모임을 지탱하고 수용할 수 있는 그 장 혹은 공간 자체는 어떠한 특성을 지니고 있는지를 질문할 때 비로소 부각되는 이론적이자 실천적 지점들이 있을 것이다.

바로 이러한 맥락에서, 기존 아곤주의 논의의 의의를 긍정하면서도 이에 현실로 존재하는 갈등의 폭력성을 완화시키면서 동시에 입장들 간에 놓인 권력의 비대칭성을 교정할 수 있는 방안은 무엇일지, 차이 간의 병존 및 나아가 그 소통을 꾀할 수 있는 방안은 무엇일지 고민이 필요하다. 특히 불공정한 경쟁 속에 놓인 것들이 정교하게 정리된 의식적 입장이 아니라 자신의 목소리로 발화되지 못했던 혹은 자신이 경험했던 맥락대로 전파되지 못한 기억들이라고 할 경우, 기억의 문화에 있어서 공정한 경쟁이라는 규범적 원칙이 구체적으로 무엇을 말하는지 따져보아야 하는 것이다.

바로 이러한 맥락에서 기억의 '공간'에 대한 문화학적 기억연구의 논의와 공정한 경쟁의 '장소'에 대한 정치철학적 아곤주의의 논의가 교차하는 지점은 어디인지를 확인하고, 그에 대한 이론적 논의 자체에 특히 분단 구도를 극복하기 위한 어떠한 실천적 가능성이 포함되어 있는지를 모색하는 것이 이 시론적인 연구에 담긴 목표라고 하겠다.

3. 인프라테스트(infratest)의 동독주민 대리조사(Stellvertreterefra-gungen von infratest)

1) 독일 통일 연구와 한반도 통일 연구

일정 규모 이상의 국가로서 2차세계 대전이후 냉전의 발발과 맞물려 분단되었으나 장기간의 분단기를 극복하고 통일을 달성한 국가로서 독일은 특히 1990년의 형식적 통일을 전후로 하여 한반도 통일연구 및 정책수립에 있어 주요한 참고의 대상이었다.

그러나 다음과 같은 이유에서 독일과 한반도 문제가 근본적으로 상이하다는 지적도 반복되어 왔다. 분단 및 2차 세계대전 발발 이전 제국주의 시대에서 양자가 놓였던 상이했던 위치, 2차세계대전에서 각각의 역할 및 그와 직접적으로 관련되는 상이한 분단의 과정과 요인들, 이를 둘러싼 국제정치역학관계 그리고 분단국가간의 전쟁 경험의 유무 및 이로 인한 국가 및 사회구성원들 간의 적대의 정도 그리고 마지막으로 이상의 모든 조건에 따른 결과인 과거청산의 (예상) 범위와 방식에서 예상되는 차이점들이 그 이유로 열거된다. 현재 한반도 통일연구에 있어 독일의 통일 과정을 참조하는 경우, 이와 같은 한계를 일정부분 전제하면서, 과거 독일의 형식적 통일 과정 및 국제정치적 측면의 기술적 분석에 치우쳤던 연구 경향을 수정하고, 또 다른 한편으로는 통일 이후의 내적 통합 문제 또는 문화적 통일이라는 주제에 더욱 역량을 기울이는 변화가 있었다.

그런데 이러한 근간의 연구 경향에서도 아직 충분히 조명되지 못한 것은, 동/서독의 관계 정상화 과정 전후의 갈등 양상과 그 극복 과정이 이후 독일 통일에 어떠한 영향을 미쳤는가라는 질문으로 요약되는 동/서독 분단기의 연구이다. 이와 관련해서도 문화학적 기억연구과 (아고니즘 논의를 포함하는) 정치철학적 갈등 연구의 접점을 모색해야 할 특별한 이유가 있다. 이는 한편으로는 독일 내에서도 문화학적 기억 연구의 범위가 기존의 나치즘 및 홀로코스트 그리고 독일제국의 식민지지배 등의 주제에서 점차 전후의 분단 기억들에 대한 연구로 확장되면서 새로운 자료 및 연구 성과가 축적되고 있기 때문이다. 또 다른 한편으로는 독일의 형식적 통일 및 이후의 통합과정에 독일 분단기 서독의 민주주의적 성숙화 과정이 어떠한 기여를 했는지를 바로 갈등에 대한 사회적 수용 능력의 변화라는 관점 하에서 면밀히 분석할 필요성이 제기되기 때문이다.

서독의 분단 기억에 대해서는 예를 들어 알렌스바흐 연구소(Institut für Demoskopie Allensbach)의 조사[5] 등을 포함한 다양한 기초 자료들이 축적되어 있는 상태이다. 그런데 당시의 원 자료를 구체적으로 검토해보면 기존의 한반도 통일 연구들이 독일 통일 사례를 논의하면서 분단기 서독 사회에 대해 몇 가지 일정한 전제를 가정하고 있다는 점을 알 수 있다. 그러한 전제 하에서 신동방정책을 위시한 동독과의 관계 정상화 과정 및 1989년 이후의 전환기와 통일 및 통합 과정을 살필 경우 몇 가지 전형적인 오해가 발생한다. 여기에는 서독 내에 한국의 남남갈등에 상응하는 이른바 서서갈등이 동독에 대한 관계 개선 및 지원 정책을 둘러싸고 존재하지 않았을 것이라는 전제를 비롯하여, 서독 사회 및 정치권에는 역시 한국과는 질적으로 상이한 합의와 협치의 문화가 항상 존재했을 것이라는 추측 등이 포함된다. 이러한 오해의 근저에는 결국 분단기 서독 사회의 내부 갈등과 그를 둘러싼 민주주의적 성숙화 과정에 대한 무관심이 놓여 있다.

이러한 맥락 속에서, 비단 분단기 뿐만 아니라 통일 이후 구 동독지역의 재건 정책 및 그에 대한 구 동/서독 주민의 반등을 파악하고자 할

---

5 그 다양한 내용에 대한 구체적인 분석은 이진·연합뉴스, 「서독의 기억」, 연합뉴스, 2018~2019 참조.

때 기존의 문제 제기 방식으로는 포착하기 어려운 지점들이 이미 노정된다. 또한 독일 통일 과정에 대한 이상화된 전제에서 연구를 수행할 때, 독일과 한반도 상황 간에 실제로는 존재하는 접점마저도 참조 불가능한 것으로 방기되곤 한다.

요약하자면, 동독과의 정상화 및 서독 사회의 내적 변화를 통일 전의 중요한 과정으로 파악할 때, 서독 내의 서서 갈등에도 불구하고 어떻게 독일 통일 이전 서독은 동독에 대해 일관적인 화해와 정상화 정책을 지속할 수 있었는지, 그에 대한 서독 주민들의 전반적인 지지는 어떠한 배경 하에서 가능했는지를 비로소 파악할 수 있다. 한반도 통일 문제에 대한 학문적인 논의도 같은 이유에서 이상화된 민족주의나 계몽주의적 목표에서가 아니라 현재 한반도 남북한 주민들의 내면과 필요에 대한 실제적인 고찰로부터 시작되어야 한다.[6]

2) 인프라테스트(infratest) 동독주민 대리조사의 배경

그런데 분단기 동/서독에 대한 오해는 그 사회와 개인의 기억에 대한 기초자료의 파악에서부터 어려움이 있었던 분단기 동독의 경우 더욱 심각하다. 그런데 이러한 난관은 물론 현재의 한국 및 비독일권 연구자 뿐만이 아니라, 과거 분단기 서독 및 서방의 연구자 모두에게 해당했던 어려움이었다. 당시 서독에서는 분단 상황의 현재적 파악 그리고 앞으로 올지 모르는 통일에 미칠 그 영향에 대한 예 측을 위해, 서독의 여론조사 연구소 인프라테스트를 통한 설문조사프로젝트를 계획하게 되었다.

1967년 서독 연방내독부(Das Bundesministerium für innerdeutsche Beziehungen, BMiB)의 전신인 연방전독부(Bundesministerium für gesamtdeutsche Fragen

---

6   이진 · 연합뉴스, Ibid.

(BMG)의 장관이었던 헤르베르트 베너 (Herbert Wehner)는 뮌헨 소재 인 프라테스트(Infratest)에 동독시민의 내면과 관점에 대한 장기적인 조사를 요청하였다.[7] 인프라테스트는 그 직전 2년간 전독부의 동독 발간 신문 분석 프로젝트를 수행했었던 바 있었는데, 동 너 장관이 제안한 새로운 조사는 기존 동독 내 공식 발표가 오히려 그 정확한 파악을 가로막고 있던 동독 주민의 의식 및 입장에 대한 보다 신뢰할 만한 자료를 수집하 려는 데 그 목적이 있었다.

실제로 이 프로젝트는 그 계획과 실행에 있어 다음과 같은 3가지 측면 에 집중하여 중요한 성과를 거두었다.

첫째, 1968년부터 1989년/90년까지 총 22년간(동독에 주거하고 있는) 동 독 주민들의 의식과 견해 및 그 변화 추이를 기록하는 것, 둘째, 동서독 간 관계 변화 및 관련 정책에 대한 동독 주민들의 그 당시의 또 실제의 반응을 파악하는 것, 셋째, 여타 정치/사회적 현안에 대한 동독 주민들의 인식 및 그 변화 추이를 파악하고 기록하는 것이 그것이었다[8].

동서독간 공식적인 정치적 채널을 통해 그리고 서독 미디어가 접근할 수 있었던 동독의 정보는 그 양에서 제한적일 뿐만 아니라, 특히 동독 정부에 의해 가공되고 과장 혹은 축소, 삭제 및 검열된 내용이 상당했다 는 점에서 난점이 존재했다. 위와 같은 난점 속에서, 대리조사 (Stellvertreterforschung)라는 설문모델이 인프라테스트에 의해 직접참여조 사와 간접 설문을 결합하고 그 적절성을 사후 보완하고 검증하는 형태로 개발되었다.

---

7   Holtmann, Everhard · Köhler, Anne, *Wiedervereinigung vor dem Mauerfall. Einstellungen der Bevölkerung der DDR im Spiegel geheimer westlicher Meinungsumfragen,* Bundeszentrale für politische Bildung, 2016, s.27

8   Holtmann, Everhard · Köhler, Anne, *Ibid*, s.27.

직접적인 설문대상은 최근 2개월 내에 최소한 3일 이상 동독을 방문한 적이 있는 서독주민이었다. 물론 (특히 동서독 간 왕래가 부분 허용된 이후) 서독 방문 중인 동독인에 대한 직접적인 조사를 하는 것도 가능하지 않았을까라는 질문을 던질 수 있을 것이다. 이에 대해서는 첫째, 서독 기관과 인터뷰한 것이 동독으로 돌아간 이후 해당 동독주민에 피해가 갈 수 있다는 우려, 그리고 둘째, 서독을 방문한 동독인들이 통계적 대표성을 지녔는지의 문제가 존재했다고 보인다.[9]

이러한 이유에서 대리조사의 형태로 취해진 설문의 방식은 다음과 같았다.

- 1단계: 해당 서독주민의 동독 방문 후 인상과 경험, 개인적 정보 및 본인의 정치적 견해에 대해.
- 2단계: 동독 체류 중 동독 주민 중 특정인과 자세한 대화를 나눈 적이 있었던 경우, 그 특정인에 한정하여 그가 파악한 해당 동독 주민의 인식, 의견 및 태도에 대해.

이후 특정 설문 내용을 통해 성별 및 나이 등을 파악하고 이로부터 그 동독 주민을 유형별로 그룹화 하였다.[10] 이러한 조사 방법에 따라 연간 약 1,200회, 전체 22년간 약 27,000회의 인터뷰 결과가 축적되었다.

전체 설문 결과로 미루어 볼 때, 당시 동독 주민들은 자신의 사회적 태도 및 정치적 견해를 1) 동독 내에서는 가장 신뢰하는 사람을 제외하고는 지인이나 동료에게 가능한 한 공개적으로 밝히지 않으려는 일반적 경향을 지녔으나, 2) 예외적으로 서독 방문자들에 대해서는 (이것이 동독 정부가 내린 지침과는 상반되는 것이었음에도 불구하고) 훨씬 더 적극적으로 자신

---

9 Holtmann, Everhard · Köhler, Anne, *Ibid*, s.29.

10 Holtmann, Everhard · Köhler, Anne, *Ibid*, s.31-32.

제2부 부딪힘의 사건과 아곤(agon)적 서사

의 내면을 공개하고자 했던 이중적인 성향을 보였다. 이러한 예상 밖의 상황은 대리설문이라는 간접성에도 불구하고 동 설문의 정확도를 높이는 결과를 가져왔다.

이 모델의 적절성은 특히 1989년 베를린 장벽 개방 후 기존 데이터의 검증을 위해 1990년 통일 전 동베를린에서 수행된 동독주민에 대한 직접 비교 조사 등에서도 확인된 바 있다. 통일 이후 접근 가능해진 다른 비공개자료들과의 비교를 통해 보았을 때도 인프라테스트의 대리조사 결과는 당시 동독의 현실을 상당히 실제적으로 반영하고 있었음이 증명되었기도 하다.[11] 예를 들어 분단기 (1978년 당대회에서 발표된 것 등을 제외하면) 동독 공식 통계로 공표되지 않았던 동독 독일통일사회주의당(통사당, SED) 당원비율에 대해 14세 이상 동독주민의 약 14에서 17퍼센트에 달할 것이라는 관련 설문조사의 분석결과가 적중했다는 것이 그러한 예라고 하겠다.[12]

그런데 동독 주민의 내면에 접근하고자 한 동 조사의 배경에는 그 전후로 꾸준한 민간인적교류를 가능하게 만들었던 신동방정책의 성과가 전제되어 있다. 동독 주민의 서독과 서독주민에 대한 생각 그리고 그와의 동질성 의식 및 통일 가능성 등에 대해 구체적인 질문과 답변이 가능했던 상황이 저변에 있다. 한편으로는 일반 서독 주민의 특정 지역에 한정되지 않는 동독 방문이 가능해졌다는 점, 그리고 다른 한편으로는 그에 비해 상당히 제약이 있었지만 실제 서독을 방문하고 온 동독 주민도 상당수에 이르렀었다는 전제가 있었기에,[13] 동독 방문을 마친 서독 주민에 대한

---

11 Holtmann, Everhard · Köhler, Anne, *Ibid*, s.28.

12 Holtmann, Everhard · Köhler, Anne, *Ibid*, s.30.

13 최승완, 「독일 통일의 가교 - 탈동독민」, 『이화사학연구』 제48집, 이화사학연구소, 2014, 214-220쪽.

대규모 대리 조사도, 민족동질성과 통일에 대한 전망과 같은 질문을 던질 때 동독 주민이 실질적인 경험 하에서 자신의 사적 견해를 형성할 수 있으리라는 기대도 가능했던 것이다. 이어 살펴보는 대리조사 1차기간의 구체적인 설문들은 이러한 맥락을 염두에 두고 작성된 것이다.

3) 사례: 최초 조사 기간(1968년 9월 3일- 1969년 2월 6일)

먼저 이 시점은 1949년 동/서독 정부가 수립된 후 서독의 할슈타인 독트린(Hallstein-Doktrin, 1955 bis 1969)으로 대표되는 동/서독간 대립 및 체제 경쟁의 지속 상황 및 1961년의 동독의 일방적인 베를린 장벽 설치 로 이러한 대립 속에 수많은 사상자가 발생하고 다수 이산가족의 일반적 인 상호방문이 가로막힌 분단의 고착화 상황을 그 역사적 배경으로 하고 있다.

이후 서독에서는 1966년 12월 1일 사민당의 빌리 브란트는 기민당의 키징어(Kurt Georg Kiesinger) 총리하에 연정파트너 사민당 소속 외무부장 관 겸 부총리로서 신동방정책을 선보이고 있었다. 동 조사 시점 직후인 1969년 9월 서독연방의회 선거의 승리 이후 브란트는 자민당과의 연정을 구성하고 이후 10월 21일에 서독의 제4대 총리에 취임한다.

이 시기의 동독의 상황은 49년 정부수립 이후 이미 약 20년이 경과한 시점이었다. 특히 이 시기는 1953년 6월의 노동자 봉기의 진압 및 특히 언급한 1961년의 베를린 장벽 설치 강행으로도 드러나듯 국가 수립 초기 의 소련에 대한 의존적 태도를 벗어나 동독 정부의 국내에 대한 권력 장악 및 정권 정당화 작업이 상당부분 진척된 단계[14]이었다고 평가할 수 있다. 동 조사가 시작되기 시작하던 1960년대 말에 이르면 40년대말-50

---

14 Holtmann, Everhard · Köhler, Anne, *Ibid*, s.72.

년대초에 팽배했던 동독 정권에 대한 저항과 회의적 여론만이 관찰되는 것이 아니라, 오히려 동독 정권에 대한 긍정적이거나 호의적인 지지층이 일부 증가하고 있다는 점이 중요하다(ibid.). 특히 동시기 젊은 세대가 이러한 새로운 지지세력의 중요한 축을 형성하기 시작했다는 점에 대해 인프라테스트는 주목했다.[15] 이 동독 국가 건설을 담당했던 젊은 세대 중 상당수가 이후 30년이 경과했을 때 50세-60세 정도의 동독 체제와 상당한 자기 동일시를 보이던 장년층을 형성하게 되었다는 점이 중요하다.

또한 이 당시 서독에서도 관측되는 특별한 동조 현상은, 동독 주민들이 한편으로는 통일에 대한 염원을 유지하면서도 분단체제가 고착화될수록 실제 통일의 가능성은 줄어들 것이며 또한 민족 동일성도 감소하게 될 것이라는 이상주의적 희망과 현실주의적 전망을 동시에 보여준다는 점이다.

예를 들어 1969년의 제36번 설문에서는 특정 동독주민이 동독 정권에 대해 어떠한 태도를 보였는지에 따라 이를 1) 추종자 (11%) 2) 체제 정당성에 대한 확신은 없는 외견상 순응자(49%) 3) 적대자 (23%) 4)무관심자 (12%)의 네 그룹으로 분류하였다.[16] 31번 설문에서는 특히 소련과의 관계에 있어 동독이 주권국인가라는 질문을 던졌는데, 직업과 연령에 따른 차이가 보이지만 전반적으로는 54%가 이에 긍정적으로 답변하는데, 여기에서 최소한 동독 주민들은 그때까지의 서독 정부의 공식적인 관점과는 다른 견해를 가지고 있었다는 점을 볼 수 있다.[17] 여기에서 나아가 동 설문은 동독 주민 내면에 대한 질문을 던지는데, 예를 들어 28번 및

---

15 Holtmann, Everhard · Köhler, Anne, *Ibid*, s.73.

16 그러한 주제에 대해 대화가 없었다고 답변한 경우는 5%였다. Cf. Holtmann, Everhard · Köhler, Anne, *Ibid*, s.40.

17 Holtmann, Everhard · Köhler, Anne, *Ibid*, s.47.

29번 설문에서는 동독 사회 내의 정치적 억압 분위기 여부 및 그에 대한 의사표현의 자유에 대해서,[18] 그리고 30번 설문과 관련하여 1961년 축조된 베를린 장벽이 동독 사회에 미친 영향에 대한 분석이 이루어진다.[19]

본 연구자는 한국국제교류재단과 연합뉴스와의 공동프로젝트 "서독의 기억" 프로젝트의 일환으로 인프라테스트 조사의 총 책임자였던 안네 쾰러(Anne Köhler)여사 등 관련 인사와의 인터뷰를 포함, 동 아카이브에 대해 연구를 진행하고 있다. 이 별도의 연구에서는 특히 통계화 이전의 사적 기억을 담은 1차설문조사 자료의 함의 및 베를린 장벽 붕괴 직전의 동서독 주민 내면에서 관찰된 변화에 대한 논의, 같은 시기 신동방정책의 추진에 따른 동서독 주민의 내면의 변화[20] 그리고 그의 한반도의 정상화 목표에 주는 함의에 대해서 살펴보게 된다.[21]

본 논문에서 보다 초점을 맞추는 것은 이러한 사례로서 부각되는 이론적 측면이다. 즉, 인프라테스트의 조사와 같이 분단국가에서 다른 분단국 내 시민의 기억이 아카이브화되는 과정 자체가 갖는 의미는 무엇인가라는 질문인데 이점을 이어 검토해보고자 한다.

---

18 Holtmann, Everhard · Köhler, Anne, *Ibid,* s.48.

19 Holtmann, Everhard · Köhler, Anne, *Ibid,* s.50.

20 여기에는 위에 열거한 문항 외에도 동서독 간 관계에 대한 설문. 서독이 동독에 위협적인지 (ibid., s.66-)인지, 앞으로의 통일 가능성은 어떻게 보고 있는지 (ibid., s.68, Tabelle 47.), 동독인에 비춰지는 서독인의 이미지는 무엇인지 (ibid., s.70), 동독 주민은 일반적으로 서독 주민에 대해 어떻게 생각하는지(ibid., s.71. Tabelle 50.) 등에 대한 설문들이 유의미하다.

21 이진 · 연합뉴스, 「서독의 기억」, 연합뉴스, 2018~2019 및 Yhee, Jean, "Ein Bericht zum Projekt: Deutsche Wiedervereinigung, erzählt aus koreanischer Perspektive. Erinnerung an Westdeutschland" (http://ge.kf.or.kr/?menuno=812), German Homepage of Korea Foundation, Korea Foundation, 2019 참조.

4. 비당사자 기억과 관점주의

인프라테스트의 동독 주민에 대한 대리조사는 많은 제약 속에서 수행되었으며 그 결과도 긴 기간 비공개 상태로 남아 있었다. 서독 내에서 그 수행과정 및 연구결과가 비공개 상태로 비밀로서 유지되었을 뿐만 아니라,[22] 간접적으로 조사의 대상이 되었던 동독주민들은 그러한 내면에 대한 조사가 수행되고 있었다는 점도, 그 결과가 1967년 이래 통일 직전까지 수행되고 축적되고 있었다는 사실도 알 수 없었다는 점이 동 조사에 있어 특별한 정황이었다.

물론 이러한 특수한 사정을 언급하면서 당시의 역사적 맥락을 도외시한 채 연구윤리의 문제를 피상적인 수준에서 제기하고자 하는 것은 아니다. 동독의 공식적인 발표와 통계가 오히려 과장과 왜곡, 축소와 생략으로 오히려 서독을 포함한 외부에서 동독의 실상을 파악하는데 큰 장애가 되곤 했던 사실을 볼 때, 조사에 뒤따르는 다양하고도 구체적인 조사자 및 피조사자에 대한 위험을 감수하며 수행된 동 연구 자체의 의의와 성과를 쉽게 폄하할 수는 없을 것이다.[23]

오히려 그와 전혀 다른 방향에서, 비당사자적 기억 즉 나 혹은 우리에 대해 타자가 기억하고 또 그 기억을 저장하는 것의 의미를 짚어볼 필요가 있다. 특히 전쟁과 분쟁, 혹은 억압적 체제의 지속과 같은 조건 속에서 그 시대에 대한 사회 내 집단적 기억의 생성과 보존이 구조적으로 방해받거나 왜곡될 때, 그에 대한 비당사자의 시각과 해석은 오히려 그 조건과

---

22 Cf. Yhee, Jean, Interview mit Herrn Detlef Kühn (ehm. Direktor des Gesamtdeutschen Institutes) am 7.12.2018 in Berlin, Kladow.

23 동독 비밀경찰(슈타지)는 동 조사와 관련하여 주무부인 서독 연방내독부에 비밀요원을 파견하기도 했다(cf. Holtmann, Everhard · Köhler, Anne, Ibid, s.32~.;Yhee, Jean, Interview mit Herrn Detlef Kühn am 7.12.2018 in Berlin, Kladow)

사건에 대한 거리두기를 통해 집단적 기억의 왜곡 혹은 단편화를 방지하는 특별한 기여를 할 수도 있기 때문이다.

분단 체제에서는 당사자라고 할 서독 주민들도 동독에서의 삶에 대한 동독 주민의 기억 자체에 대해서는 비당사자일 수밖에 없었다. 그런데 당시 동독의 체제와 사회 일반 그리고 동독을 둘러싼 국제적 정세에 대해 동독 주민들이 자신의 경험과 생각을 자유롭게 소통하며 자기평가이자 해석으로서의 집단적 기억을 자유롭게 형성할 수 있는 공공의 공간이 부재했다는 점을 고려할 필요가 있다. 동독 체제의 공식 서사에서는 배제되고 말 이질적 기억들을 포함한 집단적인 기억들은 장기간에 걸쳐 인프라테스트의 아카이브 상태로 보존되고 있었다. 서독 주민에 대한 서독 기관의 대리설문조사의 결과가 다시 활성화될 수 있게 된 것은 통일 이후였으나, 분단기의 아카이브 작업을 통해 그 분단 기억의 전모가 추후에도 복구될 수 있는 가능성이 마련된 것이다.

어떤 경우에는 비당사자라는 외부의 시선에 대해 내부의 즉각적인 반응이 가능한 상황도 있으나, 또 다른 경우에는 전자가 내부에 전달되지 못한 채 긴 기간이 지속되기도 한다. 내부의 당사자들이 인지하지 못했으며, 외부에도 더 이상의 특별한 이해관계와 관심도가 지속되지 않는 상황에서 그러한 외부의 내부에 대한 기억이 더 이상 참고되고 인용되지 않을 경우 이는 잠재적 기억으로 비활성화된다.

그런데 인프라테스트의 대리조사 결과가 아카이브화된 것에는 이와는 또 다른 원인에서 비롯했다. 그 결과에 대해 서독 내 매우 높은 관심이 존재했을 것이 분명했음에도 불구하고, 피조사자로서 본심을 밝혔던 동독 주민을 보호해야 할 필요성 그리고 조사의 존재를 공식적으로 인정할 경우 앞으로 조사의 지속 자체가 불가능해질 수도 있다는 이중적인 고려 속에서 프로젝트 전체는 비밀로 분류되어 비공개 아카이브의 형태로만 남게 될 수 있었다는 아카이브화의 과정이 독특하다.

물론 동독 주민이 동독에 대한 현실을 서독의 매체를 통해 실제로도 인식할 수 있었던 상황이 없었던 것은 아니다. 1972년 11월에 체결된 〈동/서독 언론교류 관련 합의문서〉에 따라 동독 내에서 일어난 사건에 대해 동독에 파견된 서독 특파원의 직접 취재가 가능하게 되었는데, 이에 따라 서독 방송 시청이 가능했던 동독 주민은 결국 동독에 대한 보다 객관적인 보도를 서독 방송에서 찾게 되는 아이러니한 상황도 있었다. 그러나 특히 본 논문에서 주의를 환기하고자 하는 부분은 그러한 동독 내의 사건에 대한 서독의 매체가 아닌 동독 주민 각각이 내린 평가와 해석은 아카이브라는 매체적 수단을 통해 수용될 수 있었다는 사실이다. 물론 두가지 사례는 모두 분단기임에도 불구하고 동독인의 동독에 대한 당사자 기억의 일부가 외부자인 서독과 연관성을 지닌 상태에서 형성되었다는 점에서 중요한 공통점을 지닌다.[24]

이처럼 외부의 비당사자적 기억을 통해 우리 혹은 내부의 망각되었거나 아예 형성되지도 못했던 기억이 소환되거나 새로운 맥락 속에서 활성화되는 경험 자체는 우리 한국인에게도 낯선 일이 아니다. 오히려 너무 그러한 과정이 일상적이 되어 그 메커니즘에 대해 깊이 들여다보지 않는다는 것이 그에 대한 더욱 정확한 묘사라고 하겠다.

예를 들어 1980년 광주에서 시민들이 군대에 의해 무차별적인 폭력의 희생자가 되고 있을 때 같은 한국의 다른 지역에 살고 있었던 이들은 그 사실에 대한 비보도 및 조작된 사실에 대한 보도를 통해 동시대에 대한 비동시대적인 집단적 기억을 갖게 된다. 오히려 그러한 사실에 대한 보다 실제에 가까운 기록은 서독의 제1공영방송인 ARD 기자 위르겐 힌

---

24 이진·연합뉴스, 「서독의 기억」, 연합뉴스, 2018~2019 참조.

츠페터(Jürgen Hinzpeter)의 현장 영상 및 사진 기록물을 통해 서독의 일부 시청자들의 기억으로 그리고 뒤따른 보도를 통해 세계인들의 기억에 저장된다. 실제 한국의 타지역에서 그 실상을 접할 수 있었던 것은 힌츠페터의 다큐멘터리 영상 및 관련 사진 자료 등이 비밀리에 다시 반입되어 전시되었던 군사정권이 지속되던 80년대 중반에 이르러서였다. 그 사건에 대한 기억이 이렇듯 사후적으로만 가능했다는 점은 한국 사회에 부채의식이 되어 이후 민주화과정에 중요한 추동력으로 작용하기도 한다. 또한 한국에서의 참상이 타국에서도 인권침해라는 보편성을 띤 사건이라는 점이었고 그에 대한 공감과 지지가 외부에도 존재한다는 사실은 내부와 외부의 경계를 뛰어넘은 연대가 가능하다는 점을 보여주었다.

비당사자의 기억이든 당사자의 기억이든 집단적 기억을 저장하는 매체는 물론 언급되었던 학술연구결과나 설문조사, 언론 매체 등에 국한되지 않는다. 예술 작품[25]은 비당사자 기억을 표현하고자 하는 외부자가 관찰자의 입장을 벗어나 그 자신이 창작자로서 자신이 처한 현실과 견해 및 태도를 그에 부여하는 방식으로 내부와 외부의 경계를 허물기도 한다.

이를 통해 내부와 외부 간의 매개고리가 생길 뿐만 아니라, 또한 극단적인 갈등으로 치달을 수 있는 당사자 들 간의 대립되는 해석과 기억뿐만이 아닌 제3자의 기억이 잠재적 기억의 공간에 포함됨으로써 일종의 관점주의적(Perspektivismus)인 완충작용이 가능해진다. 자기 기억에 대한 관점주의적 성찰을 통해 자기 관점의 정합성 혹은 폐쇄성을 반성적으로 고찰할 기회가 마련된다.

한국전쟁의 참화에 신음하던 한반도의 민중을 1951년 스페인의 화가 파블로 피카소가 화폭에 옮긴 것은 많은 한국인들에게 알려진, 그 자체로

---

25 이진, 「분단과 통일의 문화적 기억: 기억의 공간 그리고 분단 국가의 문화적 통일」, 『미학 예술학 연구』 제47권, 한국미학예술학회, 2016, 20쪽. 참조.

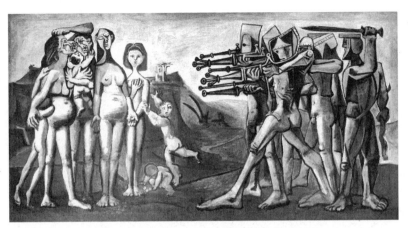

그림 1. Pablo Picasso, Massacre in Korea (1951)
oil on plywood, 110x210 cm, Musée Picasso, Paris

한국인이 공유하는 집단적 기억의 일부이다. 1950년 파리에 거주하던 피카소는 신천 학살 사건을 접하였다. 1950년 10월 17일부터 12월 7일까지 52일 동안 황해도 신천군에서 주민의 4분의 1에 달하는 35,000여 명의 민간인이 학살된 동 사건 자체에 대한 남북의 공식적인 해석은 현재까지도 대립하고 있다. 휴전 이후 분단체제가 공고화된 이후에도 과거의 극단적인 반공주의 진영과 극좌주의 진영 간의 복잡한 갈등 양상은 아직까지도 남과 북에서 당시 비극적 사건에 대한 해석을 놓고도 기억간의 갈등을 불러일으킨다. 그런데 자신의 〈Massacre in Korea〉에서 피카소는 동 사건을 한국인 간의 동족 상잔으로 그리지 않고, 서양 중세의 투구를 쓴 외부의 남성적 기계문명의 폭력에 희생당하는 한국의 여성성을 강조하는 방식으로 자신의 해석과 태도를 표현하였다. 피카소의 작품은 신천 학살 사건에 대한 비당사적 기억을 단순히 전달하는 것을 넘어, 그 사건에 대한 한국인의 집단적 기억에 해석의 공간을 확장하는 형태로 문화적 기억의 일부가 되었다.

그런데 이와 대비되는 또 다른 예가 있다. 바로 같은 해 폴란드의 화가

그림 2. Wojciech Fangor, Korean Mother (1951)

oil on canvas, 131x201 cm, National Museum in Warsaw, photo MNW

보첵 파고르가 그린 〈Korean Mother〉는 그에 비해 여전히 한국인의 집단 기억에 포함되지 않은 상태이기 때문이다.

언뜻 비슷한 시기 비슷한 주제의식을 그린 것으로 보이는 동 작품에는 피카소의 작품과는 또 다른 맥락이 포함되어 있다. 전후 시기 동 작가는 원래 추상주의에 몰두하고 있었는데, 폴란드를 포함한 신생 공산주의국가 내에서 예술가에게 거대한 압력으로 작용하던 사회주의적 리얼리즘이라는 정치문화적 압력 속에서 한국전쟁을 모티브로 삼고 추상회화가 아닌 구상주의적 방식으로 한국전쟁의 참상을 가져온 것은 서구 제국주의라는 공식적인 해석을 할 것을 암묵적으로 강요받았던 것이다. 이후 다시 창작의 자유도가 회복되었을 때 본래의 추상주의로 복귀하고 폴란드 현대회화사에서 매우 중요한 위치를 점하게 되는 동 작가의 작품세계에서 위 작품은 특별한 의미를 갖는다.

이와 같이 이러한 외부자의 비당사적 기억에서 당사자의 집단적 기억에 포함되지 않았던 사실과 관점이 긴 보존 기간 끝에 새롭게 발견되기도

하고, 또한 외부자가 속했던 생활세계의 맥락 속에서 필요했던 비당사자의 당사자로서의 태도와 해석이 당사자의 기억의 일부로 혼합되기도 한다. 분단 국가의 기억도 이러한 의미에서 보면 분단의 당사자들만의 기억은 아닌 것이다. 그렇기 때문에 한국전쟁에 대해 당사자는 결코 잊지 않았다고 해도, 외부자들도 어떤 시기에는 심지어 당사자로서 경험하였기에 그에 대해서도 망각할 수도 있고 그를 잊혀진 전쟁(forgotten war)라고도 칭할 수도 있는 것이다. 비당사적 기억을 마주하면서 당사자에게도 자기 기억에 대한 관점주의적 성찰을 통해 자기 관점의 정합성 혹은 폐쇄성을 반성적으로 고찰할 기회가 생기게 된다.

본 연구자가 베를린자유대에서 독일통일아카이브 프로젝트를 수행하며 구축했던 독일어 독일통일연구검색포털(2014-2016)[26]도 동일한 목표를 갖고 있었다. 독일 통일 및 통합에 대한 외부자로서의 분단한국 출신 연구자의 관점과 해석이 2개국어로 된 연구 데이터베이스이자 공동 연구 플랫폼을 통해 독일연구자와 시민사회에 전달될 가능성이 생길 수 있었기 때문이다.

서독 사회의 서서갈등, 그리고 동독인의 서독과 서독인에 대한 분단기 기억을 다루는 본 연구자의 연구프로젝트 〈서독의 기억〉(2018.12~) 역시 그 결과물의 일부가 독일어로 발표되는데[27], 이를 통해 구서독인은 오랫동안 인지하지 못했고 구동독인들도 상당기간 스스로 잊고 있었던 과거의 기억을 한국 연구자의 관점에서 다시 활성화하고 이를 통해 분단경험 사회 간의 연대로 발전시킬 수 있을 것이다.[28]

---

26 Yhee, Jean, "TONGILBU-PROJEKT DER KOREASTUDIEN"(https://www.geschkult.fu-berlin.de/e/tongilbu/index.html), Freie Universität Berlin, 2014~2016.

27 Yhee, Jean, "Ein Bericht zum Projekt: Deutsche Wiedervereinigung, erzählt aus koreanischer Perspektive. Erinnerung an Westdeutschland"(http://ge.kf.or.kr/?menuno=812), German Homepage of Korea Foundation, Korea Foundation, 2019.

5. 수용능력으로서의 갈등능력

갈등 능력(Capacity for conflicts, Konfliktfähigkeit)이란 갈등을 감내하고 반성하며 나아가 비판할 수 있는 사회정치적, 문화적, 법제도적 그리고 개인적 능력이라고 정의해 볼 수 있다. 이 정의는 물론 갈등이란 제거할 수 있는 것이 아니라 정상 상태에 언제나 존재하는 것이라는, 다양한 갈등이론이 공유하는 기본적 전제에서 출발한다.[29]

갈등 능력은 어떤 형태의 사회 체제에서도 존재하고 또 요구되는 것이나, 특히 가치다원주의적 민주주의 사회에서는 특히 적극적으로 이해될 필요가 있다. 이는 숙의 민주주의(deliberative democracy)적 접근에서도 아고니즘적 정치이론(경합적 민주주의)에서도 공유하는 관점으로, 독일에서는 의회민주주의의 연정 및 협치 문화에서뿐만 아니라, 특히 민주주의적 논쟁문화(Demokratische Streitkultur) 이론 및 민주주의 정치시민교육(demokratische politische Bildung) 논의에서 실천적으로 다루어지고 있다.

능력을 의미하는 영어(capability, capacity) 및 독일어(Kapazität)의 어원인 라틴어capere에는 이미 일단 문을 열어 받아들이고(nehmen), 그를 양적으로 수용하며(fassen) 그를 질적으로 구별하고 개념적으로 파악한다(begreifen)라는 의미가 담겨있다. 이를 갈등 능력과 연관하여 보다 구체적으로 표현하자면, 그것은 각각 새로운 갈등에 대한 내부 개방 능력, 내부 안에 포함시킬 수 있는 수용 및 저장 능력, 그리고 반성능력 즉 갈등을 빚는 다수의 가치 또는 이해관계들 간에 대한 이성적인 비판과 성찰을

---

28 이진 · 연합뉴스, 「서독의 기억」, 연합뉴스, 2018~2019. 참조.

29 Cf. Leggewie, Claus, "Blo β kein Streit! Über deutsche Sehnsucht nach Harmonie und die anhaltenden Schwierigkeiten demokratischer Streitkultur", in: Sarcinelli, Ulrich (Hrsg.), *Demokratishe Streitkultur. Theoretische Grundpositionen und Handlungsalternativen in Politikfeldern*, Bundeszentrale für politische Bildung, 1990.

수행할 역량에 해당한다고 하겠다.

또한 갈등 능력을 축적하고 발휘하는 주체에 따라 구분하면 개인의 갈등능력과 사회/문화적인 갈등능력이 구분된다. 그중 전자와 관련해서는 갈등에 대한 생산적인 대응을 위한 개인의 능력 강화(Empowerment)가 중요한 주제가 된다. 이러한 이론적 바탕에서 그 자체가 또 다른 연구 분야인 비폭력적 대화훈련뿐만 아니라, 기본 대화의 세팅을 변화시키는 Open Space 테크닉, Welt-Cafe. 미래에 대한 시나리오 공동 작성, 역할극, 연극/미술/음악 치료 등의 역할교환을 가능하게 하는 방법들이 실천적으로 다루어지고 있다.[30] 또한 개인마다 별도로 훈련되어야 할 문화적 감수성에 대한 논의도 여기에 포함된다.

그런데 개인의 갈등능력 및 문화적 감수성의 문제는 사회/문화 자체에 축적된 갈등능력과도 밀접한 관련을 맺고 있다. 사회문화적 갈등능력의 문제는 특히 내전이나 국가폭력, 식민지 경험 이후 범사회적/국가적 대화 플랫폼의 구축이 요구될 때 특히 중요하게 논의된다. 특히 과거사 청산과 사회적 화해 및 타협요구가 서로 충돌할 때 단순한 형식적 사법적 정의가 아니라 이행기 정의(transitional justice) 그리고 회복적 정의(restorative justice)가 요청되지만 그것은 실제에 있어서는 간단한 일이 아니다.

왜냐하면 많은 경우 타협 갈등하는 입장들이 타협과 절충을 위한 첫 발걸음을 띄는 것 자체에 어려움을 느끼기 때문이다. 서로 적대하던 진영 간의 대화 자체를 진영 내에서도 배신행위로 해석하는 강경파가 존재하기 때문이기도 하고, 폭력이 수반하던 적대 관계였던 만큼 상호의 인적 그리고 전략적 안전이 보장되고 그 이상의 협의가 가능하기 위한 공통기반이 미약하기 때문이기도 하다. 바로 여기에서 갈등능력의 미디어적 측

---

30 Berghof Foundation (Hrsg.), *Berghof Glossar zur Konflikttranformation. 20 Begriffe für Theorie und Praxis*, Berghof Foundation, 2012, s.14.

면 그리고 갈등이론과 문화적 기억연구의 교차점이 강조될 수 있다.

일반적으로 갈등이론에서는 성공적으로 폭력적인 갈등을 생산적인 갈등으로 전환(transformation) 시킬 수 있는 대화가 가능하기 위해 그 대화가 열릴 수 있는 이른바 '보호 공간(geschützer Raum)'이, 혹은 영어권의 개념을 빌리자면 컨테이너('Container')를 마련하는 것이 필요하다고 본다. 통상의 경우 대화를 중재하고 지원하는 양자의 위탁을 받은 제 3자가 이러한 역할을 맡아 사회적 관용의 공간으로서 협상 테이블이라는 컨테이너를 제공하곤 한다.[31]

그런데 그러한 양측의 신뢰를 온전히 받고 있는 제3자가 존재하지 않거나, 그러한 보호 공간으로서의 협상테이블로서 나오지 못할 심각한 폭력과 갈등이 현존하는 경우, 앞서의 아카이브 기억과 비당사적 기억에 대한 논의가 참고가 될 수 있다. 잠재태 상태로 전환이 가능한 아카이브 기억은 차이나는 입장과 가치를 수용할 수 있는 기억의 공간으로 기능할 수 있기 때문이다. 아카이브는 첫째, 아카이브 안과 밖을 매체적으로 또 제도적으로 나누는 것을 통해, 아카이브 밖의 사회적 영역에서는 아직 수용가능하지 못한 차이들에 대해 문을 개방할 수 있는 가능성을 갖고 있다. 둘째, 특정 기억이 갖는 폭발력 때문에 혹은 그 비대표성 때문에 정치단체의 공식적 입장이나 언론 혹은 학적 연구를 통해 아직 다루지 못하는 내용들을 모두 선별하지 않고 기록하고 수용할 수 있는 능력을 가지고 있다. 셋째, 차이가 극명한 입장들의 보전이 가능하기에 그에 대한 사후적인 학적, 정치적 성찰과 반성을 위한 기초자료를 이로써 확보할 수도 있다. 이와 같이 아카이브 기억에 포함되는 과정에서 일어나는 비활성화는 갈등하는 입장과 기억들이 서로 충돌하는 속도를 저감(Entsch-

---

31 Berghof Foundation (Hrsg.), *Ibid.*, ebd.

leunigung)시키는 효과를 동반하기도 한다.[32] 이를 통해 한편으로는 차이 나는 입장들을 체계 안에 수용하면서도 그 차이 간에 발생할 수 있는 폭력성을 완화시키고 갈등 구조를 미래에 있어야할 갈등의 전화 단계로 변화시킬 수 있는 가능성도 존재한다. 여기에 앞서 언급하였던 이질적 가치와 이해관계의 동시적 수용이 갈등의 폭력성이 완화된다는 전제하에 관점주의적인 성찰과 대화로 이어질 가능성도 존재한다.

물론 아카이브 기억으로의 편입이라는 방식만으로 아직 정상화 단계에 접어들지 못한 분단국가 간의 치열한 갈등의 원인 자체 혹은 그 전체를 해결할 수 있다는 의미는 아니다. 오히려 그것은 문제의 종국적 해결을 위한 성급한 접근을 경계하면서, 차라리 "서로 (항상) 동의하지 않아도 된다는 것에 대한 동의(agree to disagree)"를 하는 것으로도 우선 만족해야 한다는 현실적일 뿐만 아니라 또 절박한 요구와 맞닿아 있다. 그런데 이 원칙을 좀 더 고민하면, 반드시 동의하지 않아도 되는 영역은 가치의 경쟁과 토론의 영역으로 남겨 놓을 수 있지만, 그럼에도 불구하고 서로를 파트너로 인정하고 대화를 시작할 수 있기 위해 서로가 동의해야만 할 최소한의 영역도 존재한다는 점도 예상할 수 있을 것이다. 전자는 최소한의 총의를 어떻게 모아낼 것인지의 질문이라면(minimale Konsensbildung), 후자는 그럼에도 불구하고 확정되어야 할 관용의 한계(Grenze der Toleranz)는 무엇인가라는 질문으로 요약된다.

본 논문에서는 그를 위하여 갈등 구조의 생산적 전환(Transformation)을 거쳐 궁극적으로 차이 속의 평화로운 공존을 모색하는데 기여할 수 있는 연구 방향으로서 아곤주의, 비당사자 기억 그리고 아카이브 기억이 지닌 갈등 능력 특히 그 갈등하는 기억들의 수용능력이 맺는 관계를 논의하였다.

---

32 Berghof Foundation (Hrsg.), *Ibid.*, s.13.

참고문헌

Rehberg, Karl-Siegbert, 이진 옮김/해설, 「미술논쟁의 이름으로 벌어진 사회담론의 대리전쟁: 통일 후 전개된 독일 내의 미술논쟁의 역사와 기능에 관해 (2-1)」 (Deklassierung der Künste als stellvertretender Gesellschaftsdiskurs. Zu Geschichte und Funktion des deutsch-deutschen Bilderstreites), 『미학 예술학 연구』 제45권, 한국미학예술학회, 2015, 323-358쪽. (http://dx.doi.org/10.17527/JASA.45.0.10).

이진 외, 『독일통일백서 (독일원문문서)』, 제37권~제45권, 대한민국 통일부, 2016~2017.

이진, 「Normative Spielregeln für Produktive Konflikte - Multikulturalität und das agonale Verhältnis der Kulturen」, 『니체연구』 제29권, 한국니체학회, 2016.

이진, 「분단과 통일의 문화적 기억: 기억의 공간 그리고 분단 국가의 문화적 통일」, 『미학 예술학 연구』 제47권, 한국미학예술학회, 2016.

최승완, 「독일 통일의 가교 - 탈동독민」, 『이화사학연구』 제48집, 이화사학연구소, 2014.

Berghof Foundation (Hrsg.), *Berghof Glossar zur Konflikttranformation. 20 Begriffe für Theorie und Praxis,* Berghof Foundation, 2012.

Holtmann, Everhard · Köhler, Anne, *Wiedervereinigung vor dem Mauerfall. Einstellungen der Bevölkerung der DDR im Spiegel geheimer westlicher Meinungsumfragen,* Bundeszentrale für politische Bildung, 2016.

Leggewie, Claus, "Bloβ kein Streit! Über deutsche Sehnsucht nach Harmonie und die anhaltenden Schwierigkeiten demokratischer Streitkultur", in: Sarcinelli, Ulrich (Hrsg.), *Demokratishe Streitkultur. Theoretische Grundpositionen und Handlungsalternativen in Politikfeldern,* Bundeszentrale für politische Bildung, 1990.

Siemens, Herman W. · Roodt, Vasti (ed.), *Nietzsche, Power and Politics. Rethinking Nietzsche's Legacy for Political Thought,* Walter de Gruyter,

2008.

Yhee, Jean, Interview mit Herrn Detlef Kühn (ehm. Direktor des Gesamtdeutschen Institutes) am 7.12.2018 in Berlin, Kladow.

이진·연합뉴스, 「서독의 기억」, 인터넷 주소: https://m.news.naver.com/ hotissue /main.nhn?sid1=163&cid=1084326, 연합뉴스, 2018~2019.

Yhee, Jean, "TONGILBU-PROJEKT DER KOREASTUDIEN"(https://www. geschkult.fu-berlin.de/e/tongilbu/index.html), Freie Universität Berlin, 2014-2016.

Yhee, Jean, "Ein Bericht zum Projekt: Deutsche Wiedervereinigung, erzählt aus koreanischer Perspektive. Erinnerung an Westdeutschland" (http:// ge.kf.or.kr/?menuno=812), German Homepage of Korea Foundation, Korea Foundation, 2019.

〈그림 1〉 Pablo Picasso, Massacre in Korea (1951), oil on plywood, 110x210 cm, Musée Picasso, Paris

〈그림 2〉 Wojciech Fangor, Korean Mother (1951), oil on canvas, 131x201 cm, National Museum in Warsaw, photo MNW

박완서 「빨갱이 바이러스」 속 '마당'의 딜레마와 '빨갱이 바이러스'의 정치적 함의

박성은

1. 주목받지 못한 '분단작가' 박완서

박완서 문학의 영역을 표상하는 단어로 '전쟁', '여성', '산업화'가 가장 많이 쓰이고 있으며, 작가의 말년 작품을 중심으로 '노년' 또한 작가를 설명하는 단어로 사용되고 있다. 모두 작가의 생애사와 '지금 여기'의 현재성이 시대를 관통하면서 작품에 투영된 결과였다. 그런데 '전쟁'을 다룬 작품 『나목』으로 등단해서 1970-80년대 전쟁의 경험을 소설화했고, 전후 일그러진 일상을 작품화했던 박완서는 정작 분단문학에 대한 논의가 왕성했던 1980-90년대에는 이름조차 거론되지 않거나,[1] 거론되더라도

---

1 분단문학의 대표적인 평론가 임헌영은 반성해야 할 대중문학의 작품 목록의 일부에 박완서의 『도시의 흉년』, 『휘청거리는 오후』, 『목마른 계절』을 거론하고 있다. 『목마른 계절』은 『나목』의 시간적 배경이전 전쟁기 1년 동안의 서울 생활을 다루고 있다. 표면적으로 진이의 사랑이 서사의 한 축을 이루고 있지만 후에 발표한 자전적 소설 『그 많던 싱아는 누가 다 먹었을까』와 맥락을 같이하고 있어 대중연애소설로

'산업화'와 비판적 '모성'으로 언급되는 정도에 그쳤다.[2] 이와 관련하여 권명아는 박완서의 소설 문법이 "근대의 소설 규약과 충돌하고 갈등하고 있기" 때문에 1970-80년대 사회담론과 문학담론에서 다뤄지기 어려웠다고 평했다.[3]

따라서 박완서는 1970-80년대 분단문제를 다룬 작가의 범주에는 들지 못했다.[4] 박완서의 문학이 "분단에 대한 역사적인 인식을 가지고 창작된 작품이거나 그렇지 않다 하더라도 분단의 상황이 잘 드러나 있는 문학작품이어야 한다"[5]는 분단문학의 문법과 어긋나기 때문이다. 분단문학에서 가장 중요하게 여기는 것은 '투철한 민족적 입장'과 '올바른 역사 인식'이었다. 올바른 역사 인식은 분단의 원인을 외세개입과 국가권력 추구집단의 대립, 이념대립에 있다는 관점을 명확히 세우는 것이다. 그리고 투철한 민족적 입장이 필요한 이유는 분단으로 국가체제가 달라진 남과 북이

보기 어렵다. 임헌영, 『우리시대의 소설 읽기』, 도서출판 글, 1992, 318-328쪽.

2 유임하, 『기억의 심연』, 이회문화사, 2002, 209-213쪽.

3 권명아, 「미래의 해석을 향해 열린, 우리 시대의 미래」, 박완서 외, 『우리 시대의 소설가 박완서를 찾아서』, 웅진닷컴, 2002, 206쪽. 1970-80년대의 문학담론과 사회담론의 경향과 박완서 비평의 문제에 대해서 더 자세한 논의는 조혜정, 이선미의 논문을 참조할 것. 조혜정, 「박완서 문학에 있어 비평이란 무엇인가」, 『박완서論』, 권영민 외, 삼인행, 1991, 127-178쪽; 이선미, 「박완서 소설과 '비평': 공감과 해석의 논리」, 『여성문학연구』 25, 한국여성문학학회, 2011, 29-58쪽.

4 박완서 문학에 대한 평가는 1990년대를 기점으로 그 이전과 그 이후에 확연한 차이가 있다. 박완서는 등단 후 20여 년이 지난 1990년대 자전적 소설 『그 많던 싱아는 누가 다 먹었을까』와 『그 산이 정말 거기 있었을까』의 출판을 계기로 2000년대 이후에 와서야 전쟁의 기억을 다룬 작가로 재평가되었다. 1990년대 이전에도 박완서가 전쟁의 경험과 분단을 살아가는 사람들의 일상을 다룬 소설을 다수 발표했음에도 1970-80년대 분단문학의 논의에서 주목을 받지 못했다. 본고에서 분단문학의 범주에 박완서에 대한 논의가 활발하지 않다고 보는 것은 1970-80년대에 한정하고 있음을 밝힌다.

5 김승환, 「분단문학과 분단시대」, 김승환·신승범 엮음, 『분단문학비평』, 청하, 1987, 21쪽.

민족의 동질성만 확보하고 있다면 분단 극복은 가능하다고 보기 때문이다.[6] 그러나 분단문학에 포함되기 위한 이 필수적인 요건들이 박완서 문학에는 없다. 작가는 '역사와 민족'을 위한 거대담론을 거부하고, 역사의 주체에서 비켜선 사람들의 특별할 것도 없는 일상을 서사화하였기 때문이다.[7] 그 서사에는 전쟁의 기억과 분단의 폭력이 망령처럼 찾아와 현실의 일상을 전복해도 그에 맞서지 못하고 '고통을 견디는', 이름도 없는 '나'의 고백이 있을 따름이다.

여기서 박완서의 문학은 발터 벤야민이 추구했던 역사의 서술방식과 만난다. '사건들의 크고 작음을 구별하지 않고, 과거에 일어난 그 어떤 것도 역사에서 상실하지 않는' 연대기 기술자의 서술방식이다.[8] 역사가가 승리자에게만 감정이입을 하여 기술한 역사는 스쳐 지나가는 진정한 상을 붙잡지 못한다.[9] 그래서 과거는 현재와 분리되고 사라진다. 이 과거를 불러올 수 있는 것이 바로 연대기 기술자가 수집한 파편들이다. 박완서 문학은 연대기 기술자와 같이 전쟁이라는 역사를 살아내고도 기억되지 못하는 사람들의 '작은 일들'을 수집해서 기록한 서사인 것이다. 이런 점에서 박완서 문학은 분단문학이 기록하지 못한 '전쟁과 분단을 살아낸 사람들의 기억'이 된다.

---

6   임헌영은 이 외에도 친일청산, 독재반대도 '올바른 분단문학'이 되는 구성요건으로 제시했고, 분단문학은 분단극복의 문학이어야 한다는 목적성을 분명히 하였다. 임헌영, 『분단시대의 문학』, 태학사, 1992, 221-223쪽.

7   정호웅은 분단문학의 관점에서 박완서의 소설이 전쟁의 원인과 전개양상, 분단 상황 자체를 문제 삼고 있지 않다는 점에서 경험의 직접성에 기대어 대상과 일정한 거리를 두지 못해 전쟁을 총체적으로 조망하는 데 실패했다고 보았다. 정호웅, 「상처의 두 가지 치유방식」, 『박완서論』, 권영민 외, 삼인행, 1991, 85-98쪽.

8   발터 벤야민, 최성만 옮김, 『역사의 개념에 대하여/폭력비판을 위하여/초현실주의 외』, 도서출판 길, 2008, 332쪽.

9   발터 벤야민, 앞의 책, 335쪽.

박완서는 1970년대부터 2009년 발표된 「빨갱이 바이러스」까지 분단 문제를 놓지 않고 서사화했다. 「빨갱이 바이러스」는 「석양을 등에 지고 그림자를 밟다」와 함께 작가가 평생 화두로 삼았던 전쟁과 분단, 그리고 살아낸 삶의 서사가 집약된 유작이라 할 수 있다. 「석양을 등에 지고 그림자를 밟다」는 박완서의 생애와 맞물려있는 아픈 죽음들에 대한 회상으로 생을 돌아보는 마지막 자전적 소설이었다. 그에 반해 「빨갱이 바이러스」는 전쟁과 분단의 상처가 치유되기는커녕 사회적 담론으로도 거론되지 못하는 현실을 질타하는 질문같은 유작이다. 자신이 살았던 곳, 잘 아는 이야기를 즐겨 썼던 작가가 이 소설에서는 낯선 '수복지구 양양'의 이야기를 풀어냈다. 분단의 상처로 치면 어느 지역 못지않게 수많은 고통을 포함하고 있으나 사회적으로 전혀 주목받지 못했던 곳이다.

박완서는 생의 마지막에 이 소설을 통해 분단을 사유하는 새로운 방식을 요구했다. 작가는 1970-80년대 소설에서 분단폭력에 휘둘리며 아무것도 할 수 없는 사람들의 절망을 목도하는 것으로 끝맺음했다. 반공을 국시로 삼은 정권의 절정에서 어떤 극복의 방법도 상상할 수 없었던 시대에는 사건을 기록으로 남기는 것도 저항하는 방법이기 때문이다.[10] 그런데 「빨갱이 바이러스」에서는 분단을 극복하고자 하는 작가의 적극적인 의지가 포착되었다. 전쟁과 분단으로 두 개의 국가를 경험한 수복지구는 전후 체제경쟁의 시험장이라는 인식도 있었지만, 그보다는 언제든지 '적'의 위치로 돌아설 수 있는 사람들이라는 인식이 우월하게 작용하여 차별과 배제의 대상이 되었다. 수복지구 주민은 역사의 피해자로서 피해를 받았다는 사실조차 알려지기를 원하지 않았고, 북의 '인민'이었다는 것도 철저하

---

10 박성은은 박완서의 1970-80년대 소설이 분단서사에 대항한 저항서사라고 보았다. 박
    성은, 「박완서 소설 속 '망령들'을 통해 본 분단서사의 틈과 균열」, 『용봉인문논총』
    53집, 전남대학교 인문학연구소, 2018, 95-120쪽.

게 잊혀지기를 바랬다.[11] 박완서는 이 '망각의 땅', 수복지구를 서사화하여 또다시 '기억과 망각'의 담론으로 분단의 과거와 미래를 사유하였다. 이런 기억과 망각의 딜레마를 통해 분단의 분신 '빨갱이' 담론을 사회적 담론화하는 방향을 제시하고 있다. 따라서 본고는 「빨갱이 바이러스」에서 박완서가 기억의 증언을 어떻게 사회적 담론화로 이끌어가고 있는지 해석해 보고자 한다.

2. 분단의 증언

박완서의 소설은 사적 경험의 차원에서 분단의 증언이 된다. 사적 경험은 또 자신의 경험과 타인의 경험으로 나누어진다. 자전적 경험을 소설화한 계보는 『나목』(1970)을 시작으로 「부처님 근처」(1974), 『목마른 계절』(1972~1977), 「엄마의 말뚝」 시리즈(1982-1989), 『그 많던 싱아는 누가 다 먹었을까』(1992), 『그 산이 정말 거기 있었을까』(1995)로 이어진다. 1970년대 허구적 구성에서 1980년대 사실과 허구의 혼합 구성, 그리고 1990년대 "기억의 파편들을 잃지도 보태지도 말고 고스란히 주워모아"[12] 기억에만 의지해서 쓴 자전적 소설을 통해 사실의 재현으로 나아갔다. 이 반복적 글쓰기의 과정을 자서전 쓰기의 성장이라는 관점에서 '기억의 회상'으로 보기도 하지만[13] 박완서의 기억은 '회상'될 수 없다. 트라우마를 남

---

11 한모니까, 『한국전쟁과 수복지구』, 푸른역사, 2017, 412쪽.

12 박완서, 위의 글, 173쪽.

13 이평전은 박완서의 자전적 글쓰기가 '회상'을 통해 '자기를 발견하기 위한 전략'이라고 보았다. 그래서 이런 회상의 방식은 '정체성' 확립을 위해 '기억'에 의존하여 과거에 대한 이해와 현재를 의식하기 위한 것이 된다. 박완서의 기억이 자서전 쓰기의 전략에 따라 '회상'된다는 해석은 전쟁 트라우마에 대한 이해가 부재한 해석으로 보인다. 이평전, 「한국전쟁의 기억과 장소 연구-박완서 소설을 중심으로-」, 『한민족어문학』 65, 한민족어문학회, 2013, 877쪽.

긴 사건은 '회상'으로 과거를 해석할 수 없기 때문이다. 박완서의 전쟁 기억은 신체에 각인된 기억이다. 마모되거나 뒤섞여있어서 의식적으로 기억의 실타래를 풀어 재구성해야 하는 기억이 아니다. 트라우마의 기억은 원하지 않아도 어떤 작은 계기만으로도 불쑥 찾아와 신체를 지배하는 기억이다.[14] 하나의 기억이 이렇게 변주되어 구성되었던 이유는 '반공주의'라는 사회적 억압에 의해 '적'으로 분류된 모든 행위와 연관이 있으며, 그 기억은 망각되어야 했기 때문이다.[15] 즉, 반복적 글쓰기를 통해 기억을 모아 완전하게 재구성한 것이 아니라 '하나의 기억'을 파편으로 쪼개서 흩어놓았다가 그 조각들을 자기 자리에 위치매김한 것이다. 그렇기 때문에 박완서의 기억은 증언이 된다.

다른 한 편, 박완서는 자신과 함께 동시대를 살아낸 타인들의 기억도 증언했다. 이것들은 크고 작은 파편으로 거의 모든 작품에 스며있지만 그중에서 두드러지는 작품은, 「세상에서 제일 무거운 틀니」(1973), 「부끄러움을 가르칩니다」(1974), 「겨울 나들이」(1975), 「돌아온 땅」(1977), 「그 살벌했던 날의 할미꽃」(1977), 「그 가을의 사흘 동안」(1980), 「복원되지 못한 것들을 위하여」(1989), 「빨갱이 바이러스」(2009) 들이다. 여기서 특징적인 것은 이 타인들의 기억도 '나'의 서사로 감정이입을 하거나, '나'의 옆에 있는 사람들의 이야기를 전달하는 서술방법을 택했다는 점이다. 박완서는 성인으로 전쟁을 경험했던 세대다. 그들은 전후 세대와 달리 자료를 수집하고 시대를 추정하고 전쟁을 해석할 필요가 없다. 당대를 살아내면서 전쟁의 상처가 은폐되고 왜곡되는 과정을 모두 경험했기 때문이다.

---

14 주디스 허먼, 최현정 옮김, 『트라우마』, 열린책들, 2012, 73-83쪽.
15 반공주의가 지배하는 시대적 상황에 따라 사실을 밝힐 수 없는 한계에 대한 논의는 강진호와 조미숙의 논문을 참조할 것. 강진호, 「반공주의와 자전소설의 형식」, 『국어국문학』 133, 국어국문학회, 2003, 313-337쪽; 조미숙, 「박완서 소설의 전쟁 진술 방식 차이점 연구」, 『한국문예비평연구』 24, 한국문예비평학회, 2007, 223-257쪽.

그들에게는 당대를 함께 살아낸 사람들만의 '공동의 기억'이 있다. 주변에서 '국민'이 되기 위해 안간힘을 쓰는 사람들을 보고 동조했고, 그럼에도 예상치 않은 곳에서 불쑥불쑥 터져 나오는 상처를 못 본 척 할 수 없어서 안타까워했던 '공동의 경험'이 그것이다. 그리하여 박완서가 소설에 기입한 그들의 기억은 연대기 기술자가 모아서 기술한 파편들의 증언과 같은 위치에 놓이게 된다.

이 소설들 중에서 가장 무섭고 고통스러운 기억을 기술한 소설은 「세상에서 제일 무거운 틀니」, 「돌아온 땅」, 「빨갱이 바이러스」일 것이다. 이 단편들은 말하지 말아야 할 '빨갱이' 담론을 담고 있다. 이 세 작품은 모두 월북자가 있는 가족이 겪는 고통의 서사이다. 「세상에서 제일 무거운 틀니」, 「돌아온 땅」은 1970년대 연좌제가 실정법이었을 때, 국가의 감시와 처벌의 강도가 높았던 그 시절 월북자가족의 고통을 직접적으로 서사화되었다. 그 고통은 시간이 흐른 2000년대에도 치유되지 않고 「빨갱이 바이러스」로 다시 소환되었는데, 수복지구의 고유한 역사와 고통이 더해져서 문제는 더 확장되었다. 전쟁부터 2000년대까지 60여 년의 시간을 두고도 '침묵'할 수밖에 없었던 분단의 고통을 압축적으로 담고 있는 이 소설은 '침묵'을 '직조(weaving)'[16]하고 있는 구성물이 무엇인지 성찰하는 장치를 독자 앞에 던져놓았다.

---

16 박완서의 소설은 짧은 단편일지라도 하나의 서사로 구성되지 않는다. 두 개, 세 개의 서사들이 모여 하나의 상을 이루는데 그 또한 하나의 구분선으로 분류할 수 없다. 박완서에게 전쟁과 분단은 언제나 삶에 개입하고 영향을 미친다. 그것을 잊어본 적이 없기 때문에 거의 모든 소설에 과거와 당대가 나란히 위치한다. 이와 같은 소설 구성방식을 필자는 박완서식 '직조(weaving)'라고 생각한다. 씨실과 날실이 교차하여 직물을 만들어내듯이, 전쟁과 여성, 전쟁과 가부장, 전쟁과 중산층, 분단과 근대화 등등으로 소설을 직조하는 박완서의 탁월한 서술방식은 어느 한 부류의 문학으로 한정되는 것을 거부하고 있다고 필자는 생각한다.

3. '마당'의 딜레마

「빨갱이 바이러스」는 분단의 역사, 분단의 시간을 하나의 공간으로 불러들여 정면에 배치해 놓았다. 바로 수복지구 양양이다. 양양은 38선 이북이면서 휴전선 남쪽에 놓인 지역으로 '수복지구(收復地區)'로 명명되어 별도로 관리되었던 곳이다.[17] 수복지구의 주민은 북에서는 '인민'이었고, 미군정에서는 '주민', 남에 귀속되어서는 '국민'이 되었다. 양양의 원주민[18]은 전쟁 중에 UN군의 점령과 후퇴, 재탈환에 따라 부역자 색출과 학살을 잇따라 경험했다.[19] 1951년 6월 이후에는 미군정 아래 국적불명의 불안정한 위치의 '주민'이 되었다. 미군정은 주민들에게 색출작업과 구호행정을 병행하면서 무엇보다도 "과거 사회주의를 경험한 적성지역(敵城地域) 주민들을 재교육 및 재전향시켜 생활양식을 바꾸도록" 하는 데 노력을 기울였다.[20] 1954년 11월, 미군정으로부터 행정권을 이양받은 정부는 도민증을 발급하면서 '원주민'을 별도로 구분했다. '대한민국 강원도민'으로 인정된 동시에 '수복지구 원주민'으로 분류·관리되었던 것이다. 수복지구도 별도로 관리·통제되어 주민들이 수복지구 내를 여행하는 데

---

17 수복지구는 경기도 2개 군, 강원도 7개 군에 걸쳐있다. 전선의 이동에 따라 9개 군이 점령된 시기는 조금씩 차이가 있으나 전선이 고착화되었던 1951년이었으며 전쟁 중이던 1950년 10월 UN군이 한달 반 가량 점령했다가 후퇴했고, 1951년 6월 재탈환하였다. 이후 미군정(1951.6~1954.4)과 국군에 의한 군정(1954.5~1954.11.)을 거쳐 남쪽의 영토로 귀속되었다.

18 휴전 이전에 수복지구에서 미군정이 실시된 곳은 양양이 유일하다. 김귀옥은 구술조사를 통해 양양이 다른 수복지구와 달리 전쟁 중에도 미군정이 실시되었다는 것을 알게 되었다. 김귀옥, 「잃어버린 또 하나의 역사(한국전쟁시기 강원도 양양군 미군정 통치와 반성)」, 『경제와사회』 46, 비판사회학회, 2000, 30-53쪽.

19 속초 부월리에서는 1950년 국군이 후퇴하던 중 인민군을 가장하여 민간인을 모은 후 학살하는 사건이 발생했다. 1999년 AP통신사의 한국전쟁 양민학살 고발로 알려졌다. 김귀옥, 위의 글, 44쪽.

20 김귀옥, 위의 글, 45-47쪽.

도 증명서가 필요했고, 이곳을 드나드는 타지의 공무원이나 민간인도 별도의 증명서가 필요했다.[21] 대한민국 정부는 수복지구의 원주민을 바로 국민으로 등록하지 않고 감시하고 배제하는 차별정책을 1960년까지 이어갔다.[22]

수복지구 원주민에 대한 남한사회의 인식은 '붉은 학정 아래서 착취'를 당했다는 연민도 있었지만, 바로 그렇기 때문에 이 지역 주민들 모두는 부역자이며 간첩이 있을 것이라는 인식이 우세했다. 그래서 주민들에 대한 반공교육을 강화하고 간첩신고를 일상화하도록 계몽하는 한편으로 감시와 통제는 타지역에 비해 강도 높게 실시되었다.[23] 이처럼 부역자, 잠재적 간첩으로 낙인찍힌 주민들은 그 의심으로부터 벗어나 국민이 되기 위해 이승만정권을 적극 지지했고, 간첩으로 의심받지 않기 위해 자발적으로 반공의 투사가 되어갔다. 이런 억압을 견디지 못한 원주민은 고향을 등지고 떠났고 남아있는 주민들은 침묵으로 시대를 살아냈다.

박완서는 「빨갱이 바이러스」에서 작중 화자인 '나'의 마을이 "정체모를 떠돌이들 차지가 되었다"며 "사실은 그래 싸다"고 냉소했다.

> 인민군에 나갔거나 혹은 그쪽 체제에 적극적으로 협력한 경력 때문에 겁을 먹고 제집 제 땅때기보다는 체제를 택해 이북에 남은 식구나 친척이 없는 집이 없었다. 그런 식구들이 우리 삼촌처럼 야밤을 틈타 다녀가는 건 남한 당국에선 간첩으로 간주돼 반드시 신고를 하기로 돼 있었다. 도무지 간첩질을 할 것 같지 않은 자식이나 동기간이나 돈이나 식량

---

21 한모니까, 앞의 책, 414-415쪽.

22 〈수복지구임시행정조치법〉에 의해 수복지구는 1950년대 선거와 지방자치제에서 제외되었다. 1960년 지방선거를 앞두고 수복지구 주민들이 차별이라고 불만을 초하고 자치참여권 부여를 요구하는 시위가 일었으나 지방선거는 끝내 실시되지 않았다. 한모니까, 앞의 책, 418-423쪽.

23 한모니까, 앞의 책, 408-412쪽.

등 물질을 요구하는 걸 거절하거나 신고할 수 있는 사람은 없었다. 분명히 아무 눈에도 안 띄게 감쪽같이 다녀갔건만 다음날 경찰에 잡혀가 죽지 않을 만큼 얻어맞고 오는 일도 심심찮게 생겼다. 너무 얻어맞아서 병신이 되고 만 사람도 있었다. 도대체 누가 일러바쳤을까 서로 의심하고 넘겨짚어 다투기도 하면서 마을의 인심은 점차 예전 같지 않아졌다.[24] (밑줄은 필자가 강조)

인용문에 제시된 대로 수복지구의 특성상 원주민들은 다수가 월북자가족에 해당한다. 전쟁 중에 사회주의를 택한 자진 월북, 의용군 차출로인한 월북, 납북 등에 의한 것과는 다른 차원의 월북이었다. 살던 곳에그대로 남는 경우였고 전쟁을 지나면서 터득한 생존의 방편이었는데, 남의 입장에서는 '월북한 빨갱이'가 되었던 것이다.[25] 이 지역이 가진 또다른 문제는 북에 있는 가족이 밤을 틈타 여러 가지 이유로 가족을 방문하는 것이었다. 지리를 잘 알고 있는 원주민들에게 당시의 허술한 휴전선을 넘는 것은 그리 어려운 일이 아니었다. 문제는 그들이 다녀간 다음이었다. 북에서 누군가 왔다 간 것이 알려지면 직계 가족은 물론 친지와이웃들에게도 연대 책임을 묻는 처벌의 방식은 원주민들로 하여금 간첩신고를 생활화하도록 강제했다. 마을 공동체 의식은 깨졌고 서로가 서로를 감시하는 자발적 검열이 내면화되었다.

박완서는 이 부분에서 '원주민'과 '국민' 사이의 불일치를 확인했다. 원주민의 삶의 방식은 이데올로기와 체제를 따르는 것이 아니라 가족과 이웃이 어우러져 살아가는 방식이다. 그러나 원주민이 수복지구라는 장벽

---

24 박완서, 위의 글, 332-333쪽.
25 월북에는 층위가 있다. 사회주의를 좇은 자진 월북, 전쟁 중 의용군 차출에 의한 '반강제적'인 월북, 인민군이 후퇴하면서 강제로 연행해 간 납북이 그것이다. 이 중에서자진 월북은 남에서 용납될 수 없는 형태의 월북으로 연좌제가 미치는 범위가 가장넓었으며, 남아있는 가족들은 국가의 강도 높은 감시를 받았다.

을 뚫고 국민에 포함되기 위해서는 가족규범과 공동체규범을 버려야 했다. 그것의 극단적인 방법은 '근친살해'였다.

내가 보는 앞에서 아름다운 달밤에 그 일이 일어났다. 아버지하고 엄마와 삼촌이 서로 다투고 있었다. 실은 다투고 있는 건 삼촌과 아버지고 엄마는 두 사람 주위에서 고사 지낼 때처럼 두 손을 싹싹 비비며 제발제발 그만하라고 말리다가 돌변해서 죽여버려, 저런 동기간은 없는 게 나아, 차라리 죽여버려, 내가 아는 엄마는 그런 모진 저주의 말을 할 사람이 아니었다. (중략) 거구인 아버지의 힘찬 뿌리침에 엄마가 땅으로 나자빠진 것과 삽이 삼촌의 어깨를 후려친 것은 거의 동시였다. 그 순간 나는 두 손으로 얼굴을 가리고 비명을 삼켰다. 그러나 삼촌의 몸이 사선으로 번갯불 같은 균열을 일으키며 두 동강으로 갈라지는 걸 여실히 본 것처럼 느꼈다.[26] (밑줄은 필자가 강조)

아버지가 삼촌을 죽였다. 아니 죽인 것 같다. 열 살이었던 '나'는 결정적인 순간에 눈을 감았기에 삼촌의 죽음을 확인하지 못했다. 다만 죽었다고 추정할 수 있는 단서는 밤새 아버지가 마당을 파는 삽질 소리를 들었다는 것과 그 이후로 삼촌이 나타나지 않았다는 것이다. 그런데 이 소설에서 말하고자 하는 것은 삼촌의 실재적 죽음이 아니라 '삼촌 삶의 삭제'이다. 삼촌은 남한에 있는 가족에서 분리되고 삭제되었기 때문에 죽은 것과 마찬가지다. 정황으로 보아 아버지와 할아버지, 어머니는 서로 공모하여 삼촌의 사망신고를 했을 가능성이 높다. 실제로 월북자가족의 상당수가 월북자의 사망신고를 내고 호적에서 삭제했다.[27]

---

26 박완서, 위의 글, 330-331쪽.
27 전후 행정 혼란기에 보증인을 세우는 것으로 사망확인서를 대신한 사망신고가 다수 있었다. 1970년대 중반에는 이중 호적과 누락된 호적을 일제히 정리하는 호적 정정 기간을 마련하였는데 그때 월북자의 다수가 사망신고 되었을 것으로 추정된다.

이와 같은 사실은 2000년 이산가족 상봉 과정에서 알려지게 되었다. 1, 2차 이산가족 상봉은 남과 북에서 각각 100명씩 신청을 받았는데 북쪽 신청자들은 모두 월북자였다. 남쪽에서 북쪽 신청자의 가족을 찾기 위해 명단을 공개하면서 그들의 존재가 공식적으로 드러났다. 조성미의 연구에 따르면 다수의 월북자가족은 부모 형제들과 의논하여 사망신고를 한 상태였다. 이산가족 상봉자 중 한 명이었던 최명연(가명)은 동생이 살아 있다는 것을 확인하고 가장 먼저 법원에 호적 이의 신청을 냈다. 그러나 최명연은 부인과 자식들에게도 월북한 동생의 존재를 숨겨왔었다. 조성미의 면접대상자 15명 중 11명의 가족이 월북자의 존재를 처음 알게 되었다고 한다. 이렇게 월북자가족들은 월북자의 존재를 호적에서 소멸시키는 것은 물론이고 그들이 살았다는 기억마저 망각했다.[28][29] 그리고 이들은 '이산가족'으로 호명되지 않는다.[30]

이처럼 월북자를 호적에서 삭제하고 존재를 지운 행위가 이 소설에서 '근친살해'라는 극적인 장면으로 형상화된 것이다. 같은 맥락에서 아버지가 마당을 파고 묻은 것은 삼촌의 시체가 아니라 삼촌의 존재와 기억이다. 가족이었던 삼촌을 가족과 분리함으로써 연좌제의 올가미를 벗어나고자 했다. 국가규범과 가족규범의 충돌에서 분단은 국가규범을 절대 우위에 놓았다. 분단을 지렛대 삼아 만들어진 국민국가는 체제에 순응하지

---

28 조성미, 「월북자가족의 생활경험과 월북의 의미체계」, 이화여자대학교 대학원 석사 논문, 2002.

29 조은의 『침묵으로 지은 집』에서는 어머니가 아버지의 사망신고를 한 경위가 드러나 있다. 이 소설에서는 전쟁 중에 아버지가 행불(행방불명)되었는데, 가족들은 월북인지 납북인지 침묵으로 일관하며 자식들의 앞날을 위해 병사(病死)로 사망신고를 한 것으로 쓰여 있다. 어머니는 2000년 2차 이산가족 상봉 신청자 명단이 발표된 뒤 돋보기안경을 쓰고 북측 상봉 신청자 명단을 훑어보았다. 찾는 사람이 있냐는 물음에 끝내 어머니는 말을 모두 삼켰다고 쓰고 있다. 조은, 『침묵으로 지은 집』, 문학동네, 2003, 100-126쪽.

30 김귀옥, 『이산가족, '반공전사'도 '빨갱이'도 아닌…』, 역사비평사, 2004, 56-60쪽.

않는 '비국민'을 내부의 외부에 두고 배제와 차별로 국민통합의 본보기로 삼았기 때문이다. 그래서 수복지구의 원주민은 가족의 일부를 사망시켰다. 현실에서 일어난 진짜 살해가 아니었지만 죄의식을 동반한 '의사(疑似)살해'였던 것이다.

소설의 작중 화자인 '나'는 경치를 그린 그림을 본 후 그림과 같은 현실의 경치 앞에 서면 "현실이 가짜고 그림이 진짜인 것 같은 착란"을 일으키곤 한다. 그것은 "그날 밤 내 마음에 인화된 산이 진짜고, 여기 올 때마다 대하는 현실의 산이 가짜 같다"고 느끼는 것과 같다. 그날 밤 '내'가 본 것은 가짜다. 그럼에도 그것은 엄연한 진짜 '살해 현장'이었고, 그 현장은 진짜인지 가짜인지 혼동이 되도록 철저하게 은폐되었다. 이와 같은 인식의 혼동은 분단이 강제해온 망각에 대한 저항이다. 은폐했으나 은폐한 기억이 남아 인식의 체계를 흔들었던 것이다. 그래서 '나'는 그날 밤의 일을 사실이라고도, 사실이 아니라고도 기억하게 된다. 삼촌의 삶은 북에서 이어지고 있을지라도 가족의 옆에서는 사라졌기 때문이다.

> 만일 땅속에서 아무것도 나오지 않는다면? <u>실은 내가 더 무서워하는 건 삼촌이 그날 살해되지 않고 북쪽 어딘가에 살아 있을지도 모른다는 가능성이었다.</u> (중략) 남편은 나에게 그런 삼촌이 있는 것도 몰랐다. <u>나는 그 살해 현장을 단지 목격만 한 게 아니라 공범자였던 것이다. 나의 시골집 마당은 아직도 흙바닥이지만 양회바닥처럼 단단하다. 내 친구의 어머니 시신까지 하룻밤 사이에 동해바다로 토해낸 폭우도 우리 마당의 견고함을 범하진 못했다. 나의 입과 우리 마당은 동일하다. 둘 다 폭력을 삼켰다.</u> 폭력을 삼킨 몸은 목석같이 단단한 것 같지만 자주 아프다.[31] (밑줄은 필자가 강조)

---

31 박완서, 위의 글, 335쪽.

집과 함께 마당을 상속받은 '나'는 마당이 파헤쳐지는 것이 두려워 '남편'이 별장을 짓겠다는 것을 말렸다. 마당에서 삼촌의 시체를 발견하게 되는 것도 두렵지만 아무것도 나오지 않는 것도 두렵다. 삼촌의 시체가 발견되었다는 것은 가족에 의한 '근친살해'의 범죄가 드러나는 것이다. 이것은 동족상잔 위에 세운 국가를 확인하는 것이며 동시에 앞선 세대가 내면화된 공포로 잘라버리고 묻어버린 가족규범을 확인하는 것이다. 삼촌의 시체가 없다면 북에 살아 있다는 것인데 그의 존재를 말살해버린 죄의식은 어떻게 할 것이며, 그의 존재를 가족들에게 어떻게 설명할 것인가? 그의 존재를 되살린다면 그들이 그토록 벗어나고 싶었던 '빨갱이'라는 낙인도 되살아나는 것은 아닌가? 이런 질문과 혼동을 덮고 있는 마당은, 그래서 '나'에게 과거이면서 미래이고 현재다. 공적 기억에 기입되지 못하고 떨어져 나와 묻혀버린 기억을 품고 있는 마당, 기억이 은폐된 것을 알고 있는 '나'에게 고통의 근원이며 현재의 삶을 위협하는 기제인 것이다.

그들은 마당에 기억과 망각을 함께 묻고, 침묵으로 덮었다. 삼촌의 삶에 대한 기억, 삼촌의 존재를 기억에서 말살한 망각에 대한 기억, 삼촌을 망각하고자 공조했던 그들의 행위에 대한 망각도 포함된다. 그리고 그들이 기억과 망각 위에 덮어놓은 것은 시간이 흘러도 "마모도 소멸도 안되는" 철통같은 침묵이다. 또 침묵의 흙은 양회바닥보다 더 단단해서 어떤 자연재해로도 쓸려 내려가지 않는다.

그런데 이렇게 견고한 구조로 은폐된 기억과 망각을 덮고 있는 것이 '흙'이라니, 모순적이지 않은가? 흙은 서로 엉켜 단단할 수도 있지만 틈도 있고 유동성도 가지고 있다. 여기에서 흙은 침묵과 등치된다. 침묵은 말할 수 없는 억압과 말하고 싶은 욕망이 충돌하는 이중성을 포괄하고 있다. 마당을 덮고 있는 것이 흙이라는 것은 어떤 계기가 주어지면 쉽게 파헤칠 수 있는 구조를 가지고 있다는 상징이다. 그런데 말할 수 없도록 만드는 보이지 않는 억압이 강력하게 작용하는 한 그 침묵의 단단함은 헤아릴 수 없다.

이 소설에서 마당은 파헤쳐질 위기가 여러 번 있었다. '나'의 부모가 아들을 따라 미국으로 가기 전에 마당을 팔 기회도 있었고, '나'도 남편의 뜻에 따라 마당을 파헤쳐 집을 새로 지을 수 있었다. 그러나 마당이 감추고 있는 비밀이 두려운 '나'와 부모는 방어할 수 있을 만큼 최선을 다해 침묵을 지켰다. 하지만 '나'도 알고 있다. 마당이 파헤쳐질 시간이 다가오고 있다는 것을. 그리고 마당은 파헤쳐 져야 한다는 것을. 그럼에도 마당을 대하는 '나'는 파헤쳐졌으면 하는 마음과 파헤쳐지지 말았으면 하는 마음의 갈등에 빠진다. 파헤쳐지면 '나'와 가족들이 생존을 위해 삼촌을 죽인 죄가 드러나는 한편, 그들에게 비윤리적인 행위를 하도록 만든 폭력의 실체도 밝혀질 기회가 될 것이다. 파헤쳐지지 않으면 그들의 고통과 죄의식은 물론이고 폭력의 실체도 영영 망각되고 말 것이다. 이것이 곧 마당이 품고 있는 딜레마이며, 이 마당의 딜레마를 견인하고 있는 것은 침묵이다. 그리고 그 침묵에 물리적인 힘을 가하고 있는 것은 바로 '빨갱이' 낙인이다.

4. '빨갱이 바이러스'의 정치적 함의

빨갱이는 분단체제 하에서 매우 강력한 힘을 가진 정치적 단어다. 사회변혁과 민주주의 발전의 길목에서 빨갱이는 그 어떤 사회적 담론보다 위력적이다. 그래서 분단의 수혜자들에게 빨갱이 담론은 폐기할 수 없는 정치적 수단이 되어왔다.

빨갱이라는 단어는 일제강점기에 일본이 사용했던 '빨강'(赤)이라는 단

어 '아카(アカ)'에서 유래했다. 이 색깔은 '주의자(主義者)' 즉 '사상'을 의미했고, 더 좁게는 공산주의자를 속되게 지칭하는 낙인으로 사용되었다.[32] 해방 직후에도 간혹 쓰이기도 했지만 본격적으로 쓰이기 시작한 것은 1948년이었다.[33] 1947년 제주4·3이 시작되었고, 1948년 제주도 진압을 명령받은 14연대가 동포의 학살을 반대하며 여수와 순천을 중심으로 반란을 일으킨 해이다.

김득중에 따르면 현재적 의미의 빨갱이는 이 여순사건에서 '탄생'했다. 이승만 정권은 14연대 반란을 진압하면서 빨갱이 담론을 생성했다. 먼저 반란군과 동조한 민간인을 모두 공산주의자로 규정했다. 공산주의자는 짐승만도 못한 존재, 도덕적으로 파탄난 비인간적 존재, 국민과 민족을 배신한 존재이다. 따라서 공산주의자는 어떤 비난을 받더라도 감수해야만 하는 존재, 죽음을 당하더라도 마땅한 존재, 누구라도 죽일 수 있는 존재이지만 항변하지 못하는 존재이다.[34] 또한 공산주의자는 '내 민족이 아니'라 민족의 '원수'이자 '적'이기 때문에[35], '국민'은 빨갱이를 박멸해야 할 의무가 있고 박멸을 위해서는 모든 수단을 사용할 수 있는 무조건적인 사회적 정당성이 주어졌다.[36] 이 사건으로 군인들은 물론 수많은 민간인이 학살되었는데,[37] 이들은 빨갱이여서 죽은 것이 아니라 죽은 후에 언론

---

32 강성현, 「'아카'(アカ)와 '빨갱이'의 탄생 -'적(赤-敵)만들기'와 '비국민'의 계보학」, 『사회와 역사』 100, 한국사회사학회, 2013, 237쪽.

33 주창윤, 「해방공간, 유행어로 표출된 정서의 담론」, 『한국언론학보』 53(5), 한국언론학회, 2009, 370쪽.

34 김득중, 『빨갱이의 탄생』, 선인, 2009, 560쪽.

35 김득중, 앞의 책, 413쪽.

36 김득중, 앞의 책, 561쪽.

37 여수지역사회연구소는 1997년부터 2003년까지 여수 지역과 순천군 외곽지역을 대상으로 여순사건 희생자 수를 조사했다. 총 10,000여 명의 피해자 중 9,500여 명이 국군과 경찰에 의한 학살이었고, 약 500여 명이 지방좌익과 빨치산에 의한 학살이었다. 피해자의 95%가 국군과 경찰에 의해 학살되었다. 김득중, 앞의 책, 353쪽.

과 문인들이 만들어낸 빨갱이 담론에 의거해, '죽어서' 빨갱이가 되었다. 새로운 '반공 민족'의 탄생이었다.[38] 이렇게 탄생한 빨갱이는 "명확하게 정의내릴 수 있는 닫혀 있는 개념이 아니라, 무한히 열려 있고 그렇기 때문에 누구든지 포함될 수 있는 이름이자 극단적으로 부정적인 낙인 그 자체이다."[39]

여순사건으로부터 현재에 이르기까지 '무한히 열려 있는' 빨갱이 개념 안으로 수많은 사람들이 새로 등록되었다. 그 중에 전후 수복지구 원주민 은 대량으로 유입된 '태생적 빨갱이'다. 여순사건은 빨갱이의 탄생 뿐 아 니라 한반도의 '이념 지도'[40] 생성에도 한 몫을 해냈다. 이승만정권은 반 란군이 활동했던 지역 전체를 봉쇄하고 주민 모두를 진압의 대상으로 삼 았다. 그렇게 여수, 순천지역은 붉은 땅이 되었고, 전쟁을 지나며 붉은 땅은 점점 넓어졌다. 수복지구는 그 특성상 이념 지도에서 붉은색으로 칠해진 그 어느 곳보다 더 붉은색일 수밖에 없었다.

박완서는 이 소설에서 제목에만 빨갱이라는 단어를 제시했을 뿐 소설 속에는 쓰지 않았다. '빨갱이 바이러스'가 무엇을 뜻하는지, 빨갱이는 누 구인지 직접적인 언급이 없다. 그러나 이 제목은 작중 화자인 '나'의 의식 과 행위의 배후에서 작동하고 있다. '태생적 빨갱이'인 '나'에게 빨갱이라 는 단어는 공포의 대상이며 발화할 수 없는 금기어이기 때문이다.

---

38 김득중, 앞의 책, 412-416쪽.

39 강성현, 위의 글, 237쪽.

40 박명림, 「국민형성과 내적 평정; '거창사건'의 사례 연구-탈냉전 이후의 새 자료, 정 신, 해석」, 『한국정치학회보』 36, 한국정치학회, 2002, 76쪽. "4·3사건 이전의 제주 도에 대한 「빨갱이 섬」, 「한국의 크레믈린」이라는 오해처럼 특정지역의 이념지도 (ideological mapping)에 대한 오해가 클수록 피해가 막대해진다는 점이었다. 이러한 이념적 오인(misconception)은 최초 행동의 동기를 정당화시켜주는 근거가 된다. 그 리고 국가의 지배적 이데올로기 체계와 다르다는 이러한 오해는, 그들이 실제로 그 러했건 또는 권력집행자들의 상상 속에서 그러하였건 국가의 생존을 위협하는 오염 적 요소로 받아들여지며 대량학살로 이어진다."

내 보기에 그들은 그런 망측한 이야기를 부끄러워하기는커녕 과장까지 해가며 털어놓았다. 필시 소문날 걸 두려워하는 마음이 없기 때문일 터. 어디 사는 누구인지 주소도 이름도 성도 모르는데 누가 어떻게 소문을 내겠는가. 그들의 보안은 이렇듯 완벽하지만 나는 다르다. 나는 천년 묵은 고목처럼 한자리에 뿌리박고 누대를 살아온 이 고가의 주인이다. 상속녀다. 그것만으로도 나의 존재증명은 충분할 것이다.[41] (밑줄은 필자가 강조)

하룻밤을 함께 하게 된 세 여자, '소아마비', '뜸', '보살님'은 익명의 힘을 빌어 '망측한 스캔들'을 거리낌 없이 고백했다. 그들이 '나'에게도 고백할 것을 종용했지만 '나'는 그럴 수가 없었다. 태생적 빨갱이로 등록된 수복지구 원주민에게 익명은 없다. 익명의 꼬리에 달라붙은 붉은 먼지만으로도 분단체제는 빨갱이를 찾아낼 수 있는 시스템을 갖추었기 때문이다. 그런 의미에서 '나'는 '죽여도 돼'는 '빨갱이 바이러스' 보균자이며, 수복지구 원주민과 월북자가족도 모두 이 바이러스의 보균자다. 직장과 거주지, 일상의 곳곳에서 만나는 사람들과 친근한 관계를 유지했다 한들, '나'의 정체가 알려지면 '더럽고 무서운 병균'을 대하듯 사람들은 '나'를 경계하고 의심하고 두려워할 것이다.[42] '나'도 "인간이기에 인간이 아니었던 시간에 대해 말하고 싶은 욕망"이 있고, "내 안의 상처가 남의 상처와 만나 하나가 되려고 몸부림"치기도 한다. 하지만 안전이 확보되지 않은

---

41 박완서, 위의 글, 325쪽.
42 이 문장에 대한 구체적인 내용은 이 소설에 없다. 세 여자가 그 집에서 자고 일어나 집터가 좋은가보다고 덕담을 하는 데, 그 바로 앞에 '폭력을 삼킨 마당'에 대한 독백이 배치되었다. '당신들이 마당에 무엇이 있는지 알았으면 그런 말을 할까?'라는 박완서식 냉소와 비틀기가 문자화하지 않은 채 행간에 숨어있다고 보인다. 이렇듯 빨갱이에 대한 사회와 사람들의 냉대는 오랜 시간 동안 축적된 경험으로 말하지 않아도 알 수 있는 내용에 해당한다. 결국 '빨갱이' 가족을 대하는 사회적 인식과 행위는 '바이러스'를 대하는 사람들의 그것과 닮았기 때문이다.

분단구조 아래서 빨갱이 바이러스의 보균자로서 신체화된 내적 검열은 엄격하게 작동하며, 익명의 고백조차 거부하는 무거운 침묵 속으로 침잠하게 되는 것이다. 비단 이것은 '나'의 개인적 성향이 아니다. 수복지구 원주민이 가지고 있는 공동의 경험이며 집단의식이다. 이 작품에서 '나'는 개별자이자 수복지구 원주민이라는 집단의 '공동 기억'이기 때문이다.

그렇게 '나'의 침묵은 마당을 철통같이 지키고 있다. 그러나 마당을 지키는 또 하나의 침묵이 있다. 그것은 '나'에게 고백하지 못하도록 안전을 허락하지 않고 고통의 연대를 허락하지 않는 사회적 침묵이다. 세 여자가 "망측하고 지저분한 비밀"을 털어놓고 난 후에 훨씬 맑고 개운해 보이는 모습에 '나'는 "슬그머니 부아가 나고 샘"도 나는 것을 느꼈다. '내'가 가진 비밀은 망측하고 지저분한 것도 아닌데, 그저 분단시대에 양양이라는 지역에 태어났다는 그 이유만으로 침묵의 고통을 짊어져야 하는 데서 오는 불합리함이다. 결국 마당을 덮고 있는 침묵은 "온 세상의 침묵이 다 모여서 짜고 짠 것 같은 견고한 침묵"이다. 이 철통같은 침묵의 벽 앞에서 "어떤 상처하고 만나도 하나가 될 수 없는 상처를 가진 내 몸이 나는 대책 없이 불쌍"해진다.

분단체제를 떠받치는 분단폭력의 피해자들은 빨갱이 담론의 정치적 위력을 피해갈 수 없다. 이 빨갱이 담론은 태생에서부터 잠재적 빨갱이, 곧 '빨갱이 바이러스'를 내포하고 있었다. 빨갱이와 바이러스라는 절합 불가능한 단어가 만나 새로운 코드가 생성될 수 있었던 데는 '반공 민족'이라는 상상된 민족의 탄생이 아니면 설명되지 않는다. 그럼 역으로 '반공 민족'을 해체하면 빨갱이와 바이러스의 분절도 가능한 것인가? '탈빨갱이'는 사회적 담론이 될 수 있는가?

박완서는 이 소설에서 그 가능성을 제시했다.

「빨갱이 바이러스」에는 '나'의 서사 외에 세 여자-'소아마비', '뜸', '보살님'-의 비밀 고백 서사가 있다. '소아마비'는 의처증을 가진 남편의 감시를 괴로워하던 중 집으로 침입한 남자를 피해 3층에서 뛰어내려 다리를 절게 되었다. 그 대가로 남편의 절대적 신임을 얻고 행동의 자유도 얻어 때때로 외도를 즐긴다. '뜸'은 중증 뇌성마비 아이를 낳았는데 남편의 내다버리라는 요구를 견디다 못해 아이를 버렸다. 그 후 건강한 아이들을 낳아 행복해졌지만 우울이 심해지자 버린 아이가 있는 곳을 찾아 봉사를 다녔다. 아내가 평온해진 것을 눈치챈 남편은 술만 마시면 "내 자식 어따 갖다버렸냐"며 아내의 살을 담뱃불로 지진다. 하지만 '뜸'은 남편에게 아이가 있는 곳을 절대 말하지 않을 셈이다. '보살님'은 데리고 있던 손자의 과외선생과 신체적 접촉이 좋았다. 비가 많이 내리던 날 읍내에서 과외선생과 시간을 보내고 돌아와 보니 할머니가 걱정돼서 나와봤던 손자가 급류에 휩쓸려 목숨을 잃은 뒤였다. 손자가 죽은 후에도 과외선생을 내보내지 않았다가 그 선생이 금전을 요구하자 그제야 정신이 번쩍 나서 그를 내보내고 손자의 명복을 빌고 있다.

세 여자의 비밀은 여성의 외도, 장애인가족의 고통, 노년 여성의 정욕과 물욕에 대한 것이다. 비도덕적이고 비윤리적인 것으로 치부되어 숨겨져 왔던 서사들이 근래 사회적 담론으로 떠오른 경우이기도 하다. 박완서는 이 일상의 담론 옆에 빨갱이 담론을 배치해 놓았다. 엄밀히 말해 옆이 아니라 그 아래 놓았다. 세 여자는 들어주는 사람들 앞에서 고백을 했지만 '나'는 아무도 듣지 않는 곳에서 마음속으로만 '독백'을 했기 때문에 동등한 발화의 위치를 차지하지 못한다. 이와 같은 발화의 방식은 왜 어떤 비밀은 고백될 수 없는지 그 이유를 포함하고 있다. 그래서 '나'의 독백의 위치는 독자를 향해 던지는 질문이기도 하다. 왜 빨갱이 담론은 일상의 담론과 나란히 하지 못하는가? 왜 망각된 기억은 말해질 수 없는가?

5. '탈빨갱이 담론'의 사회적 담론화 가능성

박완서는 「빨갱이 바이러스」에서 빨갱이 담론을 일상의 사회적 담론 옆에 놓으려고 시도했다. 박완서에게 전쟁과 분단은 일상을 구성하는 하나의 몫이다. 분단의 수혜자들이 온갖 폭력을 동원하여 일상과 분단을 분리해 놓았지만 한반도에서 살아가는 사람들에게 분단은 일상과 분리될 수 없다. 다만 보지 말아야 하고, 말하지 말아야 하기 때문에 분리되었다고 인식하고 있을 따름이다. 그래서 박완서는 분단을 다시 일상의 옆자리에 배치하고자 한다. 이것은 자크 랑시에르가 말한 문학의 정치에 해당한다. '문학의 정치'란 문학이 시간들과 공간들, 말과 소음, 가시적인 것과 비가시적인 것 등의 구획 안에 문학으로서 개입하는 것을 말한다.[43] 즉, 박완서는 분단이 갈라낸 시간들과 공간들, 역사에 기입된 것들과 망각된 파편들, 말해진 것들과 말해질 수 없는 것들의 구분에 대해 개입하고 있는 것이다. 또한 분단이 정해놓은 위치를 거부하고 재배치할 것을 요구하고 있는 정치이기도 하다.

이 소설에서 '나'의 이야기를 듣는 이는 소설 속 여자들이 아니라 독자다. '내'가 독자에게 비밀을 털어놓은 것은 '마당'과 '빨갱이 바이러스'의 상속자로 독자를 지목했다는 것을 의미한다. 전쟁 체험세대와 전후세대는 이제 더 이상 전쟁과 분단문제를 이끌어가는 주체가 아니다.[44] 그들은

---

43 자크 랑시에르, 유재홍 옮김, 『문학의 정치』, 인간사랑, 2011, 11쪽.

44 「빨갱이 바이러스」 속 '나'는 이전의 박완서의 소설에 등장하는 '나'와 다른 세대이다. 박완서 소설에서 전쟁과 분단을 말하는 화자는 대체로 작가 자신인 전쟁체험세대와 동일시 되었기 때문이다. 그런데 이 작품의 화자는 유년기에 전쟁을 체험한 '전후세대'라 불리는 세대에 속한다. 전쟁체험세대와 다른 기억의 구성을 가지고 있지만 전쟁체험세대의 억압 아래 분단을 상속받아 그들과 마찬가지로 망각의 구조를 침묵한 세대이다. 박완서가 의식적으로 전후세대를 '나'로 앞세운 데는 '나' 또한 상속자로 해결하지 못한 분단문제를 후속세대에게 상속하는 의미가 있다고 보인다.

실패했고 분단의 구조는 해체되지 않았다. '마당'의 비밀이 새어 나오는 것을 방지하기 위해 억압하고 망각하기에 급급해 억압과 망각의 순환구조에 갇히고 말았던 것이다. 결국 그들은 스스로 빠져나올 수 있는 탈출구마저 침묵으로 봉쇄해버렸다.

그 탈출구는 바로 '마당'이다. 분단의 실체인 마당을 침묵으로 덮어두고 있는 한 분단을 극복할 방법은 찾기 어렵다. 또한 분단을 극복하지 못한다는 것은 미래를 봉쇄하는 것과 같다. 그래서 박완서는 마당을 덮고 있는 침묵의 실체를 '흙'으로 상징했다. 실상 이 흙은 상상된 허구 '반공민족'이며, 실체가 없는 환상 속 괴물 '빨갱이 바이러스'이다. 흙은 마음만 먹으면 언제든지 손쉽게 파헤칠 수 있는 물질이다. 환상체계도 마찬가지다. 분할되어 비가시적이 된 시간들과 공간들, 듣지 말아야 할 것과 보지 말아야 할 것이라는 배제된 것들 위에 세워진 환상체계를 전복하는 상상이 곧 흙을 파는 행위와 같다. 그래서 박완서는 마당을 파헤칠 수 있는 방법으로 빨갱이 담론을 일상의 담론 옆에 배치하여 사회 안에서 회자될 수 있는 방법을 제시하고 있다.

그것은 빨갱이 담론의 사회적 담론화인데, 말할 수 없음을 말해질 수 있음으로 바꾸는 것, 금기어들을 침묵의 자루에서 풀어주는 것으로부터 시작된다. 수복지구, 빨갱이, 월북자, 공산주의, 공산주의자와 같은 금기어들이 회자되고, 그렇게 지칭된 사람들의 삶이 우리 옆에 놓이게 되는 방식이다. 그래서 박완서는 독자를 '나'의 이야기를 들어주는 청자로, '나'의 마당을 파헤쳐 줄 상속자로 지명하였던 것이다. 그것은 '빨갱이는 과연 무엇이었나'를 사유하는 '탈빨갱이' 담론의 시작점이 된다.

2018년은 남과 북의 관계에 변화의 징후가 포착된 해이다. 남북정상회담에 이어 최초로 북미정상회담이 개최되어 분단극복에 대한 기대감이 높아지고 있다. 그러나 빨갱이 담론이 여전히 맹위를 떨치는 남에서 '태생적 빨갱이', '뼛속까지 빨갱이'인 북의 주민들을 어떻게 호명할 것인가? 이 문제를 묻어 놓은 분단의 마당을 파헤치지 않고서는 남북의 새로운 관계설정은 어려울 것이다. 분단의 마당을 파헤치는 것은 고통과 슬픔, 책임과 성찰이 따르는 어려운 일이다. 그러나 남과 북이 분단으로 인한 고통을 감수하고 현재를 견디는 방식으로는 더 이상 미래를 상상할 수 없다는 인식이 확산되고 있다. 이 시점에서 '탈빨갱이' 담론의 사회적 담론화는 과거와 미래를 현재의 옆에 나란히 놓고 사유하는 일일 것이다.

참고문헌

1. 자료

박완서, 「빨갱이 바이러스」, 『그리움을 위하여』, 문학동네, 2013, 297-336쪽.

2. 단행본

권명아, 「미래의 해석을 향해 열린, 우리 시대의 미래」, 『우리 시대의 소설가 박완서를 찾아서』, 박완서 외, 웅진닷컴, 2002.

김귀옥, 『이산가족, '반공전사'도 '빨갱이'도 아닌…』, 역사비평사, 2004.

김득중, 『빨갱이의 탄생』, 선인, 2009.

김승환, 「분단문학과 분단시대」, 『분단문학비평』, 김승환·신승범 엮음, 청하, 1987.

발터 벤야민, 최성만 옮김, 『역사의 개념에 대하여/폭력비판을 위하여/초현실주의 외』, 도서출판 길, 2008.

유임하, 『기억의 심연』, 이회문화사, 2002.

임헌영, 『분단시대의 문학』, 태학사, 1992.

임헌영, 『우리시대의 소설 읽기』, 도서출판 글, 1992.

자크 랑시에르, 유재홍 옮김, 『문학의 정치』, 인간사랑, 2011.

정호웅, 「상처의 두 가지 치유방식」, 『박완서論』, 권영민 외, 삼인행, 1991.

조은, 『침묵으로 지은 집』, 문학동네, 2003.

조혜정, 「박완서 문학에 있어 비평이란 무엇인가」, 『박완서論』, 권영민 외, 삼인행, 1991.

주디스 허먼, 최현정 옮김, 『트라우마』, 열린책들, 2012.

한모니까, 『한국전쟁과 수복지구』, 푸른역사, 2017.

3. 논문

강성현, 「'아카'(アカ)와 '빨갱이'의 탄생 -'적(赤-敵)만들기'와 '비국민'의 계보학」, 『사회와 역사』 100, 한국사회사학회, 2013.

강진호, 「반공주의와 자전소설의 형식」, 『국어국문학』 133, 국어국문학회, 2003.

김귀옥, 「잃어버린 또 하나의 역사(한국전쟁시기 강원도 양양군 미군정 통치와 반성)」, 『경제와사회』 46, 비판사회학회, 2000.

김항, 「분단의 기억, 기억의 정치」, 『인문논총』 73(2), 2016.

박명림, 「국민형성과 내적 평정; '거창사건'의 사례 연구-탈냉전 이후의 새 자료, 정신, 해석」, 『한국정치학회보』 36, 한국정치학회, 2002.

박성은, 「박완서 소설 속 '망령들'을 통해 본 분단서사의 틈과 균열」, 『용봉인문논총』 53, 전남대학교 인문학연구소, 2018.

이선미, 「박완서 소설과 '비평': 공감과 해석의 논리」, 『여성문학연구』 25, 한국여성문학학회, 2011.

이평전, 「한국전쟁의 기억과 장소 연구-박완서 소설을 중심으로-」, 『한민족어문학』 65, 한민족어문학회, 2013.

조미숙, 「박완서 소설의 전쟁 진술 방식 차이점 연구」, 『한국문예비평연구』 24, 한국문예비평학회, 2007.

조성미, 「월북자가족의 생활경험과 월북의 의미체계」, 이화여자대학교 대학원 석사논문, 2002.

조은, 「차가운 전쟁의 기억:'여성적' 글쓰기와 역사의 침묵 읽기」, 『한국문학연구』 26, 동국대학교 한국문학연구소, 2003.

주창윤, 「해방공간, 유행어로 표출된 정서의 담론」, 『한국언론학보』 53(5), 한국언론학회, 2009.

제3부

소통의 공감장
(sympathetic field)
형성 전략

분단역사에 대한 통합서사적
상상력과 통일교육

박재인

1. 분단구조 속 분단역사 기억의 문제

통일인문학에서는 역사적 트라우마와 분단의 아비투스라는 개념으로 한반도 분단 현실을 비판적으로 진단해왔다. 분단구조 속에서 북에 대한 친연성이나 관심은 허용되지 않았으며, 남한사회에서는 북에 대한 적대감과 공포가 만연했다. 대한민국의 영토는 한반도의 형상으로 그리면서도, 우리의 신체와 정신은 북과 단절되고 북을 배척하는 형태로 고착되어 있었던 것이다.[1] 이러한 분단 현실에 대하여 통일인문학에서는 우리의 신체와 정신에 자리 잡은 왜곡을 진단하며 '사람의 분단'의 심각성을 논하였던 것이다. 그리고 그 극복을 위해 소통·치유·통합의 과제를 설정하고, '사람의 통일'을 주장하였다.

---

[1] 김성민·박영균, 「통일학의 정초를 위한 인문적 비판과 성찰」, 『통일인문학』 56, 건국대학교 인문학연구원, 2013, 56면.

본 연구 역시 '사람의 통일'을 준비하는 노력의 일환으로, 분단역사에 대한 기억에 주목하고자 한다. 현재 우리의 신체와 정신이 분단적 형태로 존재한다고 보고, 분단구조 속에서 잊고 있었던 기억과 감정을 보충·통합하는 방안을 기획한 것이다. 여러 문제 가운데 이 연구는 과감하게도 민감하고 어려운 문제인 분단의 역사에 주목한 까닭은 이것이 남한 내부에서도 많은 쟁점 있었던 문제이면서도, 남한과 북한의 기억에 상당한 차이가 있어 양 주민들 사이의 기억의 충돌과 갈등이 예상되는 문제이기 때문이다.

대한민국의 통일교육지침서에서 분단사는 필수 내용 중 하나이다.[2] 현재의 통일교육 연구자들은 우리의 '통일의식'이 남한 중심의 논리에서 벗어날 필요가 있다고 주장하며, 일찍부터 분단의 정체성과 이분법적 혹은 대립적 사유방식에서 벗어나야 한다고 했다.[3] 한편으로 치우친 안보 위주의 통일교육, 답이 정해진 통일교육이 지닌 한계점을 지적하기도 하고, 분단 문제에 대한 성찰이 담긴 통일교육론이 제기되기도 하였다.[4] 본고는 역시 이러한 선행연구의 주장에 따라 분단사에 초점을 맞추어 교육내용이 재구성될 필요성에 대해서 논의하고, 그 대안을 제안하고자 한다.

분단사에 초점을 맞춘 통일교육은 전 연령대에 제공되어야 할 필수사항이지만, 이 연구에서는 우선적으로 '청소년'에 초점을 맞추려고 한다. 보통 청소년[5] 세대를 두고 미래 통일의 주역이라고 하지만, 현재의 청소

---

2   김상무, 「통일독일의 분단사 및 분단사교육 논의가 한국의 분단사교육에 주는 시사점」, 『교육과학연구』 42-3, 이화여대 교육과학연구소, 2011, 2면.

3   조한혜정·이우영, 『탈분단시대를 열며』, 삼인, 2000, 345~346면.

4   김귀옥, 「탈냉전시대 한국 통일교육의 딜레마」, 『역사비평』 2016-2, 역사비평사, 374~407면; 박찬석, 「2016년 이후 통일교육의 현황과 과제」, 『도덕윤리과교육』 54, 한국도덕윤리과교육학회, 2017, 265~289면; 안승대, 「탈분단체제를 위한 통일교육의 새로운 방향」, 『교육사상연구』 32-3, 한국교육사상연구회, 2018, 129~150면.

5   이 글에서 말하는 '청소년'은 청년과 소년을 통칭하는 용어로, 청소년 기본법에서는

년은 '우리의 소원은 통일'이라는 명제를 당위적으로 수용하지 않는다. 이들에게 통일은 '선택'의 사안이며, 이들이 느끼는 통일에 대한 부담감과 회의감은 크다. 그래서 전 정권부터는 청소년 대상의 통일교육이 강화되어야 하는 필요성을 인식하고 구체적인 제도를 마련했다. 학교 통일교육이 의무화되고 있는 요즘 청소년들을 위한 통일교육의 질적 발전은 꼭 필요하며, 그 가운데 분단사 교육은 가장 중요한 문제라고 할 수 있다.

특히 평화의 시대와 통일을 준비하는 과정에서 청소년 대상 분단사 교육에 더욱 주목해야 하는 이유가 있다. 독일 통일의 경우로 보건대, 분단체제의 변화에 있어서 가장 역동적인 반응을 보일 세대는 청소년이다. 독일의 경우 급진적 체제 통일이 양국 주민들의 대립을 야기하였고, 청소년 세대에서의 충돌이 가장 심각하였다고 한다.[6] 학업과 진로를 인생의 중심에 두고 있는 청소년의 경우 서로를 우애와 상생의 파트너로 인식하기보다 경계와 배척의 대상으로 여기기 쉬우며, 생활 곳곳에서 많은 차이를 느끼고 적대적 감정에 휩싸일 수 있다는 것이다. 그렇기 때문에 분단사에 대한 양국 청소년의 기억이 충돌하는 문제는 심각한 사회갈등으로 확산될 우려가 있다. 더구나 승패 위주의 전쟁사 기억과 분단 원인에 대한 책임전가의 기억 방식은 서로에 대한 적대적 감정을 증폭시키는 원인이 될 것이다.

또한 청소년은 전쟁을 직접 경험하지 않은 이들로, 공교육에서 제공한 범위에 한정하여 분단사를 교육받았고 그것에 따라 분단사를 기억할 수밖에 없는 존재라는 점에서 중요하다. 이 글은 분단사에 대한 청소년들의

9세 이상 24세 이하인 사람을 이르는 청소년이라 정의하고 있다.

6 이민희는 독일 통일 직후 청소년 세대의 갈등과 충돌이 폭력적인 방식으로 심화되었던 상황과 그 원인에 대해 논의하면서 우리에게 남긴 시사점을 이야기하였다. (이민희, 「21세기 통일한국의 청소년 사회통합에 관한 연구 -통일독일의 동독청소년 사회통합을 중심으로-」, 『청소년문화포럼』 54, 한국청소년문화연구소, 2018, 188~189면.)

기억이 파편적이라는 점을 비판하고 있지만, 그것에 미친 공교육의 영향력을 간과할 수 없으며 또한 분단구조 속에서 균형적인 사유와 성찰이 어려웠다는 점을 부정하지 않는다. 그럼에도 청소년에 주목한 까닭은 이들은 발달단계 상 상상력이 풍부한 세대이며, 새로운 변화에 신속하게 적응유연성을 발휘할 수 있는 연령대이기 때문이다. 그리고 교육을 통해 분단사 기억을 형성하였기 때문에 다시 새로운 교육으로써 기억의 재구성이 가능할 것이라고 보기 때문이다. 긍정적인 변화가능성을 품고 있는 세대이자, 남과 북이 함께 공유할 수 있는 분단사를 다시 쓸 수 있는 미래 세대이기 때문에, 이 글은 청소년들의 분단사 기억 방식과 이들을 위한 분단사 교육 재구성에 초점을 맞추었다.

2. 분단역사에 대한 청소년들의 기억

분단역사에 대한 기억을 보충·통합하는 통일교육 기획에서 선행되어야 하는 것은 현재 우리의 기억을 점검하는 작업이다. 필자는 분단역사에 대한 청소년들의 기억 형태를 파악하는 시범적인 작업으로, 건국대 학부생 75명을 대상으로 설문조사를 실행하였다(2018.11.02.).[7]

---

7 분단사에 대한 청소년들의 기억 형태를 파악하기 위해서 남한 공교육에서 실시한 분단사 교육 형태를 분석하여 추론하는 방법이 가능할 것이고, 양적 연구의 방식으로 대한민국 청소년을 대표할 수 있는 표본을 설정하여 직접 설문조사 하는 방법이 가능할 것이다. 본 연구는 대한민국 공교육 내의 분단사 교육 방법으로 청소년들의 기억을 추론하는 것보다, 실질적인 기억 형태에 접근하고자 간략한 형태의 설문조사를 실시하였다. 이 연구방법은 양적연구나 질적연구의 요건을 충족하지 못하고 있으며, 또한 건국대 학부생 75명의 기억이 대한민국 청소년들의 기억을 대표할 수 없다는 큰 한계점이 있다. 그럼에도 이들을 초중고등 과정을 비교적 안정적으로 수료한 청소들로 보고 시범적인 형태를 설문조사를 실시한 것이다. 이번 시범적 조사 과정을 통해 가설을 구체화하고, 향후 남한 청소년을 대표할 수 있는 표본 설정과 적실한 방법 구안을 통하여 청소년들 기억의 실체에 가까운 조사 결과를 낼 수 있도록 다시

조사 방법은 다음과 같다. "Q. 여러분이 기억하는 분단과 6.25전쟁의 역사에 대해서 자유롭게 작성해 주세요."라는 질문을 주었다. 분단의 역사라고만 하지 않고, 6.25전쟁을 포함하여 질문한 까닭은 전쟁이 분단사의 정점을 찍는 중요한 사건이기도 하지만, 학생들이 '분단사'라는 용어를 추상적으로 받아들일 수 있기 때문에 보다 구체적으로 질문 대상을 지정한 것이다.

그리고 학생들이 즉각적으로 떠오르는 기억을 기술할 수 있도록 15분 정도의 시간을 제공하였다. 시간을 충분히 할애하지 않는 까닭은 '분단과 전쟁'이라고 할 때 즉각적으로 떠오르는 기억의 형태로 답변하기를 원했기 때문이다. 즉각적인 답변을 요구하면 학생들이 자신이 중시하는 장면 위주로 요약적으로 기술하기 때문에, 분단사 가운데 어떤 장면을 중요시하고 어떤 장면을 간과하는지 파악하기에 용이하다. 그러면 이를 토대로 학생들이 어떠한 방식으로 분단사를 기억하는지 이해할 수 있다.

설문조사 결과 75명 가운데 62명이 응답했다. 설문조사 시 응답에 대해서는 자율적 선택에 맡겼는데, 응답지를 제출하지 않은 13명이었다. 이들은 분단과 전쟁의 역사에 대한 기억을 기술하는 일에 거부한 것으로 간주하였다. 그리고 답변한 62명 가운데 5명이 어떠한 표현도 기술하지 않은 응답지를 제출하거나 "모르겠다", "잘 기억이 나지 않는다"는 표현으로 응답지를 채웠다. 그러니까 총75명 가운데 57명이 분단사에 대한 기억을 떠올렸고 논리적 언어로 표현할 수 있었던 것이며, 18명은 분단사를 기억하지 못하거나 기억을 거부한 경우에 해당된다.

57명의 학생들이 기술한 내용을 발생시기 순으로 단락소 별로 정리하면 다음과 같다.

시도할 예정이다.

대학생들이 분단의 역사를 떠올릴 때, '해방 후 좌우익 대립, 냉전시기 외부세력의 신탁통치 및 간섭, 1950년 북의 남침, UN군 개입(인천상륙작전), 중공군 개입(1.4후퇴), 1953년 휴전'을 이야기한 경우가 비교적 많았다.

분단사	응답자수	분단사	응답자수
① 해방 직후 좌우익의 대립	15	⑩ 1950년6월25일~1951년에 이르는 전세 역전 시기	17
② 냉전시기 외부세력의 신탁통치 및 간섭	31	- UN군 개입(인천상륙작전)	27
③ 중도파 및 좌우합작운동 실패	3	- 중공군 개입(1.4 후퇴)	18
④ 3.8선	10	⑪ 국내전에서 국제전으로 확대	10
⑤ 남한의 단독선거	7	⑫ 1951-1953년에 이르는 소모전	5
- 북한의 단독 선거	1	⑬ 1953년 휴전	25
⑥ 남한과 북한의 정부 수립	11	⑭ 인명피해와 이산가족	13
⑦ 전쟁 전 남북한의 잦은 충돌	5	⑮ 휴전 후 심화된 민족의 분단	7
⑧ 북의 전쟁 준비	1	⑯ 분단 지속	10
⑨ 북의 남침	38	⑰ 친일파청산X, 독립운동가 배척	1
		⑱ 7.4남북공동선언 등 남북 소통 과정	1
		⑲ 햇볕정책	1
		⑳ 2018 평화협정	1

그리고 응답 내용을 상세히 살펴보면, 학생들이 분단의 원인을 어떻게 기억하는지 확인할 수 있었다. 31명의 학생들은 분단의 원인을 '②냉전시기 외부세력의 신탁통치 및 간섭'에서 비롯된 것으로 이해하였다. 그중 15명의 학생들은 ①해방 직후 좌우익의 대립을 이야기하면서 이데올로기 갈등을 언급하였고, 그중 8명이 좌우익의 대립을 냉전체제의 영향이라고 기술하였다. 나머지 7명이 해방직후 민족 내 분열로 기억했다.

고래싸움에 새우등 터진 격이라 생각한다. 6.25전쟁은 우리나라를 하나로 통일시키기 위해 일어났지만 결국 서로에게 이득 없이 오히려 다른 나라에게만 좋은 결과를 주었다고 생각한다.

- 22세 · 여(화학과)

두 강대국 사이의 일종의 대리 전쟁

- 20세 · 남(경영학과)

가장 큰 잘못은 일본, 미국, 소련한테 있음.

- 20세 · 남(식량자원학과)

이렇게 31명의 학생들은 냉전체제 시기 외부세력의 영향력에 대해서 뚜렷이 기억하는 편이었다. 즉 한민족 독립운동 세력이 합작하지 못하고 분열한 것에서 분단의 원인을 찾기보다는 냉전시기 강대국들의 제국주의적 욕망 때문에 벌어진 일로 기억하는 경우가 더 많았던 것이다.

이는 분단외인론에 부합하는 기억이라고 할 수 있다. 국내학계에서는 분단의 원인에 대하여 분단외인론과 분단내인론으로 나뉘어 주장하였고, 일부 학자들은 이 둘을 종합하여 복합론적 입장을 취한 바 있다.

학생들이 생각하는 분단의 원인은 대체로 외인론에 해당하였고, 내인론의 주장에 부합하는 기억은 소수였다. 강대국들의 간섭을 기억한 학생은 31명인데 반해 민족 내 분열을 기억하는 학생은 7명, 좌우합작운동의 실패를 기억하는 학생들은 3명에 불과했기 때문이다.[8] 즉 건국대 학부생의 기억은 대체로 외인론에 치중되어 있는 것이다.

이에 대해서는 여러 갈래로 해석될 수 있다. 세계 정세 속 한반도를 바라보는 대학생들의 글로벌적인 시선일 수도 있으며, 2018년 남북관계

---

8   그리고 강대국들의 간섭을 기억한 학생 38명 가운데 민족의 분열을 함께 기억한 학생은 8명에 불과했고, 좌우합작의 실패를 함께 기억한 학생은 3명에 불과했다.

가 변화하면서 분단과 전쟁에 대한 책임전가의 욕망이 '북'에서 '외부세력'으로 옮겨간 모습으로도 해석될 수 있다.

그리고 이는 분단 원인에 대한 사유 방식이 과거로 퇴행한 것으로도 해석할 수 있다.[9] 물론 한반도 영토의 분단은 한민족의 의사와 관련 없이 외세에 의해 결정된 일이었지만, 분단은 민족 내부의 분열적인 요인과 결합하면서 고착되었다는 것 또한 부인할 수 없는 사실이다. 즉 학생들의 기억은 영토의 분단이 사람의 분단으로 심화되었다는 인식이 누락된 상태라고 할 수 있다.

다음으로, 학생들의 기억하는 분단사에서 '북의 남침'을 거론한 경우가 가장 많았다. 예상보다 북에 대한 부정적 감정을 직접적으로 표현하는 경우는 적었다. 2018년 남북관계가 평화적으로 개선된 것에 많은 영향을 받은 것으로 해석된다. 그럼에도 여전히 전쟁 발발 원인을 북의 야욕으로 평가하는 경우가 많은 것도 사실이다.

---

9 분단 원인에 대한 연구사적 흐름은 외인론에 대한 반성적인 고찰로서 내인론이 제기된 방향으로 전개되었다. 국내 학계 초기 연구 동향은 국제적 분단책임론, 분단외인론이 우세하였다. 그러다가 1970년대 중반에 이르러서 국제적으로 냉전의 수정주의적 해석이 대두되면서, 국내에서 분단내인론이 등장하였다. 내인론을 주장한 학자들은 "분단의 책임을 외세에만 전가할 경우 민족주체적 역사의식을 상실하게 된다"고 비판하면서 분단의 본질적인 책임은 한민족 자신에게 있다는 자성적 견해를 제기한 것이다.(주봉호, 「제2장 한반도 분단의 대내외적 원인에 관한 연구」, 『통일전략』14, 한국통일전략학회, 2014, 51면.)
분단내인론은 주장은 "(1)식민지세대의 독립운동과정에서 나타난 사상적 대립 및 그 연장선에서 나타난 민족 내부의 사상적 대립, (2)건국준비위원회, 좌우합작운동, 남북협상 등 일련의 좌우합작 명분을 내세운 운동의 실패, (3)반탁세력의 투쟁으로 인한 미소공동위원회 결렬, (4)외세의 분할점령에 편승하여 분단국가를 만들어서라도 정권을 잡으려 한 일부 정치세력의 획책과 술수, (5)국제정세에 대해 합리적이고 현실주의적으로 대처하는 것을 방해한 감상적 민족주의 및 파벌주의의 정치문화, (6)공동체의식 형성을 저해한 왕조시대 이래의 한민족 사회 내부의 사회적 모순과 계급 갈등" 등으로 분단의 원인에 대해 논한다.(박태균, 『한국전쟁』, 책과함께, 2005, 99면.)

6.25전쟁은 북한이 기습공격해서 부산까지 남한이 밀렸다가 미국이 도와줘서 다시 올라갔다. 원래 남한, 자주적으로 독립(남한이 주도하는)을 위한 부대가 있었는데 미국, 러시아가 자신들의 이득을 위해 3.8선을 기준으로 휴전협정을 맺었다. 빨갱이, 빨치산, 공산당, 판문점 도끼 사건, 신경가스군대, 강대국들의 이념 대립에 한국만 피를 봤다.

- 24세 · 남(건축학과)

사실상 미친 전쟁광 김일성의 침략 야욕에 의해 민족이 겪은 참사 이다.

- 25세 · 남(응용통계학과)

6.25전쟁은 한반도의 분단이 강화되고 내화[10]되는 데에 결정적인 역할을 한 사건이다. 그리고 1950년 6월 25일 북한의 선제공격은 부인할 수 없는 사실이다. 그런데 문제는 학생들의 기억에서 이 문제만 부각되어 있다는 점이다.

학생들의 기억에서 쉽게 기억되지 않는 부분은 북의 남침 이전에 일어났던 일들이다. 전쟁이 발발되기까지 줄곧 계속되었던 남과 북의 갈등과 대립을 기억하는 학생의 수는 적었다. 3.8선 인근에서 자주 일어났던 무력충돌과 제주4.3과 같은 분단사에 대해서 기억하는 학생들은 5명에 불과했다.

그리고 학생들이 기억한 6.25전쟁 과정은 주로 1950년 6월25일에서 1951년 1.4후퇴 지점에 해당하였다. 학생들은 북의 남침, 그리고 UN군 개입과 인천상륙작전, 중공군 개입과 1.4후퇴를 기억하는 편이었다. 1951-1953년까지 3.8도선에서 전선이 고착되던 이른바 '소모전'을 언급한 경우는 5명에 불과했다. 그리고 1951년부터 제기되었던 휴전협정에

---

10 박명림, 「한국분단의 특수성과 두 한국 : 지역냉전, 적대적 의존, 그리고 토크빌 효과」, 『역사문제연구』 13, 역사문제연구소, 2004, 241면.

왜 오랜 시간이 걸렸던 것인지에 대한 기억도 누락되어 있었다. 휴전협정 당시 공산측의 비타협적 태도와 남한 정부의 휴전 반대 주장에 대해 기억하는 학생은 없었다. 그러니까 학생들은 1950년 6월25일에서 1951년 1월4일까지의 과정을 상세하게 기억하고 있으며, 이후부터 1953년 7월26일까지의 과정은 기억하지 못했다.

이러한 북의 남침과 외세의 개입만 강조된 기억은 전쟁 책임을 회피하기 쉬운 기억 형태라고 할 수 있다. 즉 상대에게만 분단과 전쟁의 책임을 지우는 기억방식이라는 것이다. 이러한 기억방식은 북에 대한 적대적 감정을 증폭하는 근원이 된다. 그리고 이러한 기억 형태로는 분단과 전쟁이 남과 북이 공통으로 경험한 비극의 역사였다는 점을 깨닫게 되기 어렵다는 것이 심각한 문제이다.

그렇다고 분단사 기억 방식을 기억의 주체인 청소년의 문제로만 볼 수 없다. 이러한 기억의 방식은 현재의 청소년들이 받아온 공교육의 역사 교육과 크게 다르지 않기 때문이다. 오래 전부터 남한의 교과서에 제시된 전쟁에 대한 서술은 기본적으로 "①북의 남침, ②UN군의 도움으로 압록강 근처까지 점령, ③중공군이 내려와 국군의 후퇴, ④3.8선보다 조금 위로 올라간 곳에 휴전선 생김"[11]이라는 내용이 주를 이루었다. 이러한 기본 골조 위에 시대의 흐름에 따라 여러 내용이 첨삭되기도 하였으나, 우리에게 강렬한 기억으로 남긴 분단의 역사는 위와 크게 다르지 않는 것이다.

또한 위의 자료를 통해 대학생들의 기억에서 북한 청소년들과 충돌지점을 미리 예견할 수 있다. 북한의 6.25전쟁 역사 교육은 대체로 단순한 역사를 가르치는 것이 아니라 김일성의 혁명업적을 가르치고 선전하는 정치사와 연관되어 있다. 북한의 교과서에서 한반도의 분단과 전쟁은 "미

---

11 김동춘, 『전쟁과 사회: 우리에게 한국전쟁은 무엇이었나?』, 돌베개, 2006, 386면.

국과 남한정부에 의한 것이며 이들이 침략전쟁을 일으켰으나 김일성의 현명한 영도로 제국주의 침략군을 성공적으로 막아내고 '조국해방전쟁'에서 승리했다고 기술"하고 있다. 그리고 "해방 후 북한은 마지막 순간까지 통일정부를 수립하기 위해 평화적인 방법으로 노력하였으나 미국과 남한의 제국주의 세력들이 이를 거부하고 남한에 식민지 단독 정부를 세운 데 이어 침략전쟁을 도발하였다는 점을 강조"하고 있다.[12] 이러한 북한의 역사 교육 방식은 현재 북한 청소년의 감정과 기억에 많은 영향을 미쳤을 것이며, 그것은 남한의 청소년들과 상반되면서도 아주 닮아있는 모습일 것이다.

지금까지 남한과 북한은 6.25전쟁에 대하여 전쟁의 책임을 상대방에게 떠넘기는 방식으로 분단사를 교육해왔다.[13] 해소되지 않은 적대감과 혐오의 문제, 그리고 과오에 대한 책임전가 등의 문제는 평화와 통일의 미래에서, 특히 통일을 준비하는 과정에서 한계에 봉착할 수밖에 없다. 분단과 전쟁의 원인을 서로의 탓 혹은 외부의 원인으로만 기억할 때, 분단 70년이 야기한 내부적 문제는 영원히 해결되지 못하고 언제나 늘 평화체제를 위협하는 갈등으로 출몰할 것이기 때문이다.

3. 분단역사의 자성적 기억을 위한 교육용 통합서사지도

남북관계는 시시때때로 변하였다. 오랜 시간동안 화해와 협력의 길에 들어섰다가, 2008년 이후 남북의 대결구도가 재현되기도 하였다.[14] 그에

---

12 차승주, 「남북한 교과서의 "한국전쟁" 관련 내용 비교 연구」, 『북한학연구』 7-2, 동국대 북한학연구소, 2011, 122면.
13 엘리자베스 콜 엮음, 김원종 옮김, 『과거사 청산과 역사교육: 아픈 과거를 어떻게 가르칠 것인가』, 동북아역사재단, 2010, 487쪽.

따라 남한주민들의 대북·통일의식도 계속 변화하였다.[15] 그리고 최근 다시 남과 북은 평화를 이야기하기 시작했다. 우리의 의식도 이에 따라 다시 변화할 수 있을까? 과연 평화와 통일 시대에 마땅한 기억의 변화가 가능할까?

이미 많은 연구자들이 우리의 분단사 교육에 대해서 문제를 제기해왔다. 전쟁의 참혹성을 알리며 평화를 소망할 수 있는 교육이 부족하다는 것이다.[16] 또한 6.25전쟁을 서술함에 있어서도 "국가 이데올로기를 합리화하는 서술에만 그치고 있다"[17]는 비판적 견해도 있었다. 지금까지의 연구들은 대체로 분단사에 대한 교육은 평화의 조건에 대해 사유할 수 있는 내용으로 구성되어야 한다고 주장하는 것이다.

분단체제에 대한 냉철한 통찰 없이 통일의 필요성을 체감하는 것은 어렵다. 그래서 통일교육은 분단체제로 인한 고통에 대해서 정서적 공감하는 것에 집중되어야 한다. 그러한 정서적 공감으로 분단체제에 대해 성찰적으로 사유하기 시작하면서, 평화를 희구하고 반전(反戰)의식을 절감하는 데에까지 나아가는 것이다. 분단사 교육은 이러한 목표로 재구성되어야 한다. 마치 독일의 홀로코스트 메모리얼 공원[18] 모습과 같이, '우

---

14 김진환, 「재현된 남북대결 원인, 지속, 전망」, 『북한학연구』 10-1, 동국대 북한학연구소, 2014, 142쪽.

15 김진환은 이러한 변화를 두고 "대북·통일의식의 역동성"이라고 하였다.(김진환, 「남한 국민의 대북의식과 통일의식 변천」, 『현대사광장』 6, 대한민국역사박물관, 2015, 92쪽.)

16 전국역사교사모임 지음, 『역사, 무엇을 어떻게 가르칠까』, 휴머니스트, 2008, 294~296면.

17 이수정, 「역사 교과서의 '전쟁' 관련 서술에 대한 새로운 모색 – 한·미 역사 교과서의 6·25전쟁과 베트남 전쟁 서술을 중심으로」, 『역사와 교육』 10, 역사와 교육학회. 2010, 82면.

18 독일의 홀로코스트 메모리얼 공원(Denkmal fur die ermordeten Juden)은 독일 정부가 자신들의 과오를 잊지 않기 위해 건립한 것이다. 우리는 이러한 본보기를 통해

리의 과오를 지우려는 것이 아니라 기억하는 방향'으로 분단사 교육이 실천되어야 한다는 것이다.

이와 관련하여, 선행연구 가운데 전쟁 과정에 벌어진 민간의 피해 및 인간성 파괴 현장을 비중 있게 소개해야 한다는 주장이 있었다.[19] 또한 이를 위하여 분단과 전쟁을 경험한 생존자들의 살아온 이야기가 중요한 교육 자료가 될 수 있다는 견해도 발표된 바 있다.[20] 본고 역시 과오를 기억하는 방식의 분단사 교육은 분단과 전쟁의 역사경험담[21]들로 채워질 수 있다고 본다.

분단과 전쟁의 역사를 직접 경험한 사람들의 구술은 다양한 면에서 분단사 교육에 적실한 자료라고 할 수 있다. 첫 번째, 역사경험담은 공적 기억이 다 담아내지 못한 역사의 진실을 말해준다. 앞 절에서 논의한 바와 같이 분단 원인에 대하여 책임을 전가하는 방식이자 파편적인 형태의 분단사 기억을 보충·통합할 수 있는 다양한 사연들을 포함하고 있는 것이 역사경험담이다.

먼저, 한반도의 분단이 어느 날 갑자기 시작된 것이 아니라는 성찰을 가능하게 하는 사연들로 제주4.3사건, 여순사건의 피해담을 들 수 있다.

일본 제국주의에 대한 성찰과 사죄를 바랄 뿐이었다. 그뿐 아니라 이제는 우리 자신 또한 분단과 전쟁의 역사에 대한 성찰이 부족하고, 피해자들에 대한 사죄를 회피해 왔다는 점을 인정해야 할 때라고 생각한다.

19 전국역사교사모임 지음, 『역사, 무엇을 어떻게 가르칠까』, 휴머니스트, 2008, 294~296면; 차승주, 「남북한 교과서의 "한국전쟁" 관련 내용 비교 연구」, 『북한학연구』 7-2, 동국대 북한학연구소, 2011, 122면.

20 박재인, 「서사적 상상력과 통일교육」, 『통일문제연구』 28-1, 평화문제연구소, 2016, 33~68면; 안승대, 「탈분단체제를 위한 통일교육의 새로운 방향」, 『교육사상연구』 32-3, 한국교육사상연구회, 2018, 129~150면.

21 본 연구는 연구 자료를 두고, 구술사 영역에서 말하는 증언 자료로서의 가치를 인정하면서도, 이야기 형태로 재구된 기억이 지닌 치유적 가치 또한 인정하는 입장에서 문학 분야에서 두루 쓰는 '경험담'의 용어로 지칭하고자 한다.

그리고 민족 내부의 사상적 대립과 분단국가를 만들어서라도 정권을 잡으려한 정치세력의 폭력을 이해할 수 있는 자료로는 한국전쟁기 남한에서 빚어진 민간인 학살에 관한 이야기들이 있다. 또 국민보도연맹원 학살 사건, 미군의 민간인 학살 사건, 인민재판 후 학살사건 등이 있다. 그리고 전선이 오르내리면서 국군과 인민군들이 교체 반복될 때의 학살사건들과 전선교착 상태 이후 빨치산 소탕과 군 작전 시 빚어진 민간인 학살사건 등은 전쟁 중에 일어난 비인간적인 실태를 고발하는 내용을 담고 있다.

그리고 분단의 내부적 원인에 대한 성찰을 가능하게 하는 구술자료로는 마을전쟁 사연들을 들 수 있다. 이 이야기들은 공적 역사가 다 담아내지 못했던 바, 즉 서로에 대한 미운 감정을 폭력적으로 표출하며 그것을 정당화하기 위해 분단을 악용했던 사례들이다. 이 이야기들은 분단을 악용한 폭력이 지도층과 민간에 팽배했었다는 사실을 깨우쳐주고, 왕조시대부터 지속된 우리 사회의 모순이 전쟁에 그대로 표출되었던 상황을 드러내어 오래 묵은 원한과 분노가 분단과 전쟁으로 촉발되어 잔인한 폭력을 정당화했던 사실을 폭로한다. 이러한 자료들은 분단의 역사에 대한 성찰적 반응을 일으키는 데에 적합한 교육자료가 될 수 있다.

그리고 분단이 현재진행형임을 깨우치게 하는 이야기들도 있다. 가장 대표적인 사연이 탈북민들의 이야기이다. 이들의 분단 상처는 북한에서의 삶과 탈북과정은 물론이고, 남한 정착기에까지 이어져 생애전반에 걸쳐져 있다고 할 수 있다. 가족과 고향을 떠나온 죄의식과 체제 반대편에서 살아가는 고통까지 확인할 수 있어 분단의 현실적인 문제를 사유하게 하는 데에 효과적인 이야기자료들이다.

이렇게 역사경험담은 분단과 전쟁 역사에 담긴 우리의 모순과 인간 욕망의 민낯을 확인하게 하며, 북한 내지 외부 세력에 대한 비판의식뿐만 아니라 내부적 성찰까지 유도하는 힘이 있다. 또한 책임 전가와 회피로

일관해오던 우리의 분단사 기억을 보충·통합하는 다수의 기억이라고 할 수 있으며, 동시에 분단과 전쟁의 역사를 슬픈 역사이자 모두의 과오로 성찰할 수 있도록 하는 데에 중요한 역할을 할 수 있다.

두 번째, 역사경험담은 역사적 사건에 대한 다양한 기억이 존재한다는 진실을 일깨운다. 분단구조 속에서의 분단사 교육은 획일화된 인식과 가치만 인정해왔다. 그러나 이제 탈분단적 사회에서의 분단사는 '끊임없이 구성되고 변형되며 만들어가는 하나의 과정'[22]이어야 한다. 분단사에 다양한 기억이 존재한다는 사실을 인정할 때 비로소 서로 다른 기억에 대한 감정적인 충돌을 완화할 수 있기 때문이다. 그리고 다수가 함께 써가는 분단역사는 어떤 모습이어야 하는지에 대해서 미래지향적으로 사유할 수 있으며, 분단역사를 새롭게 기억하는 일에 기꺼이 동참하는 의지를 돋울 수 있기 때문이다. 그래서 분단사 교육 현장은 다양한 상상력의 충돌과 소통의 장이 되어야 한다. 이러한 점에서 역사경험담은 단선적인 역사 기억 방식에서 벗어나 분단사를 두텁게 읽는 일[23]을 가능하게 하고, 분단사에 대한 다양한 형태의 기억이 존재할 수 있다는 진실을 실증적으로 보여준다는 점에서 중요한 분단사 교육 자료라고 할 수 있다.

세 번째, 역사경험담은 분단사를 단순히 '사건'으로만 인식하는 것에서 나아가, 사람을 주체로 한 '서사' 형태로 이해하게 하는 자료이다. 분단사

---

22 이진일, 「통일 후 분단독일의 역사 다시 쓰기와 역사의식의 공유」, 『역사비평』 114, 2016, 362면.

23 여기에서 말하는 두텁게 읽기는 문화인류학자가 현지인들의 풍습 속으로 깊숙이 참여해 오랫동안 현장을 정밀 관찰하듯이 당시 사람들의 의식 속으로 참여해 이해하는 과정을 말한다. 미국의 인류학자 클리포트 기어츠가 제시한 '두터운 묘사(thick description)'란 많은 의미의 층위를 담고 있는 인문학적 묘사를 의미한다. 기어츠의 '두터운 묘사'에서 비롯된 '두텁게 읽기'는 두꺼운 의미의 층위를 뚫고 들어가기 위해 상징에 대한 해석을 필요로 하는, 포스트모던적 역사 읽기의 방법이다. 국내 구술사 연구자들은 역사의 두텁게 읽기를 가능하게 하는 것이 바로 구술증언이라고 주장해 왔다.

에 대한 성찰적 기억은 '사람'이라는 주체 즉 분단역사 속에서 고뇌하고 고통 받는 주체들을 중심에 두고 분단역사를 바라보았을 때 가능하다. '역사적 사건'에서 한 단계 더 파고들어 사람을 주체로 한 '이야기' 형태로 받아들일 때, 분단과 전쟁이 우리에게 무엇을 남겼는지 그 실체에 다가갈 수 있다는 것이다.

또한 서사 형태의 역사이야기는 전쟁을 직접 경험하지 않은 후세대들에게 비극을 정서적으로 공감할 수 있게 한다. 그 정서적 공감은 분단과 전쟁의 역사를 재발하지 말아야 할 슬픈 역사로 기억하는 수준으로 이끈다. 즉 역사적 사건 속에 '사람'을 바라보았을 때 분단과 전쟁의 역사가 다시는 반복되어서는 안 될 비극임을 절감하고, 스스로의 모순과 왜곡을 인정하면서 개선하고자 하는 성찰을 가능하다는 것이다.

그리고 역사경험담은 분단과 전쟁의 비극을 고발하는 이야기만 있지 않다. 거기에는 '생존과 치유의 자생적 힘'을 발견할 수 있는 감동적인 이야기도 많다. 이들의 증언 속에는 분노와 복수심만 이야기할 것으로 예상되지만, 화해와 포용을 이야기하는 경우도 많다. 분단으로 인한 상처를 자기 삶으로 소화하며 견뎌온 사람들에게서 타자에 대한 이해와 세상살이의 지혜가 발견되어 치유적 효과를 발휘하기도 한다. '분단과 전쟁의 역사 앞에서 우리는 무엇을 할 수 있을까?'라는 질문에 공적 기억에서는 숭고한 영웅을 기대할 수 있지만, 민간의 기억에서는 '분단과 전쟁의 역사가 얼마나 비참한가'라는 비판적 역사의식과 더불어, '그 상처를 어떻게 감당하고 생존했는가'라는 삶의 철학을 발견할 수 있다는 것이다. 이렇게 살아있는 분단사 이야기, 분단역사경험담은 마치 『안네의 일기』와 같이, 평범한 사람들의 삶에서 '평화'를 희구했던 작은 몸짓과 결코 작지만은 않은 희망과 용기를 발견할 수 있다.

그렇다면 역사경험담은 교육현장에서 어떻게 활용될 수 있을까? 역사경험담의 교육적 활용은 어떤 자료를 선별할 것인가와 어떻게 감상할 것인가 라는 두 가지 문제가 선결될 때 가능하다. 여기에서는 역사경험담의 교육적 활용 방안으로 '통합서사지도'와 창작형 통일교육을 제안한다.

통합서사지도는 기왕에 문학치료학에서 진단과 치료를 위한 체계적 방법론으로 제안한 '서사지도' 이론에 따른 교육 방법이다. 여기에서 서사지도란 "서사와 서사 사이의 상호 관련이 마치 지역과 지역 사이의 상호 관련처럼 배치된 것"[24]을 말한다. 서사지도는 문학치료학에서 자기서사가 현재 어떠한 위치에 있으며, 장차 어떠한 경로를 거쳐야 목표하는 지점에 도달할 수 있는지 서사 발달의 과정을 구체적으로 제시하는 방법론이다. 그러니까 '통합서사지도'는 분단사의 진실을 말해주는 다양한 역사경험담의 체계적인 배치로 구성된 통일교육 방법론이라고 할 수 있다. 즉 다양한 서사들과의 비교 속에서 분단사에 대한 편향적이며 왜곡된 기억을 진단하며, 그것이 장차 어떠한 경로를 거쳐 균형적이고 성찰적인 분단사 기억으로 성장할 수 있는지를 제시하는 서사지도인 셈이다.

통합서사지도 구축을 위해, 먼저 분단역사경험담을 유형화하는 작업이 필요하다. 시기와 사건 별 자료를 분류하고, 사회통합에 있어서 어떠한 가치를 발휘할 수 있을 것인가를 기준으로 자료를 선별·유형화하는 작업이다. 유형화 방식은 부인/회피/적대의 분단서사 및 고발/포용/화합의 통합서사로 가능하다.[25] 선행연구에서 정립한 분단서사와 통합서사의 개

---

24 서사지도에 대해서는 정운채, 「자기서사진단검사도구의 문항설정」, 『고전문학과 교육』 17, 한국고전문학교육학회, 2009, 125~160면에서 처음 논의되었고, 서사지도의 정의는 정운채, 「〈여우구슬〉과 〈지네각시〉 주변의 서사지도」, 『문학치료연구』 13, 한국문학치료학회, 2010, 327~328면에서 인용하였다.

25 통합서사 분류안은 정운채의 분단서사 이론과 김종군의 통합서사 이론에 기대어 정리된 것이다. 정운채는 문학치료학적 관점으로 "우리 사회의 분열과 대립을 조장하는" '분단서사'와 그에 대한 극복방안인 '통일서사'를 제안했다.(정운채, 「우리 민족의 정체성과 통일서사」, 『통일인문학논총』 47, 건국대학교 인문학연구원, 2009; 정운채,

념을 토대로, 분단과 전쟁의 역사경험담 구술자료는 아래와 같이 유형화
될 수 있다.

통합서사지도

분단서사		
부인형	회피형	적대형
침묵 혹은 망각, 논리적 언어로 재구되지 못한 기억의 형태	자기 삶에서 분단·전쟁의 역사를 배제하는 서사	분단·전쟁의 역사에서 그 좌절의 원인을 상대의 책임으로 전가하는 서사

통합서사		
고발형	화합형	포용형
분단·전쟁의 역사에서 비인간적 실태와 잔혹함을 비판하는 서사	분단·전쟁의 역사는 재발하지 말아야 할 비극이며, 이를 위한 자기성찰이 가능한 서사	분단·전쟁의 역사에서 자신과 타자를 불완전한 실존으로 이해하며 동정하는 서사

역사경험담 구술자료는 우선 크게 우리 사회의 분열과 대립을 조장하
는 '분단서사'와 그에 대한 극복방안인 '통합서사'로 구분될 수 있다. 그리

「정몽주의 암살과 복권에 대한 서사적 이해 : 분단서사와 통일서사의 역사적 실체 규명을 위하여」, 『통일인문학논총』 53, 건국대학교 인문학연구원, 2012.)
그리고 통일인문학에서는 역사적 트라우마 극복 방안으로 통합서사의 확산에 대해 논해왔다. 통합서사는 "역사적 사건의 배후에 깔린 비인간성을 고발하면서도 분노와 원한보다는 온정과 화해로 이끌어 내는 말하기 방식과 그 내용"(김종군, 「한국전쟁 체험담 구술에서 찾는 분단 트라우마 극복 방안」, 『문학치료연구』 27, 한국문학치료 학회, 2013, 115~145면.)으로 정의된다. 그리고 통합서사의 탐색은 근현대사 질곡을 직접 경험해온 한국인의 살아온 이야기로부터 출발하였다. 분단체제 속 한국인의 살 아온 이야기 가운데 통합서사적 가치가 있는 자료들을 선별하여 콘텐츠 혹은 교육 자료로 활용하며 대중적 확산을 꾀하는 것이 통합서사를 활용한 사회치유 방안이다. 이 글에서 주장하는 통일교육 방안 역시 통합서사의 사회적 담론화 원리에 따라 통 합서사를 교육 자료로 활용하는 것이다(김종군, 「통합서사의 개념과 통합을 위한 문 화사적 장치」, 『통일인문학』 61, 건국대학교 인문학연구원, 2015, 263~294면; 김종 군, 「〈강도몽유록〉을 통한 고통의 연대와 통합서사의 사회적 담론화 모형」, 『문학치 료연구』 40, 한국문학치료학회, 2016, 195~223면; 김종군 외, 「탈북 트라우마에 대한 인문학적 치유 방안의 가능성 -구술 치유 방법론을 중심으로-」, 『통일문제연구』 29-2, 평화문제연구소, 2016, 199~240면.).

고 분단서사 안에는 분단의 역사를 채 기억해내지 못하는 부인형의 서사가 있고, 분단사를 자기 삶의 문제로 삼지 못하는 회피형의 서사가 있다. 그리고 분단사를 떠올리며 그 좌절감과 분노를 상대의 책임으로 전가하는 데에 치중되어 있는 적대형의 서사가 존재한다. 통합서사에는 분단사의 비인간적 실태를 비판하는 고발형 서사, 분단사에 대해서 자기성찰이 가능한 화합형 서사, 인간의 실존적 특성을 이해하며 적대의 대상을 포용하고자 하는 포용형의 서사로 구분될 수 있다.

가령, 6.25전쟁 당시의 역사경험담에서 적대형 서사는 다음과 같은 사연들이 해당된다.

> "또, 우리 인민군하고 저 직접 싸웠어요. 저 강원도 화천에서, 저, 양구에서요. 육박전이 벌어지며는 걔들은 야간으루 막 쳐들어옵니다. 주간으로는 안 쳐들어오구요. 그래믄 인민과 한국군과 구별을 못 해요. 에? 총, 갈, 칼, 총? 니께 모자를 베껴봅니다. 모자를 베껴 머리를 세요. 인민군은 깎, 빡빡 깎았어요. 한국군은 질렀구요. 그래 빡빡 깎았으면 서로 죽이고 그래요. 에? 이러한 전투를 했는데 지금 젊은 사람들이 저, 좌경으로 빠져나가요. … 저는 그때 열여덟 살에 군대 나갔습니다. 학도병으로. 에? 가서는 5년을 싸웠어요. 에? 그러니께 여러분들이 좌경으로 빠지는 걸 잘 생각해서 가지고 요다음에 투표했을 적에 좌경으로 안 빠지게 자알 생각들 해서 가지고 해주시오."[26]

위의 이야기는 6.25전쟁 참전용사의 경험담이다. 피아를 분간할 수 없었던 야간 육박전과 중공군의 총격을 피해 도망 쳐 목숨을 건진 상황에 대한 이야기가 계속 되다가 서울에 인공군 비행기가 들이닥쳤다는 이야기가 이어지면서, 젊은이들이 '좌경화'되는 상황에 대한 분개를 말한다.[27]

---

26 신동흔 외, 『도시전승설화자료집성 3』, 민속원, 2009, 419~420면.
27 김종군은 한국전쟁 체험담에서 분단서사의 대표적인 예로 참전용사의 경험담을 논

전쟁에 대한 공포심을 깨우치면서도, 우리 사회의 이데올로기 갈등과 이분법적 사고를 노골적으로 보여주는 발언이다. 북에 대한 적대심과 전쟁에 대한 공포로 인하여, 전쟁 당시의 적과 나를 갈라내던 적대적 사고를 그대로 우리사회에 적용하고 있는 모습으로 적대적 분단서사라고 할 수 있다.

분단국가에서의 분단사는 양국의 입장에 맞춰진 편향된 시선으로 기록되었고, 분단구조 속의 사람 역시 한쪽으로 치우친 사고와 판단에 매몰될 수밖에 없다. 그렇기 때문에 분단서사는 잘못된 인식이나 판단의 결과라기보다는 분단체제 속에서 전쟁의 책임을 외부로 돌리면서 자신을 보호하려 했던 인간의 원초적 심리에 가까운 것으로 보아야 한다. 그래서 이러한 분단서사에 대한 교육은 참전용사의 분단적 사고와 말하기 방식에 대한 한계점을 지적하는 데에만 집중할 것이 아니라, 우리 사회의 분단구조가 분단서사를 고착화해왔고 우리의 내면 역시 분단서사에 치중되어 있다는 점을 성찰하는 바에 주안점을 두어야 한다.

한편 전쟁의 잔혹함에 대해서 비판적으로 인식하면서도 그 역사 속에서 고뇌할 수밖에 없는 인간의 본성을 인정하는 포용형의 서사가 있다. 이는 적대형 분단서사에 대응되는 이야기로, 분단과 전쟁의 역사에서 자신과 타자를 불완전한 실존으로서 이해하고 동정하는 서사이다.

포용형 통합서사의 예로는 대표적 분단문학인 「아베의 가족」(1979)의 저자 전상국의 구술생애담을 들 수 있다. 전상국 소설가는 어린 시절 직접 경험한 분단의 실체에 대해 털어 놓았다. 그는 열 살에 한국전쟁을 경험하였는데, 6.25전쟁 이전부터 벌어졌던 분쟁 중에 그 무섭다던 '빨갱이'의 실체를 보고 충격을 받았고, 이후 어른들 사이에서 벌어지는 이데

의한 바 있다.(김종군, 「한국전쟁 체험담 구술에서 찾는 분단 트라우마 극복 방안」, 『문학치료연구』 27, 한국문학치료학회, 2013, 123~124면.)

올로기 갈등으로 '분단'을 체감하였다고 했다.

"분단은 이미 되어 있었잖아요. 전 사실 해방 그 공간부터 분단되었다고 보기 때문에, 왜냐하면 제가 어렸을 때 전쟁이 나기 전에 전쟁을 알게 되었는데 … '아, 빨갱이는 무서운 거. 그 사람들은 사람을 죽이고 뭐 무서운 것들이다'라는 생각을 하고 있다가, … 빨갱이를 잡아왔다 그래서, 뭔가 하고선 우리가 남 너머를 넘겨보고 그랬는데, 포승줄에 이렇게 묶여가지고 이렇게, 경찰서 뒷마당에 쭉 매서 한 십여 명이 앉아 있는데, 그중에 내가 아는 아저씨도, 이웃집 아저씨도 거기 있더라구요. 그게 빨갱이래요. … 그때 그 어렸을 때 충격이 굉장히 컸던 것 같애요. … (전쟁이 일어나고) 북한군 어린 애들을 많이 만났어요. 열여섯 살 이렇게 된 애들이 많은데. 그 인민군이 장총, 자기들보다 큰 장총을 끌고 다니고 아주 힘도 없어. 근데 애들이 표현이, 표정이 좋은 거지, 애들이라. … '그 인민군들은 빨갱인데 분명히, 왜 무섭지 않을까' … 뭐 뭐 이런 것들이 나한테 이제 그 오게 된, 뭐 내가 작가가, 뭐 얘긴 관계없지만, 작가가 되고도 그런 인식이 필요한 것이 아닌가, 좀 객관화, 객관적으로 본 거 같애요."[28]

그는 '빨갱이'에 대한 인식이 변화했던 일화를 고백했다. 철저한 반공교육에 의해 그는 '빨갱이는 무서운 존재'로만 인식해왔는데, 그 실체를 보고 충격을 경험했다고 말했다. 사람들이 빨갱이라고 지칭하는 악인들은 내가 알고 있던 이웃집 아저씨, 나와 다를 바 없는 어린 소년들이었던 것이었다. 분단의 벽에 가리어 적대의 시선으로 바라보았던 그들이 나와 다를 바 없는 사람이었다는 깨달음은 그에게 우리 사회의 분단 문제를 다시 생각해보는 계기를 마련해주었다고 한다.

---

28 이 자료는 한국전쟁 체험담 채집과정에서 확보된 자료로, 2013년 2월 17일 건국대 통일인문학연구단 김종군 교수가 강원도 춘천에서 전상국 소설가를 만나 인터뷰한 구술자료이다.

이러한 이야기는 분단구조 속에 가장 예민한 적대감을 불러일으키는 존재인 이른 바 '빨갱이'이라고 불렀던 대상에 대하여 다시 생각해보게 한다. 왜 이웃집 아저씨가 하루아침에 '빨갱이'가 되었던 것일까? 어린 인민군들은 왜 자신보다 큰 장총을 메고 낯선 이남으로 내려왔을까? 전쟁에 참여한다는 군인들이 표정이 왜 냇가에서 물장난치는 해맑은 어린아이의 표정을 하고 있는 것일까? 이러한 사유들은 우리로 하여금 분단의 역사에서 자신과 타자를 불완전한 실존으로 이해하며 동정하도록 하며, 막연한 적대감으로 휩싸였던 내면을 정화하는 기능을 할 수 있다.

또 그의 구술에는 우리 내부의 문제에 대해 성찰할 수 있도록 하는 철학을 담고 있기도 했다. 그는 이념 갈등으로 이웃에서 원수가 된 사람들의 '전쟁의 살기'에 대해서 이야기했다.

> "우린 그걸 '겨울난리'라고 그러잖아요. 1.4후퇴. 겨울난리가 나가지고 그때 아버지가 그 하도 겁을 많이 먹어가지고, 그때 그 겁먹은 게 뭐냐믄, 그 마을에서 사람들을 빨갱이, 그니까 우리 이웃사람들이 전부 이제 둘로 나눠지더라고요. 한 사람은 완장을 차고 다니는 사람, 그 눈에 막 광기가 돌고 살기가 돌고, 그게 갑자기 괜찮은 아저씨들이, 예를 들면 내가 그때 경찰서에서 본 그 이웃집 아저씨도 읍내서 완장을 차고 다니고 뭐, 눈에 피, 뭐 살기가 팽팽히 돌고 막 사람들 잡아가고 뭐 죽였다는 얘기 들리고, 이게 어른들이 무섭더라고요. 고 어른들의 눈에 내 어렸을 때는 살기를 본 거 같애. 그 전쟁의 살기.
> 뭐 그니까 우리 어려서부터 숨어 살고, 뭐 이거 잘못했단 큰일 나니까 외부에서 또 맨날 어디가 숨어계시고, 그니까 우리가 사람들 만나는 게 무섭더라고요, 이제. 그 전쟁이 그때 그렇게 다가오더라고. '어른들이, 저렇게 착하고 친절하던 아저씨도 사람이 저렇게 변하는구나.'[29]

---

29 이 자료는 한국전쟁 체험담 채집과정에서 확보된 자료로, 2013년 2월 17일 건국대 통일인문학연구단 김종군 교수가 강원도 춘천에서 전상국 소설가를 만나 인터뷰한

이는 첨예한 이데올로기 갈등으로 생사가 눈앞에 갈리는 상황 속에서 사람이 얼마나 나약한가 혹은 공포스러운가를 보여주는 사연이다. 선량하던 이웃 아저씨의 눈에서 "전쟁의 살기"를 발견했다는 그는 전쟁 속에서 '저렇게 착하던 사람도 무섭게 변하는구나'라며 그 비참함을 고백하였다. 오랜 시간 이웃으로 지내오다가 단번에 '둘'로 갈라져 서로의 목숨을 위협할 수 있는 것이 분단이고, 6.25전쟁이었던 것이다.

이러한 이데올로기 갈등은 한국사회의 약점을 고스란히 드러낸다. 전쟁 전부터 한국사회는 갈등 요소가 많았다. 우리는 이러한 갈등들을 현명하게 해결하지 못하였고, 그 결과가 한국전쟁기에 격렬한 충돌과 반복적인 학살로 나타났다.[30] 전쟁 이전부터 지속되었던 사람들 간의 갈등과 원한이 '전쟁'과 '이데올로기 갈등'을 통해 폭력적으로 배출되었던 것이다. 무엇을 위한 싸움이었는지 애초의 목적을 상실한 채 한반도 전역을 물들이던 이데올로기 갈등은 그렇게 허망한 것이었다. 이렇게 이데올로기 갈등담은 분단과 전쟁을 심화시켰던 우리 내부의 문제에 대하여 비판적으로 성찰할 수 있도록 한다는 점에서 통합서사적 가치가 있다고 할 수 있다.

하나의 구술자료를 명확하게 각 유형별로 구분하기 어려움이 많지만, 굳이 통합서사적 가치에 따라 자료를 분류하려는 까닭은 다양한 서사의 길을 통해 사유의 자율성을 보장하기 위함이다. 참여자가 스스로 자신의 내면과 가까운 서사에 몰입하면서, 그 이해의 지평이 통합서사로 확장되는 것을 기대하는 것이다. 가령 교육대상이 적대형에 가까운 성향이라면 위에서 제시한 적대형 서사를 감상하는 것에서 시작하여 그것에 대한 객관적 인식과 판단을 유도할 수 있다. 적대형의 서사에 매몰될 수밖에 없

구술자료이다.

30 박찬승, 『마을로 간 한국전쟁』, 돌베개, 2010, 11쪽.

었던 분단구조 속의 한계점을 인정하는 것에서부터 교육이 시작될 수 있다는 것이다. 이어 고발형 서사로 몰입을 유도하고, 그것이 화합형·포용형의 서사에 대한 관심과 이해에까지 확장되도록 하는 전략이 가능하다. 즉 전쟁의 비극을 공감할 수 있는 여러 형태의 이야기를 감상하는 과정 속에서 교육대상이 적대적 분단서사에서 포용적 통합서사로 사유를 확장하게 하는 것이 이 교육의 목표인 것이다.

여기에서는 선행연구에 기대어 6.25전쟁 중에 벌어졌던 사연들로 한정하여 예시를 들었지만, '제주4.3사건, 여순사건, 보도연맹 예비검속, 한국전쟁 피해, 마을전쟁, 흥남철수, 한국전쟁 피난담, 속초수복지역의 삶, 종전 이후의 삶, 거제도 포로수용소, 좌우익 갈등 사례, 남북어부, 좌익 간첩단, 중공군 참전담, 탈북민 및 코리언 디아스포라 사연' 등으로도 구성될 수 있다. 이러한 분단역사의 중요한 기점 별로 통합서사지도가 구성되면, 교육대상의 기억과 정서 상태에 따라 적합한 내용으로 교육내용을 선별할 수 있을 것이다.

4. 통합서사적 상상력이 실현되는 통일교육의 가능성

통합서사지도는 다양한 교육 현장에 적용할 수 있다. 특히 통합서사의 능동적 감상을 가능하게 하는 '창작 교육'에 효율적으로 활용될 수 있다. 분단사 교육이 다양한 상상력의 충돌과 소통의 장이 되려면, 단순히 통합서사 콘텐츠를 감상하는 차원으로는 부족하고, 청소년을 통합서사 확산의 주체로 나서게 하는 교육 방법이 필요하다. 통합서사의 능동적 감상을 가능하게 하는 교육방법의 하나로 콘텐츠 창작 활동 사례를 들면 다음과 같다.

이 창작형 통일교육 프로그램 진행은 '①부인/회피/적대의 분단서사 및 고발/포용/화합의 통합서사로 유형화된 자료의 체계적 감상, ②분단 서사와 통합서사로 유형화된 작품을 차례로 감상하며 가장 인상적인 스토리에 대한 정서적 반응 표현, ③원하는 원천 스토리를 선별하여 통합서사콘텐츠로 제작의 과정'으로 이루어진다. 이러한 콘텐츠 창작활동은 ICT환경에 익숙한 청소년들에게 활동 참여의 의욕과 흥미를 돋울 수 있다는 장점이 있다. 청소년들에게 익숙한 소통경로를 통하여 자신들이 인지한 바를 자유롭게 표현할 수 있도록 '열린' 창작 활동을 진행하는 것이다.

콘텐츠 창작 활동은 경기도의 한 고등학교에서 시범적으로 운영한 바 있는데, 학생들의 적극적인 참여도와 흥미를 이끌어 내었다는 점에서 효과적이었다고 할 수 있다. 이때에는 6.25전쟁 이전 상황과 6.25전쟁 과정, 그리고 휴전 후 한반도에 벌어진 '민족의 분단'이 고착화되는 과정까지 분단사를 교육하였으며, 통합서사지도에 맞추어 몇 가지 구술자료를 감상하였다. 6.25전쟁 이전부터 지속되어온 한반도의 내부 분열 상황에 대해서 제주4.3사건의 구술자료로 교육하였고, 6.25전쟁 피해담과 마을 전쟁이야기로 6.25전쟁의 복잡한 역사를 다시 정리하였다. 또한 휴전 이후 분단은 종결된 문제가 아니라 아직도 진행되고 있는 아픈 역사임을 깨닫게 하기 위하여 납북어부와 탈북민 구술담을 감상하였다. 이렇게 분단사 역사경험담을 다양하게 감상한 뒤에 마음에 드는 스토리를 선별하여, 그것을 토대로 콘텐츠를 창작하는 것이 이 교육의 과정이었다.

이때는 총 5개팀으로 창작활동을 진행하였고, 학생들은 웹툰·공익광고·릴레이창작소설·단편영화·통일가요 등을 창작해냈다. 이 중 주목할 만한 작품으로 만화 〈바이러스〉가 있다. 창작자가 끝까지 작품을 완성하지 못하였으나, 제작의도가 분명한 작품이었다. 〈바이러스〉의 작가는 다양한 분단역사경험담을 감상한 후, 우리의 분단사가 얼마나 비참하며 분단과정에서 성숙하게 대처하지 못하였는가를 사유하면서 자신의 작품에 새로운 깨달음을 담아내었다. 그 시놉시스는 다음과 같다.

제목 : 바이러스	
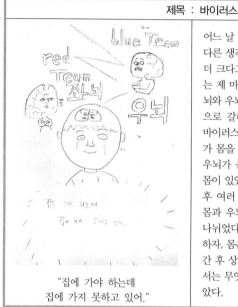 "집에 가야 하는데 집에 가지 못하고 있어."	어느 날 바이러스가 침투하여, 좌뇌와 우뇌가 다른 생각을 하게 되었다. 둘은 서로의 공이 더 크다고 싸우기 시작했다. 이 싸움에 신체는 제 마음대로 움직이지 않아 힘들었다. 좌뇌와 우뇌는 이제 남이라면서 왼쪽과 오른쪽으로 갈라 몸을 운영하기로 했다. 바이러스들이 몸에서 나간 이후 좌뇌와 우뇌가 몸을 움직이기로 하였다. 하지만 좌뇌와 우뇌가 움직이기로 한 것에 대해 반대하는 몸이 있었고, 반면 찬성하는 몸도 있었다. 그 후 여러 일이 있고 난 후 좌뇌를 찬성하는 몸과 우뇌를 찬성하는 몸은 상체와 하체로 나뉘었다. 상체와 하체가 따로 움직이려고 하자, 몸은 제대로 움직이지 않았다. 오랜 시간 후 상체와 하체가 서로 도우며 살지 않고서는 무엇 하나도 해낼 수 없다는 것을 깨달았다.

창작자는 분단의 역사 가운데 미국과 소련의 신탁통치와 찬반대립 심화로 혼란에 빠진 해방정국 시기를 그리고 싶다고 하였다. 그리고 영토의 분단이 민족의 분단으로 심화된 과정이 사람들의 욕심 때문에 벌어진 일이라고 생각한다고 말했고, 또 남과 북이 서로를 적대하는 일을 당연하게 받아들이고 있는 우리의 모습이 마치 바이러스에 감염된 것처럼 무언가에 홀린 것 같다며, 그것을 표현하고 싶다고 했다. 창작자의 의도대로 〈바이러스〉는 외세의 분할점령에 편승한 일부 정치세력의 욕망과 민족 내부의 분열을 잘 보여주는 작품이다.

아쉽게도 창작자는 이 작품을 완성하지 못하였는데, 창작자가 구성한 시놉시스는 좌뇌와 우뇌가 몸을 갈라 운영하기 시작하는 장면에서 멈추었고 더 발전시키지 못하였다. 좌뇌와 우뇌의 분열로 인한 '몸의 분단'을 어떻게 회복시킬지의 답을 찾지 못한 것인데, 그것은 분단 극복과 통일의 길에 대한 창작자 자신의 고민이었다. 비록 완성하지 못하였으나, 분단이 심각한 문제이며 그 극복이 쉽지 않음을 깨닫는 일까지는 가능했다고 판단된다. 즉 분단사에 대한 성찰적 사고가 시작되었다는 점에서 교육효과를 인정할 수 있다는 것이다.

이렇게 분단사의 상처와 모순을 고발하는 콘텐츠를 제작하는 과정은 교육대상에게 성찰적 사고를 가능하게 하고, 또한 그 스토리를 구성하는 과정에서 필연적으로 스스로에게 "나라면?"이라는 질문을 하게 한다는 점에서 매우 중요한 교육효과를 지닌다. "만약 내가 역사적 비극을 마주한 인물이라면 나는 무엇을 할 수 있는가?"[31]라는 몰입과 공감은 역사와 사회 속에 자신이 어떠한 존재인지를 고민하게 하여 분단의 문제가 결코 나와 거리가 먼 이야기가 아님을 깨닫게 하기 때문이다.

이러한 역사의식과 성찰적 사고는 역사적 문제에 있어서 왜곡에 저항하는 다수의 힘을 만들어내는 원천이 된다. 그리고 다수의 기억은 큰 힘을 발휘할 수 있다. 최대한 많은 사람들이 분단사를 성찰적으로 기억하는 세상에서는 분단, 전쟁과 같은 비극이 재발하는 사태를 막기 위한 적극적

---

[31] 이 질문은 필자가 문학치료 방식의 통일교육을 구안할 때 빠짐없이 고민하는 화두이다. 이는 서사적 자아의 중요성을 주장했던 알래스데어 매킨타이어(Alasdair Machintyre)의 견해와 같이, 한반도 역사 속에서 자신의 존재에 대해 서사적으로 이해하며 성찰하는 자아의 성장을 기대하는 질문이다. 이 화두는 통일교육에 적합한 통합서사를 선별하는 핵심요건이며, 그간 필자가 발표한 문학치료 방식의 통일교육 연구에서 늘 빠지지 않고 언급되는 중요한 문제의식이기도 하다(박재인, 「서사적 상상력과 통일교육」, 『통일문제연구』 28-1, 평화문제연구소, 2016, 38~39면; 박재인, 「역사 왜곡에 대한 저항으로서 5.18 영화와 그 사회 치유적 힘」, 『문학치료연구』 47, 한국문학치료학회, 2018, 282면).

노력이 실천될 것이기 때문이다. 그러한 차원에서 통합서사지도와 콘텐츠 창작 활동은 분단사를 기억하는 일에 다수를 참여시킬 수 있는 효과적인 방법이라고 할 수 있다.

청소년들의 분단사 기억 형태와 그것에 대한 대안으로서 분단사 교육의 방향성, 그리고 그것의 구체적 실천 방안인 통합서사지도와 콘텐츠 창작 통일교육에까지, 지금까지 본 연구는 분단사에 대한 청소년들의 기억을 재구성하기 위한 새로운 통일교육 방안을 제안하였다. 분단구조 속에서 살아가는 우리의 신체와 정신이 분단적 형태로 존재한다고 전제하고, 그로 인하여 왜곡되고 누락되었던 분단역사에 대한 기억을 보충·통합하는 교육의 필요성을 주장하며 그것의 실현 가능성에 대해 논의했다. 상당부분 거칠게 논의되었고, 아직은 시범적인 단계로 채워야 할 것이 많지만, 이 연구를 시작으로 통합서사지도와 콘텐츠 창작활동 프로그램이 더욱 구체화되어 분단사에 대하여 '우리의 과오를 지우려는 것이 아니라 기억해야 한다'는 인식을 확산시키는 데에 기여하는 통일교육으로 자리 잡기를 기대해 본다.

참고문헌

김귀옥, 「탈냉전시대 한국 통일교육의 딜레마」, 『역사비평』 2016-2, 역사비평사, 2016.

김동춘, 『전쟁과 사회: 우리에게 한국전쟁은 무엇이었나?』, 돌베개, 2006.

김상무, 「통일독일의 분단사 및 분단사교육 논의가 한국의 분단사교육에 주는 시사점」, 『교육과학연구』 42-3, 이화여대 교육과학연구소, 2011.

김성민·박영균, 「통일학의 정초를 위한 인문적 비판과 성찰」, 『통일인문학』 56, 건국대 인문학연구원, 2013.

김성민 외, 『IHU REPORT 제2호 청소년 대상 인문학적 통일교육 정책 제안』, 건국대 통일인문학연구단, 2016.

김종군, 「한국전쟁 체험담 구술에서 찾는 분단 트라우마 극복 방안」, 『문학치료연구』 27, 한국문학치료학회, 2013

김종군, 「통합서사의 개념과 통합을 위한 문화사적 장치」, 『통일인문학』 61, 2015.

김종군, 「〈강도몽유록〉을 통한 고통의 연대와 통합서사의 사회적 담론화 모형」, 『문학치료연구』 40, 2016.

김종군 외, 「탈북 트라우마에 대한 인문학적 치유 방안의 가능성 -구술 치유 방법론을 중심으로-」, 『통일문제연구』 29-2, 평화문제연구소, 2017

김진환, 「재현된 남북대결 원인, 지속, 전망」, 『북한학연구』 10-1, 동국대 북한학연구소, 2014.

김진환, 「남한 국민의 대북의식과 통일의식 변천」, 『현대사광장』 6, 대한민국역사박물관, 2015.

박명림, 「한국분단의 특수성과 두 한국 : 지역냉전, 적대적 의존, 그리고 토크빌 효과」, 『역사문제연구』 13, 역사문제연구소, 2004.

박재인, 「서사적 상상력과 통일교육」, 『통일문제연구』 28-1, 평화문제연구소, 2016.

박재인, 「역사 왜곡에 대한 저항으로서 5.18 영화와 그 사회 치유적 힘」, 『문학치료연구』 47, 한국문학치료학회, 2018.

박찬석, 「2016년 이후 통일교육의 현황과 과제」, 『도덕윤리과교육』 54, 한국도덕윤리과교육학회, 2017.

박찬승, 『마을로 간 한국전쟁』, 돌베개, 2010.

박태균, 『한국전쟁』, 책과함께, 2005.

신동흔, 『한국전쟁 이야기 집성』, 박이정, 2016.

신동흔 외, 『도시전승설화자료집성』, 민속원, 2009.

안승대, 「탈분단체제를 위한 통일교육의 새로운 방향」, 『교육사상연구』 32-3, 한국교육사상연구회, 2018.

엘리자베스 콜 엮음, 김원종 옮김, 『과거사 청산과 역사교육: 아픈 과거를 어떻게 가르칠 것인가』, 서울: 동북아역사재단, 2010.

이민희, 「21세기 통일한국의 청소년 사회통합에 관한 연구 -통일독일의 동독청소년 사회통합을 중심으로-」, 『청소년문화포럼』 54, 한국청소년문화연구소, 2018.

이수정, 「역사 교과서의 '전쟁' 관련 서술에 대한 새로운 모색－한·미 역사 교과서의 6·25전쟁과 베트남 전쟁 서술을 중심으로」, 『역사와 교육』 10, 2010.

이진일, 「통일 후 분단독일의 역사 다시 쓰기와 역사의식의 공유」, 『역사비평』 114, 2016.

정운채, 「자기서사진단검사도구의 문항설정」, 『고전문학과교육』 17, 한국고전문학교육학회, 2009.

정운채, 「우리 민족의 정체성과 통일서사」, 『통일인문학논총』 47, 건국대 인문학연구원, 2009.

정운채, 「〈여우구슬〉과 〈지네각시〉 주변의 서사지도」, 『문학치료연구』 13, 한국문학치료학회, 2010.

정운채, 「정몽주의 암살과 복권에 대한 서사적 이해 : 분단서사와 통일서사의 역사적 실체 규명을 위하여」, 『통일인문학논총』 53, 건국대 인문학연구원, 2012.

전국역사교사모임 지음, 『역사, 무엇을 어떻게 가르칠까』, 휴머니스트, 2008.

조한혜정·이우영, 『탈분단시대를 열며』, 삼인, 2000.

주봉호, 「제2장 한반도 분단의 대내외적 원인에 관한 연구」, 『통일전략』 14, 한국통일전략학회, 2014.

차승주, 「남북한 교과서의 "한국전쟁" 관련 내용 비교 연구」, 『북한학연구』 7-2, 동국대 북한학연구소, 2011.

남북의 정서적 연대와 공감의 통일문화콘텐츠 개발

김기덕·김 승

1. 남북연대의 통일문화콘텐츠 구현 가능성 모색

최근의 남북한 정세는 격변하는 국제관계의 흐름 속에서 다소 불안정하지만, 차후 남북간의 왕래 및 교류 확대의 가능성을 제시해주고 있다. 물론 이러한 가능성은 그 실현과정에서 오히려 분단의 불협화음과 갈등을 더욱 확대시킬 우려 또한 동시에 가지고 있다.

이러한 상황에서 현단계 필요한 노력은 정치일변도의 논의에서 벗어나 진정한 남북연대의 공동체 형성의 가능성을 다각도로 모색해보는 것이라 생각한다. 본 글은 이러한 문제의식에서, 남북의 정서적 연대를 통한 통일문화콘텐츠 구축 방향을 모색한 글이다.

오늘날 문화콘텐츠란 개념은 대단히 광범위하게 사용되고 있다. 즉 모든 매체에 담기는 문화적 내용물(콘텐츠)을 총칭하는 용어이다. 처음에는 영화, 애니메이션, 게임, 축제, 방송 등 문화산업과 직결되는 장르에 들어가는 디지털 내용물을 의미하였지만, 현재는 교육콘텐츠나 음식콘텐츠, 강연콘텐츠처럼 모든 장르와 오프라인 차원의 내용물까지도 포괄하고 있다. 그것은 '문화'가 의미하는 영역이 사실상 대단히 광범위하기 때문이기도 할 것이다. 또한 본문에서 자세히 언급할 것이지만, 완성 제작물만이 아니라 기획단계의 원천소재 모색이나 제작물 완성 후 홍보, 마케팅까지도 문화콘텐츠의 영역에 포괄된다.

현재 남한사회에서 시도되고 있는 통일문화콘텐츠 현황은 일회성의포럼, 공연, 전시, 이벤트 등을 제외한다고 하더라도, 통일문화축제(주최: 민족화해협력범국민협의회), 주한외국인 평화통일 스피치대회(주최: 민주평화통일자문회의), 우리가족 통일캠프(주최: 서울시), 통일문화한마당(주최: 경상남도 양산시)을 위시하여 각 지자체에서 '통일'을 내세운 범(凡) 문화콘텐츠 관련 행사들은 대단히 많다고 할 수 있다. 하지만 대부분은 일종의 통일을 주제로 한 문화행사 수준이라고 할 수 있으며, 다분히 이벤트적인 차원이라고 할 수 있다.

한편 통일문화콘텐츠라고 할 수 있는 연구업적도 아직 거의 없다고 할 수 있다. 그것은 지금까지의 국내외 정세가 이러한 주제의 연구를 견인하기에는 어려웠기 때문일 것이다. 현 상황에서 통일문화콘텐츠라는 주제에 보다 직접적으로 관련되는 것으로 한정하다면 다음과 같은 연구성과가 있다.[1] 가장 먼저 2006년 전영선의 연구는 통일문화콘텐츠의 하나로서 통일교육콘텐츠를 모색한 글이며,[2] 2010년 임옥규는 남북역사소설을 문화산업형 콘텐츠 및 학술정보형 콘텐츠로 활용하는 방안을 제시

---

1 남북한 문화 및 문화재교류나 북한에서의 한류 전파 등과 같이 주제까지 넓힌다면 훨씬 많은 연구성과가 있다. 그러나 여기에서는 일단 통일문화콘텐츠라는 의미에 직결되는 것으로 한정하여 제시하였음을 밝힌다.

2 전영선, 「남북관계 변화에 따른 통일문화콘텐츠 개발 필요성과 방향」, 『한민족문화연구』 제18집, 한민족문화학회, 2006.

하였다.[3]

2013년에는 두 편의 학위논문이 있었다. 이석민은 독일의 통일사례에서 문화콘텐츠의 역할을 검토한 후, 한반도 통일을 대비한 문화콘텐츠의 발전방향을 제시하였다.[4] 함재묵은 민족문화콘텐츠 원형 발굴사업의 개발 필요성과 이러한 문화원형을 활용한 한류문화콘텐츠 개발방향을 제시하였다.[5]

한편 2016년 정진아는 통일문화콘텐츠의 한 사례로 개발한 웹툰개발 과정을 단행본으로 정리했으며,[6] 2017년에 동범준은 남북한의 문화재 법제도를 비교하고 문화콘텐츠적 특성을 고려한 통일한국시대의문화재 관련 법제도의 방향을 제시하였다.[7]

앞서 언급한 것처럼 문화콘텐츠의 범주는 대단히 넓으며, 그 실현방법도 한반도 정세의 변화에 따라 대단히 차이가 많을 것이다. 따라서 통일문화콘텐츠와 관련된 본 글의 논의는 다음과 같이 한정했음을 밝힌다. 첫째, 남한만의 시도가 아니라 남북한을 동시에 고려하였다. 따라서 남한의 지자체에서 시도할 수 있는 통일관련 콘텐츠 개발 제시나 탈북민을 대상으로 하는 논의는 검토대상에 넣지 않았다. 둘째, 차후 문화콘텐츠산업으로 확장될 수 있는 것을 염두에 두고 고찰하였다. 그 결과 통일교육과 관련된 것은 연구

3 임옥규, 「문화콘텐츠로서 남북 역사소설 활용방안」, 『한민족문화연구』 제34집, 한민족문화학회, 2010.
4 이석민, 「북한의 한류 영향을 통해 바라본 한반도 통일을 대비한 문화콘텐츠의 발전방향」, 경상대학교대학원 석사학위논문, 2013.
5 함재묵, 「남북통일 시 문화통합을 위한 민족문화콘텐츠 개발에 관한 시론적 연구」, 대진대학교 통일대학원 석사학위논문, 2013.
6 정진아 외, 『통일문화콘텐츠 희(希)스토리 : 새로운 산학협력모델 인문브릿지』, 박이정, 2016.
7 동범준, 「남·북한 문화재 법 제도 비교 분석 및 통일한국 시대에서의 문화콘텐츠활용을 위한 발전방향 제시」, 『문화콘텐츠연구』 제11집, 건국대학교 글로컬문화전략연구소, 2017.

대상으로 삼지 않았다. 셋째, 불확실한 통일시대를 대상으로 하지 않고 현단계에서 현실적으로 실현가능한 개발방향을 제시하고자 하였다.

이러한 관점에서 먼저 2장에서는 남북의 정서적 연대와 통일문화콘텐츠가 갖는 의미를 고찰해 보았으며, 3장에서는 현단계에서 적합하다고 판단되는 통일문화콘텐츠 개발방향을 1)전통문화 소재에서 출발,2)현시대 최신기술까지 고려한 개발, 3)쌍방향 개발방식을 염두에 둔진행이라는 세 가지로 제시해 보았다. 무릇 모든 과제는 설계 단계부터가 중요하다고 생각한다. 본 글은 차후 더욱 활성화될 통일문화콘텐츠개발에 있어 무엇보다 기본 설계가 중요하다는 관점에서 작성되었음을 밝힌다.

2. 남북의 정서적 연대와 통일문화콘텐츠가 갖는 의미

건국대학교 통일인문학연구단에서는 남북간의 적대성을 해소하고 연대의 공동체를 형성하기 위한 정서적 장치로써 문학치료 개념에서 도출된 '통합서사'를 제시한 바 있다.[8] 분단서사가 분단과 한국전쟁이라는 역사적 사건, 분단체제의 지속 속에서 형성된 한국 사회의 갈등을 그대로 안고 있는 사고와 말하기 방식이라면, 통합서사는 한반도의 통일을 지향하는 서사, 더 나아가서는 한국사회의 갈등을 통합하는 서사 곧 사회통합의 서사적 장치라고 말할 수 있다. 통합서사는 크게 해원(解寃), 포용, 화해 통합을 통해 구현된다. 김종군은 역사 속에서 구체적 사례로 해원의 경우 홍건적의 난의 참상을 공론화한 김시습의 『금오신화』에 수록된 〈이생규장전〉을 분석하였다. 그리고 포용의 사례로 『삼국사기』와 『삼국유사』에 기록된 계백장군이 이끄는 5천 결사대의 황산벌전투 일화, 통합의

---

8   건국대학교 통일인문학연구단, 『분단체제를 넘어선 치유의 통합서사』, 선인, 2015.

사례로 『삼국유사』 기이편에 실린 문무왕대 〈만파식적〉 이야기를 제시하였다. 이러한 사례에 근거하여 한국 현대의 6.25와 빨치산 등 이념갈등 속에 담긴 통합서사 사례를 담론화하고 그것을 영화, 드라마, 애니메이션, 웹툰, 음악, 뮤지컬 등의 문화콘텐츠에 담아서 통합의 메시지를 확산할 것을 제안하였다.[9]

아마도 이러한 통합서사는 통일인문학연구단을 위시하여 많은 연구자들에 의해 차후 활발하게 개발될 것으로 생각한다. 필자는 이 자리에서 현단계 통합서사를 위한 전제적 조건, 또는 통합서사의 결과물로서의 남북의 정서적 연대에 주목하고, 그것을 '공동체성'과 '개인의 주체성'이라는 관점에서 풀어보고자 한다. 필자가 여기에 주목하는 것은 최근의 한류 현상, 그리고 통일문화콘텐츠의 본질 등을 생각할 경우, 여러 각도에서 분석될 수 있지만 '공동체성'과 '개인의 주체성'이라는 관점 또한 매우 유효하다고 판단해왔기 때문이다. 즉 이 점은 그동안 필자가 한류 및 문화콘텐츠에 담긴 문화사적 의미를 추적한 고민의 산물이기도 하다.

여기에서 '공동체성'과 '개인의 주체성'의 문제를 생각하기 위하여 먼저 동양적 사고와 서양적 사고를 비교하여 제시하면 〈표 1〉과 같다.

레비스트로스는 일본에 체류하면서 동양적 사유와 서양적 사유의 차이를 언어 사용방식, 톱이나 대패를 다루는 방식 등 몇 가지를 통해서 명쾌하게 제시하였다. 즉 서양은 주체(subject)로부터 나가는 원심적 방식, 동양은 주체로 들어오는 구심적 방식으로 파악한다는 것이다.[10] 리처드 니스벳은 세상을 바라보는 동양과 서양의 서로 다른 시선을 동양의 더불어 사는 삶과 서양의 홀로 사는 삶, 전체를 보는 동양과 부분을 보는 서양,

---

9   김종군, 「통합서사의 개념과 통합을 위한 문화사적 장치」, 『통일인문학』 제61집, 건국대학교 인문학연구원, 2015.
10 레비스트로스, 류재화 옮김, 『달의 이면』, 문학과지성사, 2014, 49-54쪽.

〈표 1〉 동양과 서양의 사고방식 비교

	레비스트로스	리처드 리스벳	필자 정리
동양	구심적(求心的) - 주체로 들어오는 사고	· 더불어 사는 삶 · 전체를 보는 동양 · 동양의 상황론 · 동사를 통해 세상을 보는 동양 · 경험을 중시하는 동양	· 공동체적(우리 강조) · 어울림, 조화 강조 · 하나됨 지향 · 호모(Homo)적
서양	원심적(遠心的) - 주체로부터 나가는 사고	· 홀로 사는 삶 · 부분을 보는 서양 · 서양의 본성론 · 명사를 통해 세상을 보는 서양 · 논리를 중시하는 서양	· 주체적(나 강조) · 독창적, 창의성 강조 · 다양성 지향 · 헤테로(Hetero)적

동양의 상황론과 서양의 본성론, 동사를 통해 보는 동양과 명사를 통해 세상을 보는 서양, 논리를 중시하는 서양과 경험을 중시하는 동양으로 대별하여 다양한 사례를 제시하여 논증하였다.[11] 이러한 리처드 니스벳에서 아이디어를 얻어 EBS에서는 다큐멘터리〈동과 서〉라는 영상을 제작하여 방영하였고, 그 결과를 단행본으로 정리하여 출간하였다.[12]

필자 역시 동양적 음양론(陰陽論)을 응용한 삼원론(三元論)의 논리를 문화콘텐츠 분석도구로 활용하면서, 지속적으로 동양적 사유와 서양적 사유의 차이를 생각해 왔다. 몇 가지 사례를 들어보자. 먼저 주소와 이름표기에 있어, 한국과 서양 방식은 완전히 반대이다. 한국은 〈대한민국 서울시 광진구 능동로 120 건국대학교〉처럼 나(주체)에게서 먼데부터 시작하여 가까운 데로 표기한다. 그러나 서양은 같은 주소를 〈Konkuk University 120 Neungdong-Ro Gwangjin-gu Seoul Korea〉라고 하여, 주체와 가까운 곳에서부터 먼데로 나아가는 방식으로 표현한다.

이러한 원칙은 이름도 그렇다. 한국은 공동체의 산물인 성(familyname)

---

11 리처드 니스벳, 최인철 옮김, 『생각의 지도』, 김영사, 2004.

12 EBS 〈동과 서〉제작팀, 『EBS 다큐멘터리 동과 서』, 지식채널, 2012.

을 먼저 쓰고 주체인 자신의 고유 이름(first name)을 나중에 쓰기 때문에 〈김기덕, kim kiduk〉이라고 쓴다. 그러나 서양은 주체로부터 나가는 사고이므로 반대로 〈기덕김, kiduk kim〉으로 쓴다. 한라산(Mt.Halla), 2차 대전(World War II), 10번(No. 10), 2권(Book II), 5페이지(page 5), 9호선 (line 9), 6장(chap. VI) 등의 사례도 서양은 주체에서 가까운 것을 먼저 표현하고,[13] 그 다음에 점차 나아가서 알게 된 것을 확인한 내용을 다음에 쓰는 것이다. 삼원론으로 표현하자면 서양은 주체에서 밖으로 나가고자 하는 헤테로(Hetero)적 사고이며, 동양은 밖에서 주체인 나에게로 들어오는 호모(Homo)적 사고인 것이다.[14] 이러한 점은 돈을 세는 방식에 있어서도, 서양은 주체에서 밖으로 나가는 방식으로 센다면 동양은 밖에서 주체 쪽으로 들어오는 방식으로 센다. 손가락으로 숫자 세는 방식도 마찬가지이다. 이러한 점은 언어사용에서 더욱 극명하게 나타난다. 서양 언어는 기본적으로 주어를 생략할 수 없다. 주체에서부터 나가는 원심적 사고이므로 먼저 주어를 반드시 말해야 한다. 그러나 한국어는 마지막에 말해도 되며 때때로 주어를 종종 생략하는데, 이는 밖에서부터 주체로 들어오는 구심적사고의 영향이라고 할 수 있다.[15] 또한 한국의 언어습관에서 '나'가되어야 할 것도 관용적으로 '우리'가 되는 사례도 마찬가지 이유라

---

13 이것은 주체가 먼저 알게된 것을 우선적으로 표현한다는 뜻이기도 하다. 예를 들어 '저것은 산(山)이다. 그런데 자세히 살펴보니 한라산이다'라는 사고방식이므로, Mt. Halla라고 쓴다. 그러나 한국어는 바로 한라산이다. 따라서 한국적 표현의 또 다른 특징은 '직관적'이며, 서양은 '분석적'이라고 할 수 있다.

14 삼원론에서 헤테로는 변코자 하는 힘으로, 주체로부터 밖으로 변화하는 원심적 사고 와 통한다. 호모는 변치 않고자 하는 힘으로, 변치 않는 주체로 돌아가고자 하는 구심적 사고와 통한다. 삼원론에 대한 설명은 본 글에서는 이 정도로 줄이고자 한다. 삼원론에 대한 좀더 자세한 설명은 다음을 참조할 수 있다(김기덕, 「삼원론을 활용한 캐릭터 분석-영화 〈노인을 위한 나라는 없다〉를 중심으로」, 『인문콘텐츠』 제29집, 인문콘텐츠학회, 2013.).

15 레비스토스, 류재화 옮김, 앞의 책, 73-75쪽.

고 할 수 있다.

이러한 특성으로 인해 서양이 인력(引力)을 본격적으로 이해한 것은 1665년 아이작 뉴턴이 만유인력의 법칙을 정립한 때부터라고 한다.[16] 나로부터 나가는 원심적 사고이므로 나로부터 분석해 나가는 것이 달과 해까지 도달하기에는 오랜 세월이 걸렸을 것이다. 그러나 동양에서는 기원전부터 이미 달과 해, 그리고 행성(行星)들의 움직임을 종합한 음양오행(陰陽五行) 및 간지(干支) 이론을 도출하였다. 이 역시 멀리서 나에게로 들어오는 구심적 사고의 영향일 것이다.

필자가 지금까지 동양과 서양의 사유의 차이를 언급한 것은 그 차이의 핵심이 '공동체성'과 '개인의 주체성'의 문제로 환원되기 때문이다. 필자는 남북의 정서적 연대라는 과제를 생각할 때에, 남과 북이 똑같이 공동체성과 개인의 주체성의 문제의 혼란과 갈등을 겪고 있다는 점을 핵심적으로 고려해야 한다고 보고 있다. 즉 남북의 정서적 연대는 공동체성과 개인의 주체성의 합일(合一)이라는 것으로 독해(讀解)되고, 이해되고, 성취되어야 한다고 생각한다.

전세계적으로 유행하고 심지어 북한에서도 급속도로 전파되고 있는 한류를 갖고 이 문제를 좀 더 생각해 보고자 한다. 필자는 한류가 자생적이지 않으며, 한류의 형성은 한국의 문화가 아니라 오히려 다른 국가나 세계적인 사건들에 영향을 받았다는 문화적 혼종성 이론에[17] 답하기 위하여, 한류를 낳은 한국의 전통적 문화유전자를 ①공동체와 예의 ②역동성

---

16 EBS 〈동과 서〉 제작팀, 앞의 책, 39쪽.

17 Chua, Beng Huat. "Conceptualizing an East Asian Popular Culture." *Inter-Asia Cultural Studies*, vol.5 no.2, 2004, pp.200-221. Chua, Beng Huat, and Koichi Iwabuchi. *East Asian Pop Culture: Analyzing the Korean Wave*. Hong Kong UP, 2008.
Anderson, Crystal S. "Hybrid Hallyu: The African American Music Tradition in K-Pop." *Global Asian American Popular Culture*, NYU p, 2016, pp. 290-303.

과 흥 ③직관과 조화라는 3가지로 제시한 바 있다.[18] 이 중가장 논란이 있을 수 있는 것은 공동체와 예의일 것이다.

한류 드라마나 영화, 심지어 K-pop을 보면 공동체적 특성이 많이 담겨 있다. 공동체적 방식에 익숙하기 때문에 공동체 구성원과의 어울림이 중요하다. '모난 돌이 정 맞는다'는 속담은 강고하게 자리 잡고있다. 그래서 튀는 것은 금기시되었다. 그 결과 최근까지도 질문과 토론방식의 수업이 학생들에게 익숙하지 않으며, 주입식 교육의 형태가 지속적으로 전개되어온 이유이다. 공동체적 사고방식은 그 형식에 있어 당연히 '예의'를 강조하게 된다. 한국 K-pop의 아이돌문화는 최장 10년 정도의 연습생 시절을 갖는다. 한국에서 독특하게 전개되는K-pop 연습생의 합숙을 통한 오랜 훈련과정은 공동체적 사고에 익숙하기 때문에 가능한 것이다. 그리고 연습과정을 보면 노래연습에 앞서 항상 만나는 사람들에게 먼저 인사를 깍듯하게 하는 것을 기본으로 하고 있다.[19] 노래 이전에 무엇보다 예의를 심어주는 방식인 것이다. 한국에서는 일반적으로 사람의 평가에 있어서도 항상 예의가 핵심사항이 된다. 이러한 예의의 핵심에 효(孝)사상이 있다. 실제 한류 드라마나 영화에는 이러한 예의와 효사상이 직간접적으로 투영되어 있다.[20]

물론 한류에 담긴 공동체성과 예의가 항상 긍정적으로 작용하고 있다는 것은 아니다. 오히려 공동체성의 강조는 개인의 주체성을 지나치게 약화시키는 부정적인 요소로 작용하고 있기도 하다. 또한 21세기남한의

---

18 Kim, ki-duk, Bae, sang-joon. "HALLYU AND THE TRADITIONAL CULTURAL GENES OF KOREA" *Kritika Kultura* vol.29, 2017.

19 필자는 2016년 1년 동안 10개 K-pop 회사에서 아이돌연습생 대상 역사특강을 한 바 있다. 여기에서 본 피상적 관찰일 수 있겠지만, 무엇보다도 예의를 우선적 으로 실천 시키고 있다는 것을 강하게 느꼈다.

20 Kim, ki-duk, Bae, sang-joon, *ibid.*, pp.323.

경우는 서구문화의 영향으로 개인 주체성의 강화가 전통적인공동체성과 종종 충돌하고 있다. 그러나 이 양면적인 요소의 갈등을 잘 처리하고 있는 것이 한류에 담긴 내용적 특성이라고 할 수 있으며, 그 때문에 전세계는 관심과 공감을 갖는 것이라고 생각한다. 한국 리얼리티 프로그램에 나오는 아이돌스타 후보생의 정서구조를 분석한 김수정의 연구는 이 점을 예리하게 지적하고 있다. 그는 리얼리티 쇼의 핵심 포맷인 서바이벌 형식의 '경쟁'이 참가 경쟁자들이 형성하는 유사 가족적 관계에 의해 순화되는 특성을 가족주의적 정서의 측면에서 조명하였고, 또한 시청자들이 가난하고 불우한 환경의 참가자를 리얼리티 쇼의 최종 우승자로 만드는 현상은 평등을 희구하는 대중의 정서구조가 대중문화의 영역에서 상징적이고 정서적인 형태로 표출된 것으로 이해하고 이를 '정서적 평등주의'라고 명명했다.[21]

대부분의 연구자들은 이러한 아이돌 중심의 리얼리티 쇼를 '꿈'과 '열정', '경쟁'과 '성공' 등과 연루된 신자유주의 논리임을 강조하고 있다. 즉 대부분의 논리가 리얼리티 쇼를 개인의 강조와 성공을 조장하는 것으로 이해하는 반면에, 김수정은 자세히 관찰해 보면 그 속에서는 공동체와 개인의 주체성 사이의 아름다운 공존이 존재하고 있다는 점을 지적한 것이다.[22]

필자가 제기한 공동체성과 개인의 주체성의 문제는 팬덤(Fandom) 현

---

21 김수정, 「한국 리얼리티 프로그램의 정서구조와 문화정치학」, 『방송문화연구』 제23집 2권, KBS 방송문화연구소, 2011.

22 김수정은 또한 일반인 중심의 리얼리티 쇼 대신 연예인 중심의 리얼리티 쇼를 지배적인 형식으로 하는 한국 리얼리티 쇼의 특성을 한국사회에서 발견되는 동질성을 추구하는 강한 집합주의적 정서구조와 그로 인한 개인주의의 상대적 인 저발달과 관련되는 것으로 설명하고 있다(김수정, 위의 글, 43-47쪽). 크게 보면 김수정의 분석은 필자가 제시한 공동체성과 개인의 주체성과의 상관성을 심층 분석한 것으로 해석될 수 있을 것이다.

상에서도 잘 나타나고 있다고 생각한다. 인류 역사에서 팬덤의 역사는
오래되었다. 예를 들어 베토벤 장례식에는 2만 명이 넘는 팬이 몰려 기절
하거나 부상당하는 사람도 있었다고 하며, 한국에서도 1970년대 남진,
나훈아, 1980년대 조용필, 그리고 1990년대 서태지와 아이들 등은 한국
대중문화 팬덤에서 중요한 분기점들이 되었다.[23]

그러나 현재 전세계적으로 화제가 되고 있는 팬덤은 한류와 관련되어
있다. 유럽 전역의 언론에서 '제2의 비틀스'라는 별명을 붙여준 방탄소년
단(BTS)을 중심으로 하는 K-pop 스타들의 팬클럽 활동은 온라인, 오프라
인을 넘나들며 실로 경이로운 지경에 도달하였다. 이러한 전세계가 주목
하는 한국적 팬덤 현상에 대하여 현재 대단히 많은 연구가 축적되어 있
다. 대부분의 연구는 팬덤현상 자체를 다양하게 추적하면서, 그것의 긍정
성과 부정성을 동시에 언급한다. 여기에서 주요한키워드들은 '인정욕구
충족 수단', '자기 동일화를 통한 대리만족', '문화산업의 호명으로 형성된
수동적 역할', '때로 관리자이면서 판관(判官)의 역할', '문화적 실천을 하
는 존재', '아무 것도 되는 것이 없는 한국사회에서 유일하게 허용된 열정
분야' 등이라고 할 수 있다.[24]

---

23 이응철, 「우리는 항상 무엇인가의 팬이다: 팬덤의 확산, 덕질의 일상화, 취향의 은폐」, 『한국문화인류학』 제49집 3권, 한국문화인류학회, 2016, 98쪽. 팬덤의 역사에 대한 상세한 논의는 다음을 참조할 수 있다. 김환표, 「팬덤의 역사: '인정투쟁'을 위한 치열한 몸부림인가(1)」, 『인물과 사상』, 2012, 인물과사상사; 마크 더핏, 김수정외 옮김, 「팬덤의 간략한 역사」, 『팬덤 이해하기』, 한울엠플러스, 2016, 24-43쪽.

24 현재 한류 및 팬덤 관련 연구는 가장 많은 연구물이 산출되는 분야라고 할 수 있다. 이 분야는 거의 대부분 사회과학 연구자들이 수행하고 있다. 필자는 '콘텐츠(텍스트) 없는 콘텍스트 없고, 콘텍스트 없는 콘텐츠다'고 생각한다. 콘텐츠에 대한 이해나 그것에 담긴 콘텍스트를 이해하려면 오랜 전통에 담긴 문화사적 의미를 알아야 한다고 생각한다. 즉 한류 및 팬덤 연구에 있어 인문학적 시각이 더욱 반영될 필요가 있을 것이다. 이 점에서 필자는 '한류인문학'을 제창한 바 있다(김기덕, 「'한류인문학'을 제창한다」, 『인문콘텐츠』 제45집, 인문콘텐츠학회, 2017.).

필자는 팬덤현상에 대한 이러한 접근에 대하여 다소 현상적인 차원의 해석이 아닌가 하는 아쉬움이 있었다. 이 점에서 비록 신문칼럼이지만, 한 외국인의 시각은 주목할만하다고 생각한다. 「팀 알퍼의 한국 일기」라고 연재되는 한 칼럼에서 K팝의 팬덤현상에 대한 해석은 다음과 같다.[25]

> 한국은 불과 수십 년 사이에 눈에 띄지 않는 변두리 국가에서 글로벌 파워를 지닌 부국(富國)으로 탈바꿈했다. 하지만 이런 변화를 겪으며 전통적인 한국의 삶의 방식이 완전히 파괴되는 막대한 사회적 비용을 치렀다. 팬덤은 한국적인 솔(soul)이 갈구하는 공동체 의식을 대변한다. 팬덤은 팬이 아닌 사람들에게는 비이성적으로 보이겠지만, 사실 팬덤은 수천 년 동안 간직해온 한국의 전통적인 가치가 흔들리고 도전받는 현상에 대한 반응일 수도 있다. 서양식의 자본주의와 도시 생활은 한국의 젊은이들을 개인주의, 경쟁, 고독으로 끌고 갔다. 하지만 팬덤은 고락(苦樂)을 함께 나누던 오래전한국의 공동체적 삶으로 되돌려 놓고 있다. 이런 팬 카페들은 사이버공간에만 존재한다. 하지만 이런 팬덤은 허구가 아니라 실체에 가깝다. 그곳의 멤버들은 대화와 경험, 감정을 공유하며 20세기 실존주의 철학자들이 '진실된' 행동이라고 부를 만한 행동들을 함께한다. 이런 의미에서 필자는 진심으로 그들을 경외한다.

경쟁, 고독에 지친 한국의 젊은이들이 온라인에서 되살린 공동체 의식에 유럽 팬들도 공감하며 응원에 참가한다는[26] 그의 해석에 대한 평가는 이견이 있을 수 있을 것이다. 그러나 필자는 공동체성과 개인의 주체성과의 관계성에서 고민해 온 연장선상에서 이 해석을 높이 평가하고자 한다.

---

25 팀 알퍼, 「팀 알퍼의 한국 일기: 유럽 팬들마저 끌어당기는 K팝의 '팬덤'」, 『조선일보』, 2019. 01. 01.

26 해외 팬들의 팬덤현상에 대해서는 다음의 글을 참고할 수 있다. 베르비기에 마티유, 조영한, 「케이팝(K-pop)의 한국 팬덤에 대한 연구 – 해외 팬들에 대한인식을 중심으로」, 『한국언론정보학보』 제81집, 한국언론정보학회, 2017.

지금까지 '남북의 정서적 연대'의 핵심 키워드인 공동체성과 개인의 주체성의 문제를 논증하기 위하여, 다소 장황하게 서술하였다. 따라서 통합서사의 전제 또는 통합서사의 귀결은 남과 북의 정서적 갈등의 해소를 통한 연대인데, 그 핵심은 공동체성과 개인의 주체성의 문제를 해결하는 것이라고 보고 있다. 아울러 이러한 남북의 정서적 연대에 기반한 통일문화콘텐츠의 창출도 공동체성과 개인의 주체성의 문제를 핵심 키워드로 해야 한다고 주장하고자 한다. 그것은 남북한의 정서의 '공감(共感)'에 바탕을 둔 문화콘텐츠 개발을 위한 최선의 방향이라고 생각한다. 이 점을 도표로 표시해보면 다음과 같다.[27]

〈표 2〉 남북의 정서적 연대와 공감의 통일문화콘텐츠의 관계와 의미

주제어	남북의 정서적 연대와 통일문화콘텐츠	통일문화콘텐츠의 단계와 의미
지향점	남북의 정서적 연대 ⬇	통일문화콘텐츠 기획의 전제
본질	공동체와 개인 주체성의 합일 ⬇	통일문화콘텐츠 키워드
활용	통일문화콘텐츠를 통한 남북한 동질성 회복 ⬇	통일문화콘텐츠 기대효과
의미	동양적 사유와 서양적 사유의 합일 ⬇	통일문화콘텐츠 보편성
가치관	통일시대 새로운 가치관 정립	통일문화콘텐츠의 세계사적 가치관

27　통일문화콘텐츠가 갖는 의미를 이렇게 자리매김하는 것은 2000년대 처음 문화콘텐츠 개념이 나왔을 때에, 그것을 단순히 산업적이며 엔터테인먼트 차원에서 접근해서는 안되며, 인간화·인간해방이라는 본질적 의미를 갖는 '인문콘텐츠'의차원에서 접근할 필요가 있다는 필자의 주장과도 일맥상통하는 것이다(김기덕, 「콘텐츠의 개념과 인문콘텐츠」, 『인문콘텐츠』 창간호, 인문콘텐츠학회, 2003.).

3. 현단계 통일문화콘텐츠 개발 방향

1) 창작소재: 전통문화 소재에서 출발

문화콘텐츠 개발은 개발하고자 하는 소재의 선택에서 시작한다. 이점을 도표로 표현하면 〈표 3〉과 같다. 물론 이 표에서 다소 순서가 바뀔 수도 있다. 예를 들어 ②창작소재를 갖고 ③무엇을 얘기할 것인가(컨셉설정)는 거꾸로 ③을 먼저 생각하고 ②창작소재를 찾을 수도 있다.

남한의 문화콘텐츠산업에서 항상 가장 어려운 것은 기획-제작-마케팅 중에서 사실상 기획단계라고 할 수 있다. 기획단계의 핵심은 창작소재와 그 소재를 활용한 컨셉의 설정이다. 이 단계가 완료되지 않기 때문에 제작에 들어가지 못하는 것이며, 이 단계를 소홀히 하여 애써 만든 작품의 완성도가 떨어지는 것이다.

〈표 3〉 문화콘텐츠산업 프로세스와 핵심요소30

순서	프로세스	핵심 요소	용어
①	사전 기획	무엇을 만들 것인가?	발상
②	기획	무얼 갖고 얘기할 것인가?	창작소재
③	기획	무엇을 얘기할 것인가?	트렌드 및 컨셉
④	기획	어떻게 얘기할 것인가?	스토리텔링
⑤	제작	어디에 담을 것인가?	미디어 및 장르
⑥	제작	어떻게 만들 것인가?	기술
⑦	마케팅	어떻게 알릴 것인가?	홍보
⑧	마케팅	어떻게 팔 것인가?	비즈니스

그런데 이러한 기획의 중요성은 북한의 경우에도 마찬가지라고 생각한

---

28 김기덕, 「4차 산업혁명시대 '문화원형 소재 오픈소스화를 위한 디지털콘텐츠화사업'의 필요성」, 『인문콘텐츠』 제48집, 인문콘텐츠학회, 2018, 113쪽.

다. 대체로 북한은 팩트보다는 신화(神話)적인 요소, 문화콘텐츠의 장르에서는 만화영화에 치중되어 있다고 할 수 있다. 이는 선전성을 강화하기 위해서는 이러한 것들이 다소 비약하기 쉬우며 메시지 전달이 용이하기 때문일 것이다. 특히 고구려는 지정학적 위치도 북한과 정체성을 쉽게 공유하기 때문에 소재 선택이 자연히 고구려에 치중돼 있다.[29] 그러나 이러한 상황의 지속은 북한에게도 한계로 작용할 수밖에 없다. 다양한 창작소재에 입각한 기획 능력의 향상은 북한의 경우에도 절실하다고 할 수 있다.

문화콘텐츠 창작소재의 많은 부분은 전통문화에서 온다. 그것은 전통문화의 소재들은 그 자체가 문화원형이기 때문이다.[30] 이러한 이유 때문에 2000년에 설립된 한국문화콘텐츠진흥원에서는 2002년부터 2010년까지 〈우리문화원형 디지털콘텐츠화사업〉을 시행한 것이다. 이 사업을 통해 문화콘텐츠 개발에 적용될 전통 문화원형 소재 200여 사례를 개발하였다. 한편 이 사업에서는 북한의 문화원형도 개발하였다. 개발 내용은 전반부는 북한의 문화재를 조사하였고, 후반부는 문화콘텐츠 창작소재로 추천할 수 있는 26가지를 조사하였다. 그 목록은 다음과 같다.[31]

1.우리 역사의 뿌리를 찾아서. 2.고인돌 왕국, 대동강유역. 3.마을을 꾸민 첫 사람들. 4.한반도의 첫 무역상, 서포항 사람들. 5.우리겨레의

---

29 북한은 고구려가 시대적 배경인 만화영화 〈소년장수〉를 100부작으로 기획하여 거의 한 달에 한 편꼴로 제작하고 있다. 최근에는 동명왕 고주몽의 일대기를 그린 만화영화 〈고주몽〉을 20부까지 제작했다.

30 원형(原型) 및 문화원형에 대한 논의는 많은 혼란이 있었다. 최근 필자는 이에 대해 다시 정리한 바 있다. 본 글에서 원형 및 문화원형에 대한 논의는 생략하고자 하면 다음을 참조할 수 있다. 김기덕, 위의 논문, 116-121쪽.

31 한국문화콘텐츠진흥원, 『북한지역의 우리 문화원형』, 2004. 이 사업은 단국대학교 동양학연구소에서 수행하였다. 실제 내용 서술에서는 일반적인 문헌조사 중심으로 정리되어 있다.

최초의 국가·고조선. 6.겨레의 기원과 단군신화. 7.활로 나라를 세우다-
동명성왕. 8.호동왕자와 낙랑공주의 비련의 사랑이야기. 9.춤추는 하늘
-고대 우리민족의 제천행사. 10.하늘을 사랑한 민족-개성 첨성대와 경
주 첨성대. 11.역사의 도시 개성. 12.고분벽화를 통해본 고구려의 방직
기와 의복재료 및 복식의 문화원형. 13.고분벽화를 통해본 고구려의
탈 것 문화의 원형. 14.고구려 고분벽화를 통해본 고구려왕의 행렬.
15.을지문덕 장군과 녹족부인 전설에 얽힌 수나라와의 전쟁. 16.고구려
해양활동 및 해외진출 경로도. 17.광개토대왕의 대외진출. 18.고수·
고당전쟁 삼국통일전쟁. 19.거지왕자와 미천왕. 20.바보온달과 평강공
주의 사랑. 21.고분벽화예술. 22.왕건의 등장과 고려 건국. 23.무역의
나라 고려. 24.홍경래의 반란과 사회개혁운동. 25.북녘의 음식 문화.
26.잊혀진 인삼의 길

　전통문화에서 문화콘텐츠산업의 창작소재를 찾기 위해 전개된 문화원
형사업은 당시 인문학계에서는 상당히 반응이 컸다. 인문학이 문화산업
과 본격적으로 접목되는 시도였기 때문이다. 이 사업은 많은 긍정적인
성과와 함께 아쉬운 점도 많았다. 무엇보다 본 사업의 의도처럼 문화산업
계에 전통문화 창작소재를 제공한 점이 가장 큰 사업효과라고 할 수 있을
것이다. 그러나 지나치게 산업적 활용 실적을 의식하여 모든 개발물을
유료로 판매한 점은 오히려 사업효과를 반감시켰다고 할 수 있다. 개발물
의 유료판매 자체가 문화산업체에 부담이 되었을 뿐만 아니라, 과연 유료
로 구입할 가치가 있는 생산물인가 하는 점에서 도 의문이 컸다고 할
수 있다. 필자는 이와 관련하여 최근 오픈소스화를 기본으로 한 새로운
문화원형사업을 전개할 것을 제안한 바 있다.[32]
　우연의 일치인지는 모르겠으나 2000년대 들어 북한도 전통문화의 가

---

32 김기덕, 앞의 논문, 122-124쪽.

치를 재강조하였다. 사실 북한의 경우 분단 이후부터 지속적으로 민족문화유산에 대한 강조는 있어왔다.[33] 그런데 김정일이 1986년 〈주체사상교양에서 제기되는 몇 가지 문제에 대하여〉에서 '조선민족제일주의'를 언급한 이래, 그것은 북한의 주요 문학예술의 지침이 되었다. 이는 동구 및 소련의 공산주의 붕괴에 따라 이념적 존립기반을 잃게 되자 주체사상의 새로운 기표로서 조선민족제일주의를 창출한 것이며, 그 구체적인 내용은 사회주의제도의 우월성에 기반한 민족문화유산의 계승 발전사업의 강화였다.[34]

이러한 조선민족제일주의 흐름은 2000년대 들어 민속전통에 대한 관심으로 급속도로 확대되었는데, 2001년 『민족문화유산』이라는 대중문화 잡지를 창간하면서 민속전통에 대한 관심을 고조시켰다. 이 중 주목되는 것은 생활문화로서의 민속전통 계승에 대한 것이라고 할 수 있다. 『민족문화유산』 창간사에서는 북한에서 이러한 흐름이 나온 이유를 '주체성과 민족성 고수', '조선민족제일주의 정신의 발양'이라고 하였다. 즉 주체사상을 유일사상으로 표방하면서 밀쳐 두었던 민족의 특수성을 주체성과 결합시키면서 조선민족이 제일이라는 의식을 강하게 천명하고 나선 것이다.[35]

이처럼 남한과 북한이 2000년대 들어 전통문화를 들고 나온 이유는 서로 다르다. 남한은 본격적인 디지털시대에 맞추어, 문화콘텐츠산업의

---

33 김일성은 역사와 민족문화유산에 대한 올바른 인식이 중요하다고 역설하면서 민족문화유산을 비판적으로 계승발전시켜 민족적 형식과 사회주의적 내용을 올바르게 결합해야 한다고 했다(김일성, 「민족문화유산계승에서 나서는 몇가지 문제에 대하여」, 『김일성저작집 25』, 조선로동당출판사, 1983, 23-36쪽.).

34 김정일, 「주체사상 교양에서 제기되는 몇 가지 문제에 대하여」, 『주체혁명위업의 완성을 위하여 5』, 조선로동당출판사, 1988, 447-471쪽.

35 김종군, 「남북한의 민속전통 계승의 실제와 의미」, 『동방학』 제22집, 한서대학교 동양고전연구소, 2012.

창작소재를 개발하기 위하여 전통문화를 국가사업으로 개발하였다. 북한은 새롭게 체제유지에 필요한 창작소재의 자양분을 공급하기 위해 민속전통에 대한 관심을 증대시켰다. 그러나 이러한 남북한의 시도는 똑같이 문제점을 안고 있었다. 남한의 경우는 너무 '상업성'의 차원에서 전통문화의 개발을 시도하였다. 북한의 경우 문화의 다양성을 부정하는 민족 단일성과 우수성의 강조는 실제 '장마당'이 일반화된 현실에서는 제대로 관철될 수 없었다고 할 수 있다.

앞서 언급한 것처럼 문화콘텐츠 개발에 있어서 창작소재의 중요성은 아무리 강조해도 지나치지 않다. 물론 그 창작소재가 반드시 전통문화일 필요는 없으나, 실제 가장 많은 소재가 전통문화에서 올 수밖에 없다. 아무리 허구적인 이야기를 전개한다고 하더라도 사실적 일화와 유리된 이야기 전개는 한계가 있기 때문이며, 전통문화에는 모든 소재의 이야기 원형이 담겨 있기 때문이다. 그 결과 디즈니에서는 외국의 소재와 이야기를 사들이고 있는 것이다. 주지하듯이 디즈니 애니메이션 〈뮬란〉은 중국의 설화에서 소재를 구했고, 〈알라딘〉은 아랍, 〈포카혼타스〉는 인디언의 이야기에서 가져왔다. 디즈니 작품의 90% 이상은 다른 나라에서 소재를 가져온 것이다.[36]

남북한 공히 현재 문화콘텐츠 분야는 중요한 관심사라고 할 수 있으며, 앞으로도 이러한 경향은 더욱 확대될 것이다. 그렇다면 국가적 차원에서도 문화콘텐츠산업의 창작소재 개발에 더욱 관심을 기울여야할 것이다. 전통문화를 소재로 한 창작소재 개발에 있어 필자가 생각하기에 유념해

---

36 이 점에 대해서는 디즈니 애니메이션 48편의 스토리 출처를 전세계적인 신화, 전설, 민담, 기존 창작물로 분류하여 추적한 다음 연구가 참고가 된다. 노시훈, 「디즈니 애니메이션 스토리의 기본원칙과 성공전략」, 『만화애니메이션연구』 제7집, 한국만화애니메이션학회, 2003.

야 할 세 가지 사항을 제시해 보고자 한다.

첫째는 창작소재의 콘텐츠에 담긴 콘텍스트(Context)를 담아내는 개발이어야 한다. 배경, 맥락을 의미하는 콘텍스트는 두 가지가 있을 수 있다. 하나는 소재에 담긴 콘텐츠가 갖고 있는 콘텍스트이다. 모든 콘텐츠(이것을 텍스트라고 표현할 수도 있다)는 시대의 맥락과 당시 사람들의 관계망 속의 맥락이 있다. 이러한 맥락과 배경을 각 콘텐츠에서 잘 서술해 주어야 한다. 또하나의 콘텍스트는 과거의 창작소재 콘텐츠를 현시대 활용자가 바라보는 시대적 맥락과 배경이 있다. 개발자가 이러한 콘텍스트까지 전부 제공해줄 수는 없지만, 최소한 오늘의 트렌드와 시대 배경에서 개발하는 창작소재 콘텐츠가 갖는 의미를 전망해 줄 수는 있어야 한다고 생각한다. 단순한 콘텐츠 개발만이 아니라 이러한 콘텍스트까지를 담아 줄 때에 창작소재를 활용하여 문화콘텐츠 결과물을 만들고자 하는 개발자들이 활발하게 이용할 수 있을 것이다.

둘째는 창작소재 콘텐츠에 담긴 컨셉(Concept)을[37] 제시해 주는 개발이어야 한다. 하나의 창작소재에는 크게 보면 2개의 컨셉이 있다. 하나는 창작소재 콘텐츠가 의미하는 핵심 컨셉이다. 이것은 당연히 콘텐츠가 담고 있는 콘텍스트까지를 고려하여 추출되는 것이다. 역시 창작소재 개발자는 창작소재가 갖고 있는 다양한 콘텐츠를 제시하되, 그 창작소재의 핵심 컨셉 역시 정확히 제시해 주어야 한다. 그래야 그 창작소재를 활용하고자 하는 개발자들이 이용할 수 있는 것이다. 또 하나의 컨셉은 개발된 창작소재를 현시대 활용자가 트렌드를 감안하여 새롭게 제시하는 컨셉이다. 이 또한 콘텍스트처럼 창작소재 개발자가 이러한 컨셉까지 전부 제공해줄 수는 없지만, 역시 오늘의 트렌드와 시대 배경에서 개발하는

---

[37] '컨셉(concept)'의 표준어는 '콘셉트'이나 관용적으로 사용되는 컨셉을 그대로 사용하기로 한다.

창작소재 콘텐츠가 갖는 컨셉을 전망해줄 수는 있어야 한다고 생각한다. 단순한 콘텐츠 개발만이 아니라 이러한 컨셉까지를 담아 줄 때에 창작소재를 활용하여 문화콘텐츠 결과물을 만들고자 하는 개발자들이 활발하게 이용할 수 있다.

셋째는 앞서 언급한 바 모든 국가적 창작소재 개발은 오픈소스(Open Source)화 방식으로 진행되어야 한다. 이 경우 저작권 문제가 있을 수 있다. 그러나 가장 문제되는 사진자료의 경우 저작권에 문제가 없는 것, 또는 저작권이 공공성과 관련하여 아주 저렴한 것 위주로 하면 될 것이다. 오늘날은 집단지성의 시대이다. 기본적으로 개발방식도 오픈소스화하면서 집단지성이 활발히 기능하도록 설계하고, 이용자들도 개인과 산업체에 관계없이 자유롭게 이용할 수 있도록 해야 한다.

끝으로 한 가지 첨언할 것은 앞 장에서 언급한 것처럼 필자는 개발하고자 하는 전통문화 창작소재 콘텐츠 역시 크게 보면 공동체성과 개인의 주체성의 문제라는 키워드가 항상 게재되어 있다고 생각한다. 따라서 창작소재 개발에 있어 이 점도 반드시 유념할 필요가 있을 것이다. 그런 점에서 본 글에서는 '전통문화' 소재에서 창작소재를 시작할 것을 얘기했지만, 남북한 협력사업의 초기 단계에서는 무엇보다 전통문화에서도 공동체성과 개인의 주체성의 문제를 잘 부각할 수 있는 소재를 먼저 선택할 필요가 있다. 예를 들어 마을공동체문화 관련 소재, 세시풍속이나 음식문화, 놀이문화와 관련된 축제 등을 들 수 있을 것이다.

2) 활용매체: 현시대 최신기술까지 고려한 개발

〈표 1〉에서 제시된 것처럼 창작소재를 선택하여 컨셉 설정과 스토리텔링 과정을 통해 기획단계가 완료되면 매체 선정과 기술을 활용한 제작

단계에 들어간다. 현재 남북한의 문화콘텐츠 제작 수준은 상당한 수준에 도달해 있다. 특히 남한의 경우는 영화, 애니메이션, 모바일, 방송, 캐릭터, 만화, 게임 등 문화콘텐츠 전체 장르에서 활발하게 성과를 내고 있다. 여기에 더해 전세계적으로 커다란 반응을 얻고 있는 한류는 남한의 문화콘텐츠산업을 더욱 활발하게 해주고 있다.

북한의 경우, 남한만큼은 아니어도 다른 산업과 비교할 때 문화콘텐츠산업은 상당한 기반을 갖고 있다. 북한 문화콘텐츠의 핵심은 영화,[38] 애니메이션이라고 할 수 있다. 이 중 특히 애니메이션은 전세계에서 미국이 1위, 자신들이 2위라고 자부할 정도이며, 실제 북한의 애니메이션은 세계적 수준의 경쟁력을 인정받고 있다. 북한 애니메이션의 중심은 '조선4·26만화영화촬영소'로, '뽀로로'와 같은 남북 합작작품은 물론이고 미국 디즈니 애니메이션 〈라이언킹〉, 〈포카혼타스〉, 〈헤라클래스〉와 같은 대작에도 중요하게 참여했다. 현재도 프랑스와 이탈리아, 스페인 등의 요청으로 만화영화를 제작하고 있다.[39] 최근에는 북한의 3D 애니메이션 작품들 역시 기술적 완성도 등의 측면에서 호평을 받고 있다.[40]

『로동신문』에서 '조선4·26만화영화촬영소'를 검색하면 적지 않은 기사들이 나온다. 대부분 김정은의 촬영소 설비지원 기사이거나 노고를 치하하는 축하문 기사, 창작성과를 드러내는 홍보성 기사, 외국언론에서 북한의 만화영화 수준을 높이 평가한다는 기사들이다. 주시할 것은 김정은의 4·26만화영화촬영소 현지지도를 소개한 2014년 11월 27일자 1면 기사다.[41] 북한이 노동신문과 같은 조선노동당 중앙위원회 기관지 1면을

---

38 북한 영화에 대한 서술은 본 글에서는 생략한다. 이 점에 대한 개관은 다음의 글을 참조할 수 있다. 김승, 「북한 영화예술의 세계」, 『한국영화』, 영화진흥위원회, 2018.

39 〈클로즈업 북한〉, 『KBS 남북의 창』, 2018. 7. 14.
(http://news.kbs.co.kr/news/view.do?ncd=4009112)

40 〈남북 손 맞잡으면 '뽀로로 신화' 재창조〉, 『매일경제신문』 2019. 1. 7.

특정 예술분야에 할애하는 경우는 매우 드물다. 그만큼 북한 당국의 이 분야에 대한 전폭적인 지원을 의미한다고 할 수 있으며, 실제 그렇게 전개되고 있다.

북한이 제작한 3D 애니메이션 중 〈게으른 고양이 딩가〉(2001)와 〈뽀롱뽀롱 뽀로로〉(2004)에 주목할 필요가 있다.[42] 주지하다시피 이 작품들은 남북합작으로 제작된 애니메이션으로 남측이 프리프로덕션 (Pre-production)과 포스트프로덕션(Post-production)을, 북측이 메인프로덕션 (Main-production)을 담당해서 대성공을 거두었다.[43] 애니메이션을 통한 남북교류는 남북간의 이질감을 허무는 동시에 경제적으로 상생하는데 도움이 되는 산업이라 할 수 있다.[44] 그동안 애니메이션 분야의 남북합작은 북한의 저렴한 노동력에 시선을 두었다. 이제는 단순한 하도급의 관계를 넘어서 남한의 자본, 북한의 노동력, 그리고 남북한의 기획과 기술력이 융합될 때 진정한 남북협력의 장을 열 수 있을 것이다.

한편 영화, 애니메이션 외에 동상, 기념상을 해외에 제작해주는 '만수대창작사'의 활동도 기억할만 하다. 주로 아프리카나 후진국에 조형물과

---

41 〈경애하는 김정은동지께서 조선4.26만화영화촬영소를 현지지도하시었다〉,『로동신문』, 2014. 11. 27.

42 〈게으른 고양이 딩가〉(2001)는 디지털 3D애니메이션으로 대한민국 만화문화 대상 캐릭터 부문상을 수상했으며 홍콩, 대만, 태국 등 해외에서도 인기를 얻었다. 〈뽀롱뽀롱 뽀로로〉는 전체 52편 중 22편을 북측에서 제작했으며 이탈리아〈카툰 온더 버이〉, 프랑스 〈안시 페스티벌〉 등에서 경쟁작으로 선정되었다. (이찬도, 「남북한 문화콘텐츠 교류와 정책적 접근 방안」,『통상정보연구』제9집 3권, 한국통상정보학회, 2007, 354-355쪽.)

43 영화 및 애니메이션과 같은 영상 분야에서는 프리프로덕션은 기획단계를, 메인 프로덕션은 실제 제작단계를, 포스트프로덕션은 음악, 음향, 더빙 등 제작마무리 단계를 뜻한다. 한편 일반적인 문화콘텐츠 프로세스에서는 프리프로덕션은 기획, 메인 프로덕션은 제작, 포스트프로덕션은 마케팅으로 이해하기도 한다.

44 배성인, 「북한 애니메이션을 활용한 남북한 문화 교류협력 방안」,『문화정책논총』, 제17집, 한국문화관광연구원, 2005, 283쪽.

건물을 지었는데, 특히 2010년 아프리카 세네갈의 수도 다카르에 세운 '아프리카 르네상스 기념상'은 50m로 뉴욕의 '자유의 여신상'보다 높다. 또한 2015년에는 자체 예산(120억원)을 투입해 캄보디아의 세계적 유적지 앙코르와트 인근에 '앙코르 파노라마 박물관'을 개관하고[45] 입장 수입으로 외화를 벌고 있다. 이러한 만수대창작사의 활동은 김정은 통치자금을 위한 외화벌이라는 비판을 받고 있고, 아프리카 권위주의 정권들이 원하는 정치적 정당성을 합리화해 준다는 지적도 있다.[46] 그러나 만수대창작사 활동을 통해 본 북한 거상(巨像) 제작 및 박물관 건립 수준은 매우 뛰어남을 알 수 있다.[47]

그런데 오늘날 핵심콘텐츠는 AR, VR을 활용한 것이다. 이미 남한에서는 4차 산업혁명시대라는 유행어를 타고 AR, VR을 활용한 콘텐츠가 대세가 되어 가고 있다. 따라서 통일문화콘텐츠 개발에 있어서 기존 매체를 활용하는 것도 당연히 지속되어야 하지만, 새롭게 대두된 AR, VR 기술을 활용한 콘텐츠 개발이 필요하다. 북한의 경우도 첨단기술을 매우 중시하고 있다. 『로동신문』 기사를 통해 보면 김정은은 기본적으로 "과학으로 비약하고 교육으로 미래를 담보하자!"라는 전략적 구호를 제시하고 과학기술강국, 인재강국을 목표로 하고 있다는 것을 지속적으로 강조하고 있다.

정보통신기술(ICT)을 기반으로 한 온라인 원격교육과 관련한 내용은

---

45 박물관 내부에는 앙코르와트 건설과정을 보여주는 3D 입체영화관도 있고, 앙코르와트 역사를 그린 원형파노라마 그림에는 무려 45,000명의 인물이 등장한다.

46 김명성, 「북 만수대창작사, 거상 제작으로 외화벌이」, 『월간북한』, 북한연구소, 2016. 7. 임지현, 〈아프리카 민족 기념비와 북한 만수대창작사〉, 『네이버지식백과』. (https://terms.naver.com/entry.nhn?docId=5667122&cid=59994&categoryId=59994)

47 북한 자체 기사에서는 지난 수십년간 30여개의 나라들에서 40여회에 걸쳐 만수대창작사 창작가들의 미술작품전람회와 전시회를 열었다고 제시하고 있다(『로동신문』, 2003. 5. 3.).

북한 매체에서도 흔히 찾아볼 수 있을 정도로 북한사회에서 빠르게 대중화되고 있다. 특히 태블릿PC와 휴대폰을 활용한 원격교육도 활발히 진행되고 있다고 한다. 북한 내 휴대폰 보급은 이미 600만 대를 돌파한 것으로 알려졌다. 북한 매체가 밝힌 바에 따르면 전국적으로 1500개에 이르는 기업과 기관이 원격교육에 참여하고 있다. 각급 원격 교육 대학에서 공부하는 학생수가 10만 명에 이른다고 북측은 밝히고 있다.[48] 중국과 북한처럼 처음 아날로그 환경에서 뒤처진 경우, 거꾸로 디지털환경은 상대적으로 더욱 빠르게 확산되는 경향이 있다. 3D 입체 교육 등 김정은정권 들어 과학기술이 교육에 적용되고 범위가 유치원까지 확대되면서 몇년 사이 교육 방식이 부쩍 변했으며,[49] 남포시에는 '률동영화관'도 건설되었다.[50] 또한 VR을 이용한 수업 진행이 활발히 이루어지고 있다.[51]

특히 남북한은 아직 자유롭게 왕래하지 못한다는 점에서, AR, VR을 활용한 통일문화콘텐츠는 대단히 유용하다고 할 수 있다.

3) 실행프로그램: 쌍방향 개발방식

남북한의 문화산업 협력에 있어, 흔히 남한의 자본과 북한의 노동력을 말하는 경향이 있다. 그러나 진정한 통일문화콘텐츠 구축은 기획 단계부터 개발, 그리고 활용까지 항상 쌍방향을 염두에 두고 진행될 필요가 있다고 생각한다.

---

48 〈남북협력 앞당길 원격교육 플랫폼〉, 『매일경제신문』, 2019. 1. 2.

49 〈요즘 북한은〉, 『KBS 남북의 창』, 2018. 10. 27. (http://news.kbs.co.kr/news/view.do?ncd=4060750)

50 『로동신문』, 2015. 3. 16., 3쪽. 률동영화관은 4D영화관을 의미할 것이다.

51 〈요즘 북한은〉, 『KBS 남북의 창』, 2018. 9. 8. (http://news.kbs.co.kr/news/view.do?ncd=4035777)

하나의 예시를 들어보고자 한다. 남한과 북한의 대학이 공동개발을 시도하는 것이다. 먼저 창작소재를 선택한다. 가능하면 일단 북한 것이 좋을 것이다. 남북교류는 현상황에서 일단 남한이 제안하고 북한의 소재를 선택하는 것이 자연스럽기 때문이다. 이것은 현실적으로 남한이 먼저 제안하는 것이지만 그렇다고 남한이 주도하고 북한은 종속적이 된다는 의미는 아니다. 기본적으로 쌍방향의 대등한 참여의식을 공유하며 진행되는 방식이 되어야 할 것이다.

전통문화 창작소재 중 예를 들어 '삼수갑산(三水甲山)'이나 '북청물장수' 또는 '백두산 설화와 관광코스개발'을 선택한다. 앞에서 언급한 것처럼, 창작소재 개발을 콘텐츠와 콘텍스트를 고려하여 기본 컨셉을 추출한다. 다음으로 매체를 선정하되 이왕이면 가장 최근 기술이 가미된 AR, VR콘텐츠 개발이 유효할 것이다. 앞서 언급했듯이 북한도 AR, VR교육이 활발히 이루어지고 있다. 다음으로는 서로 쌍방향으로 교류하며 개발 내용을 주고받는다. 현재 북한의 경우 일부 대학이나 호텔 등 제한된 공간에서는 인터넷을 사용할 수 있으므로 국가의 승인을 받고 진행하는 쌍방향의 개발 진행은 도구상으로는 전혀 문제가 되지 않을 것이다.

더욱이 4차 산업혁명으로 인해 AR과 VR 관련 기술이 부각되는 시점에서 대한민국의 5G 상용화는 이러한 쌍방향 작업을 더욱 원활하게 해줄 것이다. 5G의 큰 특징 중 하나로 데이터 속도의 향상을 들 수 있으며, 초저지연(超低遲延, ultra-low latency) 통신으로 인해 AR과 VR뿐만 아니라 홀로그램도 조만간 대중화가 될 것으로 예상한다. 이러한 기술을 활용하여 남과 북이 마이크로소프트사의 홀로렌즈를 통해 같은 공간에 있지 않아도 화상 회의는 물론 공동 콘텐츠 제작을 더욱 용이하게 할 수 있을 것이다.[52]

---

52 홀로렌즈를 활용한 화상 회의 및 공동 작업 영상 참고(https://www.youtube.com/watch?v=BeXY9U9BHqw)

이러한 지식, 정보 공유의 쌍방향적인 교류는 대북제재와도 무관하다. 물론 현단계에서 이러한 쌍방향적인 교류는 또다른 여러 문제점들이 있을 것이다. 무엇보다 남북의 정서적 연대가 정립된 상태가 아니므로 창작 소재의 해석에서부터 문제가 될 수 있다. 그러나 기본적으로 차이를 인정하되, 무엇보다 남북한 개발 참여자 모두 공동체성과 개인의 주체성의 문제 해결을 통해 세계사에 기여한다는 자부심으로 여러 문제점들을 극복해 나가야 할 것이다. 즉 이러한 쌍방향적인 개발 자체가 남북정서의 공유와 연대로 가는 길이 될 것이다.

이러한 쌍방향 개발방식은 정치적인 갈등에 영향받을 수도 있지만, 오히려 정치적 갈등을 넘어설 수 있는 대안도 될 수 있을 것이다. 탈북민을 대상으로 한 연구에 의하면 남북한은 말이 서로 통하고 그 가운데 내재하는 의미와 정서는 특별히 다르지 않음을 애기하고 있다. 남과 북은 20세기 중반까지 동일한 민족문화유산을 갖고 있었다. 물론 이후 차이도 벌어졌지만 동질성도 여전히 크다고 할 수 있다. 역사와 문화를 함께한 공동체에서 언어가 서로 통한다는 것 자체만으로도 정서적 소통은 충분히 이루어진다. 공동의 역사와 문화의 바탕 위에서 그 언어에 내포된 본질의 의미를 달리 이해하지 않기 때문이다.[53]

지금까지 현단계 통일문화콘텐츠 개발방향을 3가지로 언급하였다. 그 기본 내용을 도표화하여 제시하면 다음과 같다.[54]

---

53 김종군, 「남북 주민의 정서 소통 기제로서 대중가요」, 『통일인문학』 제71집, 건국대학교 인문학연구원, 2017, 4-5쪽.
54 여기에 제시된 그림에서 네 요소의 처음에 해당하는 Neuto(뉴토), Hetero(헤테로), Homo(호모), Neutro(뉴트로)는 필자의 삼원론에 입각한 용어이다. 이 자리에 서는 이에 대한 설명은 지면 관계상 생략하고자 한다. 이에 대해서는 다음을 참고할 수 있다. 김기덕, 앞의 논문, 2013.

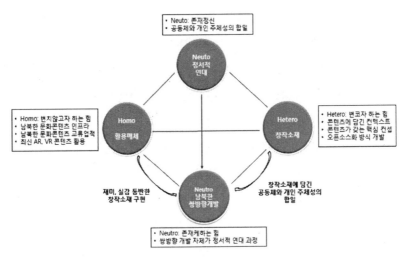

〈그림 1〉 통일문화콘텐츠 개발방향

4. 새 시대 통일문화콘텐츠의 역할

　지금까지 남북의 정서적 연대를 통한 통일문화콘텐츠 구축방안에 대하여 서술해 보았다. 먼저 2장에서는 남북의 정서적 연대와 통일문화콘텐츠가 갖는 의미를 다소 문명사적으로 해석해 보았다. 여기에서 공동체와 개인의 주체성의 합일이라는 핵심 키워드를 추출하였다. 그리고 이러한 가치관을 담은 통일문화콘텐츠 구현은 실로 전세계에 새로운 가치관을 제시해주는 것이라는 점을 밝혔다.

　다음으로는 현단계 통일문화콘텐츠 개발 방향을 3가지로 서술하였다. 첫째, 문화콘텐츠 개발의 시작이자 가장 중요한 기획과정의 핵심인 창작소재의 문제는 무엇보다 전통문화에서 찾는 것이 좋으며, 이와 관련된 제반 유의사항과 정책을 제안하였다. 둘째, 활용매체로는 활발히 진행되고 있는 남북한 문화콘텐츠의 다양한 매체를 활용하되, 더 나아가 현재

가장 주목받고 있는 AR, VR을 활용할 것을 제안하였다. 이는 또한 남북한이 자유로이 왕래할 수 없는 현실에서는 가장 적합한 기술이기도 하기 때문이다. 셋째, 실행 프로그램으로 쌍방향 개발방식을 진행할 것을 제안하였다. 이것은 현단계 통일문화콘텐츠 개발은 산업적 차원에서가 아니라 공감(共感)의 차원에서 전개되어야 하기 때문이다.

남북관계가 항상 정치적이고 정책적으로만 작동될 것이라고 판단해서는 안될 것이다. 특히 문화적인 측면은 더욱 그러하다. 예를 들어 해방전 대중가요 중 북한의 주민들이 가장 즐겨 부르는 노래로는 〈낙하유수〉, 〈홍도야 울지마라〉를 꼽을 수 있다. 이 노래들은 1992년부터 제작 발표된 〈민족과 운명〉이라는 다부작영화에 남한의 퇴폐적인 분위기를 폭로하는 유흥문화 장면에 삽입된 노래들이었다. 처음 의도는 남한의 퇴폐적인 문화의 일면으로 영화에 삽입하였는데, 북한주민들이 이 영화를 통해 강력하게 이 노래들을 인지하면서 공공연하게 부르는 상황으로 전개되었다. 이것을 처음에는 규제하였지만, 민간의 놀이문화를 철저하게 통제할 수 없었으므로 음성적으로 널리 애창되었다가, 북한 당국에서 이 노래를 양지로 끌어내 계몽기 가요의 대표곡으로 의미부여하게 되었다.[55]

항상 위와 같은 사항을 기대할 수는 없지만, 그렇다고 정치적, 정책적 차원으로만 민(民)의 동향을 미리 재단하는 것도 바람직하지 않을 것이다. 현단계는 통일문화콘텐츠에 대한 명확한 철학과 방향성에서 시작되어야 한다. 앞으로 남북의 정서적 연대와 한반도 평화체제 구축을 위한 문화콘텐츠 개발은 더욱 시대적 요청으로 다가올 것이다. 그 결과 이러한 남북을 아우르는 문화콘텐츠 개발시도가 공감대를 형성하여 축적된다면, 차후 보다 다양하고 화려한 여러 빛깔의 문화콘텐츠 활용사례가 남북한

---

55 김종군, 앞의 논문, 2017, 16-18쪽.

공히 꽃을 피울 수 있을 것이며, 그것은 남북문제 해결에 있어 커다란 역할을 수행할 것이라고 확신한다.

물론 지금도 다양한 남북한 문화교류가 이루어지고 있지만, 진정한 통일문화콘텐츠 구축을 위해 본 글에서는 먼저 통일문화콘텐츠의 철학과 방향성, 그리고 공감대 인식의 중요성을 강조하여 작성되었음을 밝힌다. 그것은 한마디로 남북한 정서의 '공감(共感)'에 바탕을 둔 문화콘텐츠 개발이어야 한다는 점을 강조한 것이라고 할 수 있을 것이다.

참고문헌

건국대학교 통일인문학연구단, 『분단체제를 넘어선 치유의 통합서사』, 선인, 2015.

김기덕, 「'한류인문학'을 제창한다」, 『인문콘텐츠』 제45집, 인문콘텐츠학회, 2017.

김기덕, 「4차 산업혁명시대 '문화원형 소재 오픈소스화를 위한 디지털콘텐츠화사업'의 필요성」, 『인문콘텐츠』 제48집, 인문콘텐츠학회, 2018.

김기덕, 「삼원론을 활용한 캐릭터 분석-영화 〈노인을 위한 나라는 없다〉를 중심으로」, 『인문콘텐츠』 제29집, 인문콘텐츠학회, 2013.

김기덕, 「콘텐츠의 개념과 인문콘텐츠」, 『인문콘텐츠』 창간호, 인문콘텐츠학회, 2003.

김명성, 「북 만수대창작사, 거상 제작으로 외화벌이」, 『월간북한』, 북한연구소, 2016.

김수정, 「한국 리얼리티 프로그램의 정서구조와 문화정치학」, 『방송문화연구』 제23집 2권, KBS 방송문화연구소, 2011.

김승, 「북한 영화예술의 세계」, 『한국영화』, 영화진흥위원회, 2018.

김일성, 「민족문화유산계승에서 나서는 몇가지 문제에 대하여」, 『김일성저작집 25』, 조선로동당출판사, 1983.

김정일, 「주체사상 교양에서 제기되는 몇가지 문제에 대하여」, 『주체혁명위업의 완성을 위하여 5』, 조선로동당출판사, 1988.

김종군, 「남북 주민의 정서 소통 기제로서 대중가요」, 『통일인문학』 제71집, 건국대학교 인문학연구원, 2017.

김종군, 「남북한의 민속전통 계승의 실제와 의미」, 『동방학』 제22집, 한서대학교 동양고전연구소, 2012.

김종군, 「통합서사의 개념과 통합을 위한 문화사적 장치」, 『통일인문학』 제61집, 건국대학교 인문학연구원, 2015.

김환표, 「팬덤의 역사: '인정투쟁'을 위한 치열한 몸부림인가(1)」, 『인물과사상』, 인물과사상사, 2012.

노시훈, 「디즈니 애니메이션 스토리의 기본원칙과 성공전략」, 『만화애니메이션 연구』 제7집, 한국만화애니메이션학회, 2003.

동범준, 「남·북한 문화재 법 제도 비교 분석 및 통일한국 시대에서의 문화콘텐츠 활용을 위한 발전방향 제시」, 『문화콘텐츠연구』 제11집, 건국대학교 글로컬 문화전략연구소, 2017.

레비스트로스, 류재화 옮김, 『달의 이면』, 문학과지성사, 2014.

리처드 니스벳, 최인철 옮김, 『생각의 지도』, 김영사, 2004.

마크 더핏, 김수정 외 옮김, 「팬덤의 간략한 역사」, 『팬덤 이해하기』, 한울엠플러 스, 2016.

배성인, 「북한 애니메이션을 활용한 남북한 문화 교류협력 방안」, 『문화정책논 총』, 제17집, 한국문화관광연구원, 2005.

베르비기에 마티유·조영한, 「케이팝(K-pop)의 한국 팬덤에 대한 연구 – 해외팬 들에 대한 인식을 중심으로」, 『한국언론정보학보』 제81집, 한국언론정보학 회, 2017.

이석민, 「북한의 한류 영향을 통해 바라본 한반도 통일을 대비한 문화콘텐츠의 발전방향」, 경상대학교대학원 석사학위논문, 2013.

이응철, 「우리는 항상 무엇인가의 팬이다: 팬덤의 확산, 덕질의 일상화, 취향의 은폐」, 『한국문화인류학』 제49집 3권, 한국문화인류학회, 2016.

이찬도, 「남북한 문화콘텐츠 교류와 정책적 접근 방안」, 『통상정보연구』 제9집 3권, 한국통상정보학회, 2007.

임옥규, 「문화콘텐츠로서 남북 역사소설 활용방안」, 『한민족문화연구』 제34집, 한민족문화학회, 2010.

전영선, 「남북관계 변화에 따른 통일문화콘텐츠 개발 필요성과 방향」, 『한민족문 화연구』 제18집, 한민족문화학회, 2006.

정진아 외, 『통일문화콘텐츠 희(希)스토리 : 새로운 산학협력모델 인문브릿지』, 박이정, 2016.

한국문화콘텐츠진흥원, 『북한지역의 우리 문화원형』, 2004.

함재묵, 「남북통일 시 문화통합을 위한 민족문화콘텐츠 개발에 관한 시론적연구」, 대진대학교 통일대학원 석사학위논문, 2013.

〈경애하는 김정은동지께서 조선4.26만화영화촬영소를 현지지도하시었다〉,『로
　　동신문』, 2014. 11. 27.

〈남북 손 맞잡으면 '뽀로로 신화' 재창조〉,『매일경제신문』 2019. 1. 7.

〈남북협력 앞당길 원격교육 플랫폼〉,『매일경제신문』, 2019. 1. 2.

〈요즘 북한은〉,『KBS 남북의 창』, 2018. 10. 27.
　　　　　　(http://news.kbs.co.kr/news/view.do?ncd=4060750)

〈요즘 북한은〉,『KBS 남북의 창』, 2018. 9. 8.
　　　　　　(http://news.kbs.co.kr/news/view.do?ncd=4035777)

〈클로즈업 북한〉,『KBS 남북의 창』, 2018. 7. 14.
　　　　　　(http://news.kbs.co.kr/news/view.do?ncd=4009112)

『로동신문』, 2003. 5. 3.

『로동신문』, 2015. 3. 16.

임지현, 〈아프리카 민족 기념비와 북한 만수대창작사〉,『네이버 지식백과』.
　　(https://terms.naver.com/entry.nhn?docId=5667122&cid=59994&categ
　　oryId=59994)

팀 알퍼, 〈팀 알퍼의 한국 일기: 유럽 팬들마저 끌어당기는 K팝의 '팬덤'〉,『조선일
　　보』, 2019. 01. 01.

홀로렌즈를 활용한 화상 회의 및 공동 작업 영상. (https://www.youtube.com/
　　watch?v=BeXY9U9BHqw)

Anderson, Crystal S, "Hybrid Hallyu: The African American Music Tradition
　　in K-Pop.", *Global Asian American Popular Cultures*, NYU P, 2016.

Chua, Beng Huat, "Conceptualizing an East Asian Popular Culture." *Inter-Asia
　　Cultural Studies*, vol. 5 no. 2, 2004.

Chua, Beng Huat, and Koichi Iwabuchi, *East Asian Pop Culture: Analyzing
　　the Korean Wave*, Hong Kong UP, 2008.

EBS 〈동과 서〉제작팀,『EBS 다큐멘터리 동과 서』, 지식채널, 2012.

Kim, ki-duk, Bae, sang-joon, "HALLYU AND THE TRADITIONAL
　　CULTURAL GENES OF KOREA" *Kritika Kultura*, vol.29, 2017.

조선족 여성 재현과 돌봄의 윤리

신정아

1. 미디어가 현실을 견인하는 시대

2018년 11월을 기준으로 한국에 거주하는 조선족 인구는 약 85만 명에 이른다. 그러나 조선족에 대한 한국 사회의 시선은 이들을 함께 살아가는 공동체의 일원이 아닌 잠재적 범죄자로 보는 경향이 강하다. 조선족에 대한 부정적 시선은 한국 사회의 정치·경제적 맥락과 함께 변화해왔다. 1990년대 초 신문담론에 나타난 조선족에 대한 호명은 현재와 전혀 다른 맥락으로 이루어졌다. '한국 사회에 필요한 존재로서의 중국 동포', '한민족의 뿌리 찾기', '가난하지만 순박한 동포' 등으로 호명되었다. 당시 한국 사회는 탄광, 버스운전, 원양어선, 돌봄 노동 등 3D 업종 인력이 매우 부족했고, 한국 사회의 부계혈통을 지속시켜야 하는 상황이었다. 조선족은 한국어가 가능한 동포로서 한국 사회의 필요에 따라 "활용할 수 있는" 적합한 대상이었다. 그러나 조선족이 한국 사회에서 범죄를 저지르거나, 결혼 후 출산과 시댁 적응 문제 등으로 한국 사회가 필요로 하는 사회적 기능을 원활하게 수행하지 못하게 되면 타자화하는 경향을 보였다. 특히 1990년대 중후반 조선족 여성이 결혼 상대자로서의 희소가치가 떨어지면서 보다 순종적인 동남아시아 여성으로 메워지고 이주여성들은 출신 민족, 국가에 따라 범주화되고 오리엔탈리즘적 타자화의 재현이 나타나기도 했다.[1]

2000년대 중반까지 악덕 브로커나 기업주에게 당하는 조선족이 늘어나거나 범죄에 연루되는 조선족이 신문보도를 통해 많이 노출 되면서 조선족은 주로 돈을 위해서는 범죄도 서슴지 않는 폭력적 존재로 묘사되었고 그 결과 '조선족=범죄'라는 인식이 굳어졌다. 한편, 조선족이 결혼이주여성으로 한국에 입국하던 2000년대 초, 〈파이란〉(2001)에서의 조선족 여성은 순수한 모습 그 자체이다. 한국 영화 안에서 조선족 재현에는 오리엔탈리즘이 내재되어 있음을 보여준다.

현재 조선족은 F-4 비자(전문직), H-2 비자(단순직 38개 직종/25-55세)로 나누어 한국에 입국한다. 그러나 2007년 이전까지 H-2 비자만 허용되었기 때문에 F-4 비자의 자격이 있는 사람들도 식당 일이나 돌봄 노동을 할 수 있는 H-2 비자로 입국하는 경우가 많았다. 그러다보니 한국 사람들은 조선족의 직업으로 때밀이, 파출부, 보모, 간병인 같은 돌봄 노동만을 한다고 생각하는 경우가 많았다. 조선족으로서 교수나 변호사, 성공한 기업가들도 많지만 한국 사회에서는 부각되지 않는다.[2] 이는 한국 미디어가 재현하는 조선족 이미지가 큰 영향을 미친다고 할 수 있다. 영화, 드라마를 통해 재현된 조선족의 부정적 이미지가 실제 현실과 동떨어져

---

1   한희정·조인숙·신정아, 「조선족에 대한 의사사회 상호작용과 유사현실 인식연구」, 『사회과학연구』 제35집 1호, 경성대 사회과학연구소, 2019, 146쪽.

2   신정아·한희정, 「한국 사회에서 조선족으로 살아가기: 동포모니터링단 (강강숲래) 활동 및 단원 인터뷰를 중심으로」, 『한국소통학보』 제15권 3호, 한국소통학회, 2016, 255쪽.

있음에도 불구하고, 수용자들은 미디어에서 본 조선족의 폭력적 이미지를 현실에 투영하여 공포와 혐오, 차별의 근거로 삼는다. 그만큼 현대인의 일상에서 미디어는 의식과 무의식을 넘나들며 대중의 생각과 행동에 지대한 영향을 미치고 있다. 따라서 미디어 재현을 통해 생산된 조선족 이미지는 단순히 텍스트 속 가상의 이야기가 아니라 현실과 공진하면서 강화되고, 확산되는 유사현실로 수용된다. 본 글에서는 영화와 드라마에 등장하는 조선족 여성 캐릭터의 변화를 살피고, 폭력적 범죄자로 묘사된 영화 〈미씽: 사라진 여자〉와 OCN 드라마 〈미스트리스〉를 통해 여성 조선족 재현이 갖는 문제점을 고찰한다. 이는 우리 사회에 만연한 조선족 혐오와 차별을 성찰하고, 통일시대 코리언 디아스포라의 통합 서사 구축을 위한 공감장 형성에 유의미한 과정이 될 것이다.

2. 조선족 미디어 재현의 추이

1) 영화 속 조선족 재현 양상

2010년은 조선족의 부정적 재현에 있어 매우 중요한 해다. 조선족을 조폭, 범죄자의 이미지로 각인시킨 〈황해〉(2010)가 개봉한 해이기 때문이다. 〈황해〉의 영화 리뷰나 감독 인터뷰 등을 다룬 신문 담론에서 영화 속 조선족 재현이 조선족의 절박한 현실을 잘 이해하고 반영하고 있다고 강조되면서 〈황해〉의 조선족 재현을 정당화시켰다.[3] 그즈음 조선족이 연루된 보이스피싱 사건이 보도되면서, KBS 개그콘서트 코너 '황해'를 통해, 조선족 범죄가 본격 희화화되기 시작했다. 이러한 허구의 이미지들은

---

3   신정아·한희정, 「미디어담론에 나타난 조선족 정체성의 변화와 의미」, 『2016 한국 방송학회 가을철 정기 학술대회 논문집』, 한국방송학회, 2016. 151-153쪽.

일상 공간에서 일어난 몇몇 잔혹한 사건들과 만나면서 조선족을 둘러싼 담론들이 확대 재생산되었다. 〈황해〉 이후 개봉한 〈차이나블루〉(2012), 〈신세계〉(2012), 〈공모자들〉(2012) 등 한국 영화에서 조선족 조폭들의 등장은 하나의 클리셰가 되었다. 〈차이나타운〉(2015)에서는 약육강식의 처절한 세계를 그리는데 종족, 공간 표지를 차용한다. 깡패화의 반복된 장르가 지속되는 동안 조선족은 미디어의 '상징 폭력'에 의한 자명성과 오인의 효과를 생산해 내었다.[4] 영화를 통해 잔혹한 캐릭터로 묘사된 조선족 이미지는 영화 밖 현실에서도 조선족에 대한 편견과 두려움, 혐오를 낳았다. 그 대표적인 예가 영화 〈청년경찰〉(2017)이다.

박서준, 강하늘 주연의 영화 〈청년경찰〉은 경찰대생 두 청년의 활약상을 그린 정통 버디무비다. 영화의 포스터에는 경찰복을 입은 두 청춘 배우의 유쾌한 미소가 있고, 그 위로 "올 여름, 최고의 오락영화!"라는 문구가 시원하게 적혀있다. 유난히 무더웠던 2017년 여름, 정의감으로 가득찬 열혈 청년들이 여성을 상대로 납치와 난자매매 등의 범죄를 일삼는 악당들을 흠씬 두들겨 패고, 소탕하는 모습은 더위에 지친 관객들에게 통쾌한 해갈이 되었을 수도 있다. 또는 국정농단 사태로 정의가 땅에 떨어진 한국 사회에 새로운 패기를 젊은 청년에게서 찾고 싶었을 수도 있을 것이다. 그 덕분인지 오락영화 〈청년경찰〉은 2017년 9월 14일을 기준으로 누적 관객 수 5,615,390명을 기록하면서 흥행에 성공했다.

그러나 〈청년경찰〉의 화려한 성공 이면에는 또다시 범죄 집단으로 재현된 조선족들의 눈물과 분노가 있었다.[5] 조선족이 가장 많이 거주하는

---

4 문재원, 「고착되는 경계, 트랜스로컬리티의 불가능성 -한국 영화에 재현된 조선족을 중심으로」, 『한일민족연구』 제28권, 2015. 127-160쪽.

5 신정아, 「한국 영화의 조선족 재현에 대한 문제적 고찰: 〈청년경찰〉을 중심으로」, 『2017 인문콘텐츠학회 추계 정기학술대회 발표집』, 인문콘텐츠학회, 2017, 184쪽.

대림동이라는 실제 공간을 불법 장기매매가 성행하는 범죄의 소굴로 묘사한 것은, 〈황해〉 이후 반복 생산되어온 '조선족=범죄자'라는 도식을 현실 공간으로 확장하는 계기가 되었다. 특히 영화의 무대로 사용된 대림동이미지가 주민과 상인들 몰래 촬영되었다는 사실이 알려지면서 영화 제작사에 대한 분노는 더욱 커졌다.

결국 개봉 20일 만에 재한동포총연합회와 중국동포한마음협회 등 국내 47개 중국동포단체와 대림동 주민들은 '청년경찰 상영금지 촉구 대림동 중국동포&지역민 공동대책위원회'(이하 공대위)를 결성하고 본격적인 저항의 목소리를 내기 시작했다. 2017년 11월 6일 공대위는 영화 〈청년경찰〉이 조선족을 범죄 집단으로 묘사하고, 대림동을 범죄 소굴로 묘사한 것은 명백한 인권 침해라는 내용의 진정서를 국가인권위원회에 제출했다. 또한 〈청년경찰〉의 상영등급인 '15세 관람가'가 청소년들에게 조선족에 대한 부정적 영향을 미칠 수 있다는 점을 들어 영상물등급위원회의 상영등급 판정에 대한 문제를 제기했다.[6] 공대위 변호인단의 조영관 변호사는 기자회견에서 "우리 법은 상영등급 분류기준 중 '인권존중', '인간의 보편적 존엄과 가치'를 고려하고 있고, 구체적으로 '특정한 인종에 대한 묘사가 부정적 영향을 미치는 경우'를 등급 분류기준 중 하나로 삼고있다"며 "영화 〈청년경찰〉에 중국동포에 대한 차별적, 혐오적 표현이 있음에도 청소년들도 관람 가능한 영화로 등급이 결정되었기 때문에 이런부분에 대한 시정을 요구하고자 한다"[7]고 발언했다. 이후 공대위는 〈청년

6　신정아, 「'회복적 정의'의 실현을 통한 새로운 연대와 소통: 〈청년경찰〉 판결에 나타난 한국 영화의 인권감수성」, 『2018 인문콘텐츠학회 추계 정기학술대회 발표집』, 인문콘텐츠학회, 2018, 41-42쪽.

7　최미랑, 〈중국동포단체, '일부 영화들 차별적' 주장하며 인권위에 진정〉, 『경향신문』, 2017.11.06., http://news.khan.co.kr/kh_news/khan_art_view.html? artid=201711061636001&code=940202 (검색일: 2017.11.30.)

경찰〉 제작사를 상대로 경제적 · 정신적 손해배상 청구 소송을 제기했으나 패소했다. 원고 측 소송대리인들은 영화로 인해 인간의 존엄과 가치인 인격권, 타인과 차별받지 않을 권리인 평등권, 집단적 · 문화적 정체성을 지닌 한 인간으로서 행복을 추구할 권리에 심대한 침해를 입었다는 점을 주장했다. 그러나 판사는 영화적 기법으로 사용된 재현물이 그들의 삶에 구체적이고 명확한 피해를 주었다고 보기 어렵다는 점과 감독이 조선족에 대한 혐오나 차별을 의도했다고 볼 수 없다는 점을 들어 원고들의 청구를 기각했다. 그러나 과연 제작사의 주장대로 영화는 영화일 뿐, 현실과는 무관한 텍스트 속 이야기로 그치게 될까?

〈청년경찰〉을 관람한 고등학생 374명을 대상으로 영화의 부정적 재현이 현실에서 조선족에 대한 인식에 미치는 영향을 조사한 연구에 따르면, 영화에서 보여주는 세계와 현실세계가 유사하다고 인식할수록 조선족 관련 범죄가 증가한다는 인식도 높은 것으로 나타났다. 또한 조선족 관련 콘텐츠에 많이 노출된 학생일수록 조선족 관련 범죄가 증가하고 있고, 범죄의 심각성도 날로 문제가 되고 있다고 인식하는 것으로 조사되었다. 이러한 조선족에 대한 부정적인 태도가 형성된 학생들은 조선족을 위한 정책 지원의 필요성을 낮게 인식하는 것으로 나타났다. 또한 영화를 본 이후 주변사람들과 대화를 나누거나 감정적인 유대를 형성함으로써 조선족에 대한 부정적 인식이 더욱 강화되는 것으로 조사되었다. 따라서 한편의 영화라도 조선족과 대림동에 대한 부정적인 재현이 반복되면 관객들의 조선족에 대한 혐오와 공포, 비하도 증가할 수밖에 없다.[8] 영화인들이 "영화는 영화다"라는 명제를 앞세워 표현의 자유를 마음껏 누리는 사이, 영화를 통해 생산된 조선족 이미지는 우리 사회에서 당연하고 견고한 차

---

8   한희정 · 조인숙 · 신정아, 「조선족에 대한 의사사회 상호작용과 유사현실 인식 연구」, 『사회과학연구』, 경성대학교 사회과학연구소, 2019, 155-158쪽.

별의 대상으로 각인되어 왔다.

〈황해〉부터 〈청년경찰〉까지 범죄 영화 속 조선족 캐릭터가 주로 남성이었다면, 여성 조선족의 재현은 시대별로 조금씩 차이를 보인다. 조선족 여성들이 결혼이주로 한국 사회에 유입된 시기인 90년대 초반부터 2000년대 초중반까지는 주로 중국의 농촌에서 시집와서 온갖 고난과 역경을 겪는 '연민과 동정의 대상'으로 표현된다.[9] 〈댄서의 순정〉(2005), 〈웨딩스캔들〉(2012) 등이 해당한다. 이들 영화는 조선족 여성을 '가련하고 보호해야 할 존재'로 위치시킨 후 '순진하고 지고지순한 존재'로 각인시켰다. 이러한 조선족 여성 재현은 아시아 여성에 대한 오리엔탈리즘을 재확인시켜주는 과정이라고 할 수 있다. 즉 급속한 경제발전으로 한국 여성들이 주체적이고, 소비 중심적으로 변화하는 사이 연변, 몽고, 베트남, 필리핀 등에서 성장한 여성들은 여전히 순진하고 순종적인 존재로 그리면서 한국인들의 전통에 대한 향수를 투영한 것이다. 반면 2010년 후반에 들어서면 조선족 여성도 단순히 '연민의 대상' '사랑의 대상'으로만 국한되지 않고 다변화된 역할로 그려지기 시작한다. 가장 두드러진 특징으로는 한국에서 범죄영화가 인기를 끌면서 조선족 남성이 범법자로 등장하는 영화가 많아졌고, 조선족 여성도 아이를 유괴하고 청부살인을 하는 범죄자로 묘사되기 시작했다.

〈미씽: 사라진 여자〉(2016), 〈악녀〉(2017)가 대표적인 사례이다. 〈미씽: 사라진 여자〉는 결혼이주 여성으로 한국에 온 조선족 여성 한매(공효진 분)는 가부장적인 시댁에서 대를 이어야 한다는 압박과 함께 언어와 문화의 차이로 인해 온갖 구박과 차별을 겪는다. 첫 아이로 딸을 낳았지만 병에 걸렸고, 시댁의 반응은 냉담했다. 한매는 아픈 딸을 살리기 위해

---

9   이명자, 「동시대 한국 범죄영화에 재현된 연변/조선의 로컬리티」, 『영상예술연구』 제24호, 영상예술학회, 2014, 11쪽.

성매매, 불법 장기매매를 통해 치료비를 마련하지만, 한국인 남편의 배신으로 딸을 잃고, 복수에 나선다. 한매는 딸의 치료비를 가로 챈 남편을 청부살인하고, 병원에서 자신과 딸을 내쫓아 결국 딸을 죽게 한 의사에게 복수하기 위해 돌봄 노동자로 의사의 전부인과 딸에게 접근한다. 그리고 어느날, 한매는 자신이 돌봐주던 의사의 딸을 납치한 후 도주한다. 〈악녀〉의 주인공 숙희(김옥빈 분)는 아버지의 죽음을 목격한 후 아버지를 죽인 일당에게 붙잡혀 킬러로 자란다. 피도 눈물도 없는 살인병기로 살아가던 어느 날, 숙희는 자신이 임신한 것을 알게 되고, 아이와 함께 평범한 삶을 살기 위해 조직의 명령으로 잔혹한 살인을 저지른다. 두 영화를 통해 조선족 여성의 이미지는 순박한 농촌처녀에서 폭력적인 범죄자로 재현된다. 가혹한 덫에 걸려 자신을 구해줄 운명의 남자를 기다리던 '구출 서사'의 주인공에서 자식을 위해서라면 범죄도 서슴지 않는 강렬한 '복수의 화신'이 된 것이다. 이러한 폭력적 재현 양상에 대해 조진희는 한매와 숙희의 캐릭터가 〈웨딩스캔들〉의 정은(곽지민 분)이나 〈댄서의 순정〉의 채린(문근영 분)과는 또 다른 오리엔탈리즘의 투영이라고 지적한다. 즉 서구열강의 한반도 진출과 일본의 식민 지배과정에서 당대 지식인들을 중심으로 서구 우월주의와 백인 문명에 대한 선망이 유입된 것을 계기로 한국인들은 '서구인'의 시선에서 '비서구인' 즉 동남아시아인, 아프리카인, 조선족, 고려인, 새터민 등에 대한 노골적인 멸시와 같은 이분법적인 인식을 스스럼없이 드러내고 있다는 것이다. 영화 속 한국인 여성은 사회적 참여와 경제활동이 활발한 주체적 인물로 묘사되고, 자신의 힘으로 문제를 해결해나간다. 반면, 조선족 여성들은 남편의 덫에 걸린 비운의 여성으로 그려지면서 가족들에겐 헌신적이지만 현대적 교육을 받지 못한 관계로 이성적 행동이 아닌 매우 폭력적인 방식으로 사건을 해결해나가는 모습으로 대비되는데, 이러한 재현방식은 조선족 여성에 대한 편견과 무시를 강화하는 부작용을 초래한다.[10] 〈미씽:사라진 여자〉의 한매와 〈악녀〉의 숙희는 각자의 방식으로 사력을 다해 모성의 실천을 해나가면서 이전 영화들과는 다른 주체적이고 강렬한 이미지를 선보이지만, 이들에게 투영된 오리엔탈리즘적 시선과 폭력적 범죄재현으로 인해 평화로운 일상으로 복귀하지 못한 채 삶이 파괴되거나, 사회에서 추방되는 최후를 맞는다.

2) 드라마의 조선족 재현 양상

드라마는 영화보다 일상에 가깝고, 반복적 시청이 많은 장르이다. 드라마의 현실은 삶의 크고 작은 틈을 보여주기 때문에 드라마에 몰입할수록 캐릭터에 대한 신빙성을 높이게 되는 결과를 가져온다. 미코스에 따르면, 미디어에 등장하는 인물들 속에는 동시대에 통용되는 자아와 정체성의 개념이 반영되어 있다. 그들이 수행하는 사회적 역할을 통해 인물들을 둘러싼 사회적 맥락이나 상황들을 알게 되기 때문이다.[11] 따라서 드라마에 재현된 조선족 캐릭터를 한국의 사회·문화적 맥락 안에서 살펴보는 것은 조선족이 한국 사회에 어떻게 수용되어 왔는지를 알 수 있는 지표가 된다. 2002년부터 2018년까지 조선족이 등장하는 드라마 23편을 분석한 연구에 따르면, 조선족 재현의 흐름은 젠더별로 큰 차이를 보인다.

남성 조선족은 〈황해〉 이후 반복 생산되어 온 조폭, 살인 청부업자, 장기밀매범의 이미지가 그대로 드라마에 투영되고 있었다. 특히 범죄드라마를 장르화 시키는 데에 성공한 OCN 범죄 드라마는 남성 조선족을 한국 사회의 절대 악으로 묘사하면서 영화의 조폭 이미지를 현실적 캐릭

---

10 조진희,「조선족 여성에 대한 한국 상업영화의 민속지적 상상」,『현대영화연구』제 28호, 한양대학교 현대영화연구소, 2017, 115-127쪽.

11 로타르 미코스, 정민영·김종대·김형래 옮김,『영화와 텔레비전 분석 교과서』, 커뮤니케이션북스, 2015, 198-202쪽.

터로 확장시키는 중대한 역할을 하고 있었다. 〈처용〉(2014)에서 조선족 남성 캐릭터는 장기브로커, 조직폭력배로 재현되었고, 〈나쁜 녀석들1: 악의도시〉(2014)에서는 납치와 성매매, 인체 거래를 하는 '인간장사꾼'으로 묘사된다. 2017년에 들어서면서 OCN의 장르물은 더욱 강력하고 잔혹한 조선족 범죄자를 생산한다. 〈듀얼〉에서는 아동장기밀매 전문조직이 등장하고, 〈블랙〉에서는 사이코패스 연쇄살인범으로 재현된다. 이러한 재현 경향은 케이블TV뿐 아니라 지상파 방송에서도 동일하게 나타난다. SBS 〈리멤버-아들의 전쟁〉(2015), 〈리턴〉(2018)에 등장하는 살인청부업자, 해결사 등을 통해 알 수 있듯이 최근까지도 조선족 남성에 대한 드라마 재현은 〈황해〉의 내러티브에서 크게 벗어나지 않은 채 확대 재생산되고 있다.[12]

조선족 여성의 경우 한국 사회의 정치경제적 맥락에 따라 다르게 재현되어 왔다. 처음 조선족 여성이 등장했던 KBS 드라마 〈대추나무 사랑 걸렸네〉(2002)에서는 평범한 결혼이주 여성으로 살아가는 조선족 여성이 등장했다. 이후 MBC 〈그대를 알고부터〉(2002), KBS 〈열아홉 순정〉(2006) 등에서 조선족 출신 여주인공이 한국 사회에 잘 적응하는 주연으로 묘사되기도 했다. SBS 〈카인과 아벨〉(2009)에서는 조선족으로 신분을 위장했지만 생활력이 강하고 주체적인 탈북처녀, SBS 〈모던파머〉(2014)에서는 불법체류자 신분이지만 성실하고 마음이 따뜻한 여성, SBS 〈낭만닥터 김사부〉(2016)에서는 의대를 졸업한 레지던트 등의 캐릭터를 통해 비록 신분은 불안하지만 자신의 일에 최선을 다하고, 생활력이 강한 마음 따뜻한 인물로 재현된다. 그러나 이러한 작품들을 제외한 드라마에서 조선족 여성들은 가정부, 식당도우미, 불법체류자 등 불안한 신분이거나 미미한 역할로 재현되었다. 한편 조선족 여성을 단호하고 독립적으로 묘

---

12 한희정 · 신정아, 「한국 드라마의 조선족 재현」, 『CONTENTS PLUS』 제17권 2호, 한국영상학회, 2019, 51-53쪽.

사한 정성주 작가의 JTBC 〈아내의 자격〉(2012), 〈밀회〉(2014) 등은 동정
과 연민의 대상이 아닌 새로운 캐릭터의 가능성을 보여줬다고 할 수 있
다. SBS 〈기름진 멜로〉(2018)의 주인공 채설자(박지영 분)는 길림성 연길
출신 중식 요리사이다. 채설자는 자신이 일하던 재벌집이 망한 후에도
가족들을 떠나지 않고 보살피면서, 식당에 취업한 후 온갖 역경을 극복하
고 최고의 실력을 인정받는다. 채설자의 캐릭터는 2000년대 초반 조선족
출신 결혼이주여성이 주인공으로 등장한 이후 새롭게 탄생한 서사의 주
체라고 할 수 있다. 한편 영화의 부정적 재현이 드라마를 통해 더욱 강화
되는 흐름도 발견할 수 있다. 대표적인 예가 OCN 〈미스트리스〉이다.[13]

〈미스트리스〉는 BBC에서 2008~2010년에 방영된 인기 드라마를 리메
이크한 작품이다. 카페를 운영하는 장세연(한가인 역)은 중국을 오가며 무
역상을 하던 남편이 2년 전 선박 사고로 실종되면서 홀로 아이를 키우며
살고 있다. 세연은 딸 예린이를 데리러 놀이터에 갔다가 조선족 보모 정
심(이상희 역)을 만난다. 정심은 혼자 노는 예린이가 안쓰러워서 자신이
돌보는 아이와 함께 놀아주고 있었다고 말하고, 마침 돌보미를 구하고
있던 세연은 친절하고 인상 좋은 정심에게 예린이를 맡기게 된다. 그러던
어느 날 세연의 가족사진을 본 정심의 딸이 자신의 남편을 가리키며 '아
빠'라고 말하는 것을 발견한 세연은 충격을 받고 자초지종을 캐묻는다.
알고 보니 정심은 실종된 남편의 중국인 본처였고, 세연이 보관해둔 남편
의 사망보험금 20억을 노리고 일부러 접근했던 것이다. 그러던 중 세연
의 딸 예린이가 급성 백혈병 증세로 병원에 입원한다. 의사는 예린이의
몸에서 농약 성분인 말라티온이 검출됐다며 장기간 복용이 의심된다고
진단한다. 정심이 남편의 사주를 받고 예린이에게 농약을 먹여온 것이다.

---

13 한희정·신정아, 위의 책, 54-58쪽.

정심에게 죄를 추궁하던 중 세연은 정심의 큰 딸 역시 예린이와 같은 증상으로 죽은 것을 알게 되고, 정심을 설득해서 함께 남편에게 복수하기로 한다. 남편의 공격으로 위험에 처한 세연을 구해준 정심은 돌로 남편의 머리를 내리쳐 죽인 후 세연을 찾아와 진심으로 미안하다고 사죄한 후 경찰에 자수한다. 세연은 감옥에 간 정심 대신 그녀의 딸을 돌봐주면서 일상으로 돌아온다. 남편의 범죄로 인해 피해자가 된 조선족 여성과 한국인 여성, 그러나 살인자가 된 정심은 편안한 일상으로의 복귀가 불가능하다. 반면 세연은 무사히 아이를 되찾고, 행복한 일상을 되찾음으로써 자신의 삶에 침범했던 부조리를 스스로 극복한 캐릭터로 그려진다.

드라마에 재현된 조선족 여성의 이미지는 한국인 여성과의 이분법적 대비를 통해 더욱 극명하게 드러난다. 한국 사회의 엘리트, 전문직 여성을 위한 돌봄 노동자로 고용된 조선족 여성은 한국인 여성과 동등한 우정 관계의 성립이 어려운 환경에 놓여있다. 그들은 이미 가부장적 한국 사회의 희생양으로 자신의 아이를 스스로 지키지 못하는 힘없고, 동정적인 지위에 놓여 있다. 모성의 실현을 위해 조선족 여성들이 할 수 있는 서사는 폭력적이고, 야만적인 방법을 동원해서라도 아이를 지키는 것이다. 때로는 이들과 연계된 한국인 여성 역시 하위주체로 설정되면서 조선족 여성에 대한 동정과 연민을 갖기도 하지만, 동등한 우정의 관계를 형성하는 것은 불가능하다.

3. 공감적 소통과 돌봄의 윤리

1) 진정한 돌봄의 출발지는 '소통'

전지구적인 이주 현상의 가장 두드러진 특징 중 하나는 여성의 비율이 남성보다 압도적으로 높다는 점이다.[14] 그러나 조선족 여성들이 결혼이 주와 노동이주로 첫 발을 내디딘 한국 사회는 그들에게 불평등한 지위를 부여하고, 필요에 따라 때로는 '우리'로, 때로는 '그들'로 호명했다. 조선족 여성들은 한국 여성들의 사회참여와 경제 활동 증가로 생긴 돌봄 공백을 떠맡으면서 한국인, 한국사회와 관계맺기를 시작하지만 그녀들에게 주어진 돌봄의 자리는 계약관계로 맺어진 피고용인이자 하위주체이다. 스피박은 이주민, 노동자계급, 여성, 식민 지배에서 벗어난 국민 등 서구의 지배문화의 주변부로 밀려난 사람들을 뜻하는 용어로 서발턴 (subaltern)을 사용한다. 스피박에 따르면 서발턴은 엘리트들에 의해 서발터니티 안에 고착되는 과정을 겪는다. 이때 서발터니티는 하나의 정체성이라기보다는 일종의 '곤경'인데, 이는 권력으로 접근하는 능력을 근본적으로 차단하는 구조화된 장소를 뜻한다. 스피박에 따르면 서발턴 여성들에게는 어떤 언표 행위의 위치도 부여되지 않는다. 발화의 권리를 둘러싼 허용과 배제의 담론 권리가 불평등하게 개입되어 있기 때문이다. 미디어 재현에 나타나는 조선족 여성들은 전형적인 서발턴으로 위치해 있으면서 어떤 말을 하더라도 투명하게 자신의 경험을 전달할 수 없는 위치에 있다. 그녀들은 발화의 권리를 박탈당한 자들인 것이다. 서발턴으로서 조선족 여성의 경험과 이야기에 공감하기 위해서는 우선 '듣기의 윤리'가 필요하다. 그녀들의 간절한 호소를 들어줄 윤리적 귀와 투명한 장소가 있어야 한다.[15] 이러한 역할을 해야 하는 책무가 미디어에 있다. 그러나 한국의 미디어는 조선족 여성들에게 귀를 기울이거나 그녀들이 살아가는 개별적인 삶의 문화에 무관심하다.

---

14 조진희, 앞의 책, 107쪽.

15 한희정·신정아, 「서발턴으로서 조선족 여성의 재현: 영화 〈미씽: 사라진 여자〉(Missing, 2016)」, 『한국소통학보』 제17권 제1호, 한국소통학회, 2018, 167-168쪽.

가다머에 따르면 돌봄의 대화적 관계는 우정의 관계이다. 우정의 관계란 진정한 대화 파트너로서의 나-너라는 인격적 관계 속에서 성립된다. 돌봄의 과정은 서로가 잘 되기를 바라는 과정에서 새로움을 향해 자신을 열어 놓고 타자 속에서 자기를, 자기 속에서 타자를 발견하는 인지적 계기를 지녀야 한다.[16] 돌봄의 관계란, 친구를 통해 자기 자신의 부족함을 발견하여 그 결핍을 친구를 통해 채우듯이, 서로에게서 자신의 결핍을 발견하여 좋은 삶을 위해 서로 주고받는 상호 변화가 일어나 새로운 이해의 경험이 이루어지는 관계이다.[17] 우정으로 인해 자기 존중에 첨가되는 것은 바로 자기 자신을 존중하는 사람들 간의 상호성의 이념이다. 우정은 내가 나 자신을 존중하듯이 타자로서의 자기인 친구 역시 존중하는 것이며, 따라서 그것은 자기 존중을 감소시키지 않고 자기 존중의 실현을 오히려 풍성하게 한다. 또한 우정은 함께 사는 인간과의 교류 속에서 상호성을 추구하기 때문에 그 결과는 필연적으로 상호 평등을 추구하는 정의를 향해 있다.[18] 미디어 재현을 통한 돌봄의 실천, 상호성의 실현은 조선족 여성을 포함한 한국에서 살아가는 다양한 구성원들이 진정한 관계맺기를 하기 위한 장을 마련하는 것이다.

2) '환대'를 통한 윤리적 연대의 가능성

칸트에 따르면 "어느 누구도 지구상의 어떤 장소에 있을 권리를 다른 사람보다 더 많이 갖고 있지 않다." 칸트는 이방인이 타지 사람의 땅에

---

16 Gadamer, H. G., "Freundlichkeit und Selbsterkenntnis", Gesammelte Werke 7, Tübingen: Mohrsiebeck, 1986. pp.396-405.

17 공병혜, 『돌봄의 철학과 미학적 실천』, 서울대학교출판문화원, 2017. 104쪽.

18 Ricoeur, P., Das Seibst als ein Anderer, Aus dem Franz. von. J. Greisch München: W. Fink Verlag, 1996, pp.229 참조.

도착했다는 이유로 타지 사람에 의해 적대적으로 취급받지 않을 권리를 "환대"라고 정의한다.[19] 환대란 타자에게 자리를 주는 행위, 혹은 사회 안에 있는 그의 자리를 인정하는 행위이다. 자리를 준다/인정한다는 것은 그 자리에 딸린 권리들을 준다/인정한다는 뜻이다. 또는 권리들을 주장할 권리를 인정한다는 것이다. 환대받음에 의해 우리는 사회의 구성원이 되고, 권리들에 대한 권리를 갖게 된다. 환대에 해당하는 영어 단어 hospitality는 '우호'로도 번역되는데, 이러한 번역을 통해 이 단어가 우정이나 적대와 맺는 관계를 좀 더 분명하게 표시할 수 있다. 사회가 잠재적인 친교의 공간을 가리킨다고 할 때, 누군가를 환대한다는 것은 그를 이 공간 안으로 들어오게 한다는 것, 그를 향한 적대를 거두어들이고 그에게 접근을 허락한다는 것을 의미한다.[20] 영구 평화의 전제로 "환대"를 강조한 칸트에 따르면 환대의 권리는 '공간에 대한 권리'이자 '교제의 권리' 즉 친교의 가능성으로 충전된 현상학적 공간-사회-에 들어갈 권리이다.

환대의 권리가 인류의 구성원이면 누구에게나 주어지는 권리라면, 이 권리를 부정당하는 사람은 '인류공동체'에 속한다는 사실을 부정당하는 것이다. 그러므로 환대란 어떤 사람이 인류 공동체에 속해 있음을 몸짓과 말로써 확인해주는 행위라고 할 수 있다. 김현경은 환대에 대한 기존의 논의가 사회의 외부에서 온 이방인들이 직면하는 문제들에만 해당되는 것이 아니라 이미 사회 안에 있는 사람들도 그들의 자리가 조건부로 주어지는 한, 환대의 문제를 겪는다고 말한다. 진정한 환대는 신원을 묻지 않고, 보답을 요구하지 않으며, 상대방의 적대에도 불구하고 복수하지 않는 "절대적 환대"여야 한다. 데리다는 어떤 사람을 절대적으로 환대하는 것은 그가 어떤 행동을 하든 처벌하지 않는다는 게 아니라, 어떤 경우

---

19 한병철, 위의 책, 31쪽.
20 김현경, 『사람, 장소, 환대』, 문학과지성사, 2015, 204쪽.

에도 그의 사람자격을 부정하지 않는 것이라고 강조한다. 살인과 같이 반사회적 행동을 한 사람 역시 사회의 구성원으로 계속 환대된다. 다시 말해 그는 사회 안에서 자기 자리를 유지하며, 성원권을 박탈당하지 않는 다. 김현경은 이러한 의미의 절대적 환대가 이미 우리의 형법 안에서 실 정적인 원리로 작동하고 있다고 말한다. 다시 말하면 사회는 개인에게 복수하지 않는다. 범죄를 저지른 사람에게 벌을 주는 것은 유사한 범죄의 재발을 막기 위함이지, 사회가 피해자를 대신하여 가해자에게 복수하기 위함이 아니다.[21]

절대적 환대가 타자의 영토에 유폐되어 자신의 존재를 부인당하는 사 람들에게 도움의 손길을 뻗치는 일, 그들을 인지하고 인정하는 일, 그들 에게 '절대적으로' 자리를 주는 일, 즉 무차별적이고 무조건적으로 사회 안에 빼앗길 수 없는 자리/장소를 마련해주는 일이라면, 우리는 그러한 환대가 필요하며 또 가능하다고 말할 수 있다. 그러한 환대는 우정이나 사랑 같은 단어가 의미를 갖기 위한 조건이다. 그러므로 환대에 대한 질 문은 필연적으로 공공성에 대한 논의로 나아간다. 환대는 공공성을 창출 하는 것이다. 자유로운 인간들의 공동체라는 현대적 이상은, 생산력이든 자본주의의 모순이든 역사의 수레바퀴가 어떤 자동적인 힘에 의해 앞으 로 굴러감에 따라서가 아니라, 이러한 공공의 노력을 통해 실현된다.[22] 법이 정당성을 가지려면 환대가 선행되어야 한다. 환대란 타자를 도덕적 공동체로 초대하는 행위이다. 환대에 의하여 타자는 비로소 도덕적인 것 안으로 들어오며, 도덕적인 언어의 영향 아래 놓이게 된다. 사회를 만드 는 것은 규범이나 제도가 아니라 환대이다.[23]

---

21 김현경, 위의 책, 220-221쪽.
22 김현경, 위의 책, 194-195쪽.
23 김현경, 위의 책, 230쪽.

4. 영화 〈미씽〉과 드라마 〈미스트리스〉의 조선족 여성재현

1) 환대받지 못한 모성과 폭력적 재현

영화 〈미씽〉의 주인공 지선은 외주홍보제작사 프리랜서로 일하는 싱글 맘으로 의사인 남편과 이혼소송 중이다. 기자 출신으로 딸아이 실종사건을 혼자 힘으로 집요하게 추적해가지만 그 과정에서 시어머니, 남편, 변호사, 경찰, 판사로부터 부당한 차별적인 언사와 시선에 시달린다. 한매를 찾기 위해 차를 몰고 대림동의 밤거리를 헤매는 지선의 시선은 매우 불안하다. 어지럽게 늘어선 중국어 간판과 어둡고 음산한 밤거리 묘사는 대림동을 삶의 공간이 아닌, 잠재적 범죄도시로 그려냄으로써 공포와 불안의 이미지를 부각시킨다. 한매가 일했던 안마시술소도 한자가 병기된 간판을 통해 조선족들의 활동무대임을 확인시켜준다. 성매매를 겸하는 안마시술소는 비밀스럽고 안전하지 못한 공간으로 재현된다. 안마시술소에서 한매를 찾는 데 허탕을 친 지선에게 딸을 납치해 데리고 있다는 보이스피싱 전화가 걸려온다. 이성을 잃은 지선은 아이 울음소리와 협박에 넘어가 자신의 전 재산을 이체하고 아이가 있다는 한강시민공원으로 달려가지만, 아이는 없고 장난감과 옷가지만 물 위에 떠 있다. 극중에서 아이를 잃어버린 엄마에게 걸려온 보이스피싱 전화는 단순한 사기사건을 넘어 잔혹한 범죄의 이미지로 각인된다. 570만원이 전 재산이라고 울먹이는 지선에게 범인은 낮은 소리로 협박한다. "씨발. 장난해? 딸 오백만원 어치만 썰어서 보내줄까?" 이 장면에서 조선족은 섬뜩한 토막 살인의 이미지로 재현된다. 지선의 시선을 쫓아온 관객은 타인의 고통을 이용해 악랄한 범죄를 일으키는 조선족들에 대해 공분한다. 이 영화에서 보이스피싱 범죄 시퀀스는 한매의 내러티브와는 직접적 연관 없이, 대림동을 조선족 범죄의 전형적 이미지로 재현함으로써 타자화시킨다. 이러한 재현 방식은 한매와 지선이 한국 사회의 하위주체임에도 불구하고 결코 같은 처지에서 서로를 이해할 수 없는 관계임을 확인시켜주는 장치로 작동한다.

〈미씽〉에서 한매 캐릭터는 조선족에 대한 부정적 이미지 재현을 강화시키는 매개로 사용된다. 그녀는 아이를 지키기 위해 자신의 모든 것을 희생하는 엄마이기 전, 조선족인 그녀에게 덧씌워진 이미지, '수단과 방법을 가리지 않고 목적을 달성하는 잔혹함'을 내재한 인물이 된다. 이 영화는 전반에 모성이 주요 모티브로 작용하고 있지만, 한매가 지선의 아이를 훔쳐 달아나게 된 것은 자신의 죽은 아이(재인)를 투영하여 지선의 딸을 자신의 아이로 느끼는 "모성" 때문이 아니다. 이언희 감독도 "한매가 아이에 집착하는 것은 모성이 있어서가 아니라 한매 인생에서 지키고 싶은 것이 그것 밖에 없기 때문"이라고 밝힌다. 특히 마지막 시퀀스에서 이 두 여성은 재생산과 희생적 양육만을 강요받는 모성에 의해 삶의 주체를 잃은 한국사회의 하위주체(subaltern)로서 서로 연대하는 듯 보인다. 하지만 한국사회의 엘리트 집단인 기자출신 지선이, 모든 것을 잃고 죽음을 선택하려 하는 조선족 여성 한매에게 연민을 느끼고 용서를 구한다고 해도 두 사람이 동일한 처지라고 할 수는 없다.[24]

〈미스트리스〉의 조선족 돌봄 여성 정심은 〈미씽〉의 한매를 떠올리게 하는 캐릭터다. 한국인 남성과 결혼했으나 보험금을 노리고 자신의 딸을 죽인 남편에게 속아 범죄에 연루되고, 한국인 아내에게 접근해 그녀의 아이에게 농약을 먹여 사망보험금을 노리는 범죄에 적극 가담한다. 강한 모성애와 남편에 대한 배신감으로 결국 자신의 손으로 남편을 죽이고, 자신이 저지른 잘못을 뉘우치고 정당한 죄의 심판을 받게 된다는 설정은

---

24 한희정·신정아, 「서발턴으로서 조선족 여성의 재현: 영화 〈미씽: 사라진 여자〉(Missing, 2016)」, 『한국소통학보』 제17권 제1호, 한국소통학회, 2018. 184-189쪽.

기존 영화나 드라마에서 재현된 수동적이고, 소극적인 조선족 여성 재현보다는 능동적인 캐릭터다. 그러나 정심 역시 한국인 남편의 범죄에 연루된 피해자이고, 한국 사회에서 조선족 보모라는 역할을 통해 보여줄 수 있는 사기, 상해, 살인치사 등의 범죄를 재현하는 인물로 그려지면서 역설적으로 과거 드라마 속 여성 캐릭터 중 가장 잔혹한 범죄 이미지로 그려지는 한계를 드러냈다. 또한 한국인 남편에게 속아 딸을 잃을 뻔한 한국인 아내 세연과는 달리 조선족 아내 정심은 범죄자가 되어 감옥에 수감되고, 딸과 헤어지는 설정으로 그려지면서 영화 〈미씽〉의 공효진과 엄지원의 관계처럼 관용이라는 이름의 타자화를 재현하고 있는 것으로 보인다.

세연과 정심은 모두 잔혹한 보험사기의 희생양이지만 그들을 둘러싼 환경은 매우 다르다. 미모와 재력을 갖춘 세연은 카페를 운영하면서 여고 동창 친구들과 자신의 속내를 나누는 여성이다. 반면 낡은 임대아파트에 허름한 짐 꾸러미를 풀고 오직 보험금을 타내기 위해 한국에 온 정심의 삶은 매우 팍팍하고 여유가 없다. 한국인 남편은 자신을 속이고 다른 여성과 중혼한 사이임에도 오직 돈을 앞세우며 그녀를 폭력적으로 대하고, 범죄에 끌어들인다. 자신의 딸이 남편의 계략으로 죽음에 이른 것도 알지 못한 채 세연의 딸에게 접근해 농약을 먹이는 정심의 범죄는 동정의 여지가 없다. 그렇다면 남편을 죽음으로 단죄하고 감옥에 간 정심의 삶은 앞으로 행복할까. 새로운 사랑과의 행복한 삶을 암시하는 드라마의 마지막 장면에서 세연은 환한 미소를 짓고 있다. 정심의 삶은 다시 평온한 일상으로 돌아올 수 있을까.

한매와 정심은 모두 한국 사회와 관계를 맺는 순간부터 끊임없이 본래적 자기를 부정당한 채 폭력과 범죄에 희생된 약자들이다. 그러나 콘텐츠 안에서 이들이 스스로 훼손된 관계와 정체성을 회복할 여지는 어디에도 없다. 이들에게 주어진 시간은 오직 복수의 계획과 실행, 그에 따른 심판에 의해 프레임 바깥으로 추방되는 과정이다. 이들이 한국인과 한국사회로부터 받은 상처나 고통, 슬픔은 이전의 상태로 갈 수 없는 상태로 화면에서 소거된다. 애초부터 그들에게 할애된 관용과 배려는 한국사회와 한국인들의 안정적이고 평온한 삶을 도모하기 위한 미장센에 불과했던 것이다.

2) 온전한 자신으로 살아갈 수 없는 추방된 존재

〈미씽〉의 지선과 한매, 〈미스트리스〉의 세연과 정심은 돌봄이 필요한 사람과 돌봄을 베푸는 사람의 관계로 만났다. 생계를 책임진 싱글 맘은 아침부터 밤까지 고단하고 틈이 없다. 과거를 숨긴 보모는 아이와 밀착하여 집안 살림과 양육을 책임진다. 그녀들의 관계는 서로의 삶에 깊이 들어가 그의 인격과 감정을 배려하는 우정이 아니라 필요에 의해 형성된 도구적 관계이다. 지선은 한국어가 서투른 한매의 언어를 잘 알아듣지 못하고, 한매는 바쁜 지선의 사회생활의 고충을 이해하지 못한다. 둘의 대화는 양육에 필요한 최소한의 정보를 중심으로 이루어지고, 각자 맡은 역할을 충실히 하는 것이 곧 관계의 지속이다. 서로를 마주하고 반성하며 대체 불가능한 존재로 신뢰하고 존중할 수 있는 시간도 의지도 부족하다. 반면 과거를 숨긴 조선족 보모의 계획을 알고 있는 관객/시청자들은 그녀들을 잠재적 범죄자로 인식하고 불안해한다. 복수를 위해 아이를 납치하거나 농약을 먹이는 범죄를 실행에 옮기면서 한매와 정심은 더 이상 돌봄을 실천하는 주체가 아닌 일상을 위협하고, 파괴하는 타자로 인식된다.

어쩌면 애초부터 그녀들을 위한 우정의 관계, 대화적 관계는 존재하지 않았을지도 모른다. 필요에 의해 불러들였으나 위협적 존재로 인식되는 순간 그녀들에게 제공되었던 장소와 관계는 모두 사라진다. 상업정신이 강요하는 평화는 한시적일 뿐만 아니라 공간적으로도 제한되어 있기 때문이다. 돈을 지불할 능력이 있는 지선과 세연은 보모를 통해 '모성'이라는 정체성을 대체하고, 보모는 이들 대신 안전하고 평온한 일상을 유지한다. 그러나 돈조차 없는 조선족 보모는 자신의 정체성을 대신해줄 매개체도, 안전도 없다. 한병철은 이러한 현실을 신자유주의가 만들어낸 "엄청난 불의"라고 표현한다.[25] 착취와 배제는 신자유주의를 구성하는 요소들이다. 신자유주의는 체제비판적인 혹은 체제에 부적합한 사람들을 달갑지 않은 인물들로 확인하고 배제하는 "반옵티콘banopticon", 즉 추방의 옵티콘을 추구한다. 판옵티콘panopticon은 훈육을 위해 작동하지만, 반옵티콘은 안전을 위해 작동한다. 알렉산더 뤼스토우는 신자유주의적 시장법칙에만 맡겨지면 사회는 반인간적으로 변하고, 사회적인 배척을 야기할 것이라고 지적했다. 뤼스토우는 연대와 공동체의식을 산출하는 "생명정치Vitalpolitik"로 신자유주의를 보완해야 한다고 강조한다. 신자유주의를 이 생명정치로 교정하지 않으면 불안과 두려움에 좌우되는 대중이 생겨날 것이며, 이들은 민족주의적, 국수주의적 세력에 의해 쉽게 포섭된다. 자신의 미래에 대한 두려움이 외국인에 대한 적대적 태도로 바뀐다. 자신에 대한 걱정은 외국인에 대한 증오뿐만 아니라 자신에 대한 증오로도 표현된다. 두려움의 사회와 증오의 사회는 서로가 서로의 조건이다.[26]

리쾨르에 따르면, 진정한 배려란 타자와의 대화적 차원을 전개하면서 좋은 삶을 소망하는 자기 존중에 구체적인 의미를 부여하며 반성하는 과정이다. 반성에서 출발한 관계는 "비대체성"(Unvertretbarkeit)"을 통해 인

---

25 한병철, 이제영 옮김, 『타자의 추방』, 문학과지성사, 2017, 30쪽.
26 한병철, 위의 책, 24쪽.

격적 관계로 나아간다. 비대체성이란 누구와도 바꿀 수 없는 고유한 인격을 뜻한다. 각각의 인격은 우리의 애정과 존중 속에서 교환될 수 없는 존재이다. 따라서 배려란 자기와 타자가 서로 대체할 수 없다는 의미에서 나와 마주하고 있는 타자에 대한 존중으로 응답하는 것이다. 한매와 정심은 한국 사회에서 자신의 고유성을 인정받은 주체가 아닌, 도구적으로 교환 가능한 불완전한 타자다. 그들의 존재 이유는 한국 사회가 필요로 하는 조건 안에서는 유효하지만 위협적인 존재로 인식되거나 범죄를 저질렀을 경우 그들이 놓인 삶의 맥락과 불행은 고려되지 못한 채 화면에서 사라진다. 이러한 추방의 서사는 〈미씽〉과 〈미스트리스〉의 엔딩 장면에서 명확하게 드러낸다.

#1. 영화 〈미씽: 사라진 여자〉(2016)의 엔딩 씬
    목숨을 걸고 딸을 살린 지선이 병실에서 깨어나 창밖을 본다. 환한 햇살 아래 푸른 잔디밭. 신나게 뛰어노는 딸을 향해 "다은아~"라고 부르자, 다은이가 환한 미소를 지으며 엄마에게 달려온다.

#2. OCN 〈미스트리스〉(2018)의 엔딩 씬
    남편과의 사투 끝에 살아남은 세연은 자신을 좋아하는 상훈의 헌신으로 딸과 함께 무사히 집으로 돌아온다. 환한 조명이 켜진 세연의 카페엔 미모의 친구들과 가족, 친지들이 모여 행복한 미소를 지으며 단체 사진을 찍는다.

〈미씽〉과 〈미스트리스〉의 엔딩 장면은 매우 유사한 프레임으로 연출되었다. 우선 두 작품의 결말은 주인공 모녀 중 누구도 희생되지 않은 채 평온한 일상을 되찾는 해피엔딩이다. 또한 극 중에서 이들을 위험에 빠뜨리고, 죽음의 문턱까지 몰고 간 캐릭터는 모두 조선족 여성이다. 〈미씽〉과 〈미스트리스〉에 등장한 조선족 여성들 역시 한국인 주인공 여성처럼 딸을 위해 희생하는 엄마들이다. 극의 결말에서 그녀들은 모두 프레임에서 배제된 채 한 사람은 물 속에 수장(水葬)되고, 다른 사람은 감옥에 수감(收監)된다.

한매와 정심은 결국 자신이 머물렀던 장소와 관계에서 환대받지 못한다. 그들이 한국사람, 한국사회를 통해 겪게 된 결혼, 출산, 양육, 사기, 성매매, 불법 장기매매, 청부살인, 납치, 살인 등의 행위들은 그들을 사회 성원이 아닌 영원한 적으로 간주하는 수사로 그려진다. 극의 후반으로 갈수록 더욱 잔혹해지는 범죄의 실행은 그녀들이 한시적으로나마 머물렀던 자리들을 오염시키고 서서히 프레임 바깥으로 그녀들을 밀어내는 역할을 한다. 복수의 화신이 된 한매와 정심을 위해 마련된 자리는 환한 햇살과 조명이 비추는 일상의 공간이 아닌 어둡고 캄캄한 깊은 바다 속, 세상과 단절된 감옥이다. 처벌은 불가피하지만 그녀들의 파괴된 삶을 아파하고 성찰하는 공감적 소통의 가능성은 열어두어야 한다. 한 치의 오차도 없이 환하고 밝은 미소와 평온한 시간이 흐르는 〈미씽〉과 〈미스트리스〉의 결말은 타자로 명명되고, 사용되다가 소멸된 조선족 여성에 대한 인간적인 예의와 도덕적 감수성이 심각하게 결여되어 있다. 절대적 환대는커녕 우리 사회의 성원으로 인정받는 것조차 실패한 상태로 철저하게 소외되었다. 왜 우리는 그녀들에게 좀 더 친절하고, 따뜻하게 소통하지 못하는 걸까?

조선족에 덧씌워진 다양한 편견은 한국사회에 이주한 중국동포들에게 혐오적 시각을 수행하게 함으로써 스스로를 위축시키고 나아가 정체성을 변화시킬 수 있다. 지젝은 이러한 인종주의의 무서운 면을 지적한다. 즉, 흑인이 백인으로부터 열등한 존재로 취급당하게 되면 흑인들은 정말로 사회적 상징적 정체성의 차원에서 열등한 존재가 된다는 것이다. 이것이 백인 인종주의자의 이데올로기가 수행적 효과(performative efficiency)를 발휘하는 지점이다. 단지 흑인이 어떤 이들인가에 대한 해석이 아니라 해석의 대상이 되는 주체를 두고 그들의 존재 자체와 사회적 실존을 결정해 버리는, 그 해석이 그들의 실체가 된다.[27] 지젝은 다문화주의를 자유주의적 환상이자 기만으로 인식한다. 사회적 모순은 그 자체로 나타나는 것이 아니라 인종이나 '다른 민족'과 같은 구체적인 기표나 상징을 통해 드러나기 때문이다. 지젝은 다문화주의에 대해 '인종주의'라는 오래된 야만을 인간적인 얼굴로 만들어주는 가면이라고 비판한다. 서구사회는 직접적인 인종주의를 거부하는 대신 다문화주의라는 "합리적인" 인종주의적 척도를 설정했다는 것이다. 지젝은 '다문화주의'가 이민자들의 민족공동체로의 통합을 목표로 삼기보다 평등에 대한 이민 집단의 요구 자체를 가로막기 위해 발명된 것이라고 주장한다. 다문화주의는 타자에 대한 '배제'를 '거리두기'로 바꾸는 전략에 지나지 않음에도 불구하고 지구적 자본주의 시대의 대안인 것처럼 주장하는 역설을 보인다. 이것이 지젝이 비판하는 '다문화주의라는 이데올로기'의 작동방식이다. '다문화주의'라는 이데올로기적 형식 자체가 유럽의 시선을 통한 타자의 재현 체계를 의미한다.[28]

한매와 정심을 배제한 결말 장면은 조선족 여성으로부터 야기된 것이 아니라 자신들의 안전과 평안을 지키기 위해 작동된 한국 사회의 반옵티콘이다. 진정한 돌봄의 출발지는 추방된 그녀들의 자리를 마련해주는 것에서부터 시작해야 한다. 그들의 얼굴과 목소리로 자신의 상황을 극복하고, 다시 설 수 있는 주체가 될 수 있는 기회를 부여하는 것이다. 미디어

---

27 슬라보예 지젝, 이현우 · 김희진 · 정일권 옮김, 『폭력이란 무엇인가: 폭력에 관한 6가지 삐딱한 성찰』, 난장이, 2011. 112쪽.

28 이택광, 「다문화주의를 넘어서: Charles Taylor와 Slavoj Žižek의 이론을 중심으로」, 『인문언어』, 국제언어인문학회, 2011, 132-133쪽.

재현의 문제는 단순히 기술이 아니라 소통과 실천의 영역이다. 조선족에 대한 이분법적이고, 타자화된 재현방식이 아닌 진정한 돌봄의 관점에서 우정과 환대의 자리를 마련함으로써 차별과 혐오라는 시선을 거두고 진정한 돌봄의 관계로 나아가야 할 것이다.

5. '표현의 자유'라는 이름의 폭력을 성찰하며

영화나 드라마에서 재현된 조선족 여성에 대한 시각을 비판하는 것은 그들의 삶이 내 삶과 결코 무관하거나 다르지 않기 때문이다. 누구나 행복한 삶을 꿈꾼다. 그 행복은 타인의 삶을 짓밟거나 자유를 침해해서 얻어지는 것이 아니라 함께 살아가는 공존의 조건을 찾아가는 과정을 통해 얻을 수 있다. 조선족을 잔혹한 범죄자로 재현하는 콘텐츠로 인해 분노하고, 눈물 흘리며, 자식에게조차 당당하게 조선족으로서의 역사와 자부심을 전하지 못하는 수많은 중국동포들이 우리와 같은 하늘 아래에 살아가고 있다. 그러나 그들의 절규는 쉽게 듣거나 보기가 어렵다. 우리 사회에서 타자화된 이들의 호소는 잘 들리지 않는다. 미디어는 그들의 목소리를 과소 재현하거나 왜곡한다.

한국 사회의 조선족 재현에 대해 분노한 조선족이 온라인 공간에 글을 올리면 득달같이 달려와 혐오와 냉소, 조롱과 비하 가득한 댓글들이 수십 개에서 수 백 개씩 달린다. 오랜 시간 쌓여온 분노가 폭발한 지난 2017년 영화 〈청년경찰〉은 서울에서 가장 많은 동포들이 모여 사는 대림동을 범죄공간으로 묘사하면서 한-중 수교 이후 처음으로 40여개 중국동포 단체와 대림동 주민들을 결집시키는 계기가 되었다. 대림동의 실제 장소들을 허가 없이 촬영하여 영화의 세트로 활용한 것이 알려지면서 대림동에 살고 있는 동포들과 시민들은 매우 분노했다. 상영금지 처분을 촉구하는 기자회견을 열고, 영화로 인해 입은 정신적 피해와 경제적 피해를 보상하라는 소송을 제기했지만 2018년 9월 14일 패소했다. 그러나 소송에 관한 보도는 동포언론사와 인터넷 신문사 한 곳 정도였다.

그로부터 약 한 달 뒤인 10월 14일, 서울시 강서구 PC방 살인사건의 범인이 조선족이라는 가짜뉴스가 빠르게 퍼지면서 온라인상에 조선족 혐오와 비하 글들이 쏟아져 나왔다. 범인의 게임 아이디가 한자라는 이유로, 말투가 어눌하고, 범죄가 극악하다는 이유로 조선족을 범인으로 단정 짓는 글들이 광풍처럼 번져나갔다. 경찰에서 이례적으로 범인의 부모와 범인, 남동생 모두 한국인이라는 공식 발표를 했음에도 경찰을 불신하는 비방 글들이 많았다. 주요 언론사는 물론이고 방송사 뉴스에서도 강서구 PC방 살인사건의 범인이 조선족으로 호명된 것에 대한 이슈를 많이 다루었으나 대부분 '조선족=범죄자'라는 프레임이 강한 한국 사회의 편견을 확인하거나 사실이 아닌 가짜뉴스를 비판하는 수준의 보도였다. 정작 실명을 걸고 나선 소송에서 패소한 좌절감과 조선족에 대해 무차별적으로 쏟아지는 혐오와 비하에 위축되고 상처받는 이들의 아픔에 공감하는 뉴스는 없었다.

미디어에서 조선족을 대하는 차별적 시선과 왜곡된 재현은 이미 현실 속에서 조선족에 대한 공포와 혐오를 양산하는 근거가 되고 있다. 2010년 〈황해〉가 만들어낸 잠재적 범죄자로서 조선족 이미지는 이제 모성의 재현이라는 가장 원초적인 인간의 경험 서사로 틈입했다. 드라마와 인터넷 공간을 통해 더욱 확산되는 조선족 범죄 서사는 실제 사건과 공진하면서 부정적 이미지가 더욱 강화되고 있다. 더 이상 표현의 자유를 앞세워 조선족에 대한 인종주의적 차별 표현과 범죄자 이미지 재현을 방관할 수 없는 시점에 와 있다. 통일시대를 대비하여 코리언의 통합서사를 구축해가야 하는 요즘, 조선족에 대한 미디어 재현의 문제는 뿌리 깊은 성찰과 다시쓰기가 필요하다. 들리지 않는, 사라진, 제거된 그들의 목소리에 귀를 기울이고, 마주해야 한다. 통합의 서사는 서로를 위한 평등한 자리가 마련될 때 비로소 시작될 수 있기 때문이다.

참고문헌

공병혜, 『돌봄의 철학과 미학적 실천』, 서울대학교출판문화원, 2017.

김수미, 「대상화와 문제화: 결혼이주여성에 대한 한국 뉴스 보도 연구」, 『한국사회 미디어와 소수자 문화정치』, 커뮤니케이션북스, 2011.

김현경, 『사람, 장소, 환대』, 문학과지성사, 2015.

로타르 미코스, 정민영 · 김종대 · 김형래 옮김, 『영화와 텔레비전 분석 교과서』, 커뮤니케이션북스, 2015.

문재원, 「고착되는 경계, 트랜스로컬리티의 불가능성 - 한국 영화에 재현된 조선족을 중심으로」, 『한일민족연구』 28권, 2015.

슬라보예 지젝, 이현우 · 김희진 · 정일권 옮김, 『폭력이란 무엇인가: 폭력에 관한 6가지 삐딱한 성찰』, 난장이, 2011.

신정아 · 한희정, 「한국 사회에서 조선족으로 살아가기: 동포모니터링단 〈강강숲래〉 활동 및 단원 인터뷰를 중심으로」, 『한국소통학보』 제15권 3호, 한국소통학회, 2016.

신정아 · 한희정, 「미디어담론에 나타난 조선족 정체성의 변화와 의미」, 『2016 한국방송학회 가을철 정기 학술대회 논문집』, 한국방송학회, 2016.

신정아, 「한국 영화의 조선족 재현에 대한 문제적 고찰: 〈청년경찰〉을 중심으로」, 『2017 인문콘텐츠학회 추계 정기학술대회 발표집』, 인문콘텐츠학회, 2017.

신정아, 「'회복적 정의'의 실현을 통한 새로운 연대와 소통: 〈청년경찰〉 판결에 나타난 한국영화의 인권감수성」, 『2018 인문콘텐츠학회 추계 정기학술대회 발표집』, 인문콘텐츠학회, 2018.

이명자, 「동시대 한국 범죄영화에 재현된 연변/조선의 로컬리티」, 『영상예술연구』 제24호, 영상예술학회, 2014.

이택광, 「다문화주의를 넘어서: Charles Taylor와 Slavoj Žižek의 이론을 중심으로」, 『인문언어』, 국제언어인문학회, 2011.

한병철, 이제영 옮김, 『타자의 추방』, 문학과지성사, 2017.

한희정 · 신정아, 「한국 드라마의 조선족 재현」, 『CONTENTS PLUS』 제17권 2호, 한국영상학회, 2019.

한희정 · 조인숙 · 신정아, 「조선족에 대한 의사사회 상호작용과 유사현실 인식
　　연구」, 『사회과학연구』 제35권 1호, 경성대학교 사회과학연구소, 2019.
한희정 · 신정아, 「서발턴으로서 조선족 여성의 재현: 영화 〈미씽: 사라진 여
　　자〉(Missing, 2016)」, 『한국소통학보』 제17권 제1호, 한국소통학회, 2018.

Gadamer, H. G., "Freundlichkeit und Selbsterkenntnis", *Gesammelte Werke
　　7*, Tübingen: Mohrsiebeck, 1986. pp.396-405.
Ricoeur, P., *Das Selbst als ein Anderer*, Aus dem Franz. von. J. Greisch
　　München: W. Fink Verlag, 1996.

최미랑, 〈중국동포단체, '일부 영화들 차별적' 주장하며 인권위에 진정〉, 『경향신
　　문』, 2017. 11. 06.

원문 출처

- 김종군의 글은 『통일인문학』 77집(건국대 인문학연구원, 2019)에 실린 「코리언 평화 공동체를 위한 통합서사의 기능」을 일부 수정 보완한 것이다.

- 이서행의 글은 통일인문학 제37회 국내학술심포지엄 〈코리언의 통합서사와 평화 공동체 형성〉(2019.01.18.) 기조강연 원고를 수정 보완한 것이다.

- 김종곤의 글은 『인문사회21』 제10권2호(아시아문화학술원, 2019)에 게재된 「통일의 커뮤니타스와 이뮤니타스」를 일부 수정한 것이다.

- 남경우의 글은 『인문사회21』 제10권1호(아시아문화학술원, 2019)에 실린 「통합서사에 바탕을 둔 '평화로운 싸움'의 가능성 모색」을 수정 보완한 것이다.

- 박성은의 글은 『여성문화연구』 45집(한국여성문학학회, 2018)에 발표된 「박완서 『빨갱이 바이러스』 속 '마당'의 딜레마와 '빨갱이 바이러스'의 정치적 함의」를 일부 수정한 것이다.

- 이진의 글은 『통일인문학』 77집(건국대 인문학연구원, 2019)에 실린 「분단국가와 아카이브 기억 - 갈등 능력과 비당사적 기억 그리고 문화적 기억의 관계에 대한 시론」을 일부 수정한 것이다.

- 박재인의 글은 『문학치료연구』 51집(한국문학치료학회, 2019)에 발표한 「분단 역사에 대한 통합서사적 상상력과 통일교육」을 수정 보완한 것이다.

- 김기덕 · 김승의 글은 『통일인문학』 77집(건국대 인문학연구원, 2019)에 실린 「남북의 정서적 연대와 통일문화콘텐츠 개발방향」을 일부 수정 보완한 것이다.

- 신정아의 글은 『통일인문학』 77집(건국대 인문학연구원, 2019)에 실린 「조선족 여성 재현과 돌봄의 윤리」을 일부 수정 보완한 것이다.

저자 소개

김종군 건국대학교 인문학연구원 및 대학원 통일인문학과 교수

김종군은 국문학을 전공했으며, 현재 건국대학교 인문학연구원 및 대학원 통일인문학과 교수로 근무하고 있다. 연구 관심분야는 남북한 문학예술 분야의 통합, 코리언의 민속 및 정서 통합, 역사적 트라우마 치유 방안 등이다. 주요 논문으로 「통합서사의 개념과 통합을 위한 문화사적 장치」, 「북한의 현대 이야기문학 창작 원리 연구」, 「코리언의 혼례 전통 계승과 현대적 변용」, 「남북 주민의 정서 소통 기제로서 대중가요」 등이 있으며, 저서로는 『고전문학을 바라보는 북한의 시각』(3권), 『고난의 행군시기 탈북자 이야기』, 『남북이 함께 읽는 우리 옛이야기』 등이 있다.

이서행 한민족공동체문화연구원 원장

이서행은 한국학중앙연구원 교수와 미국 Delaware대학 교환교수, 한국국민윤리학회 회장, 민족통일문화연구소 이사장, 한국학중앙연구원 부원장으로 역임했었다. 현재 한민족공동체문화연구원의 원장으로 있으면서 한반도 통일문화와 평화공동체 형성에 대한 연구를 지속하고 있다. 주요 논문으로는 「한반도 신뢰구축을 위한 전략-휴전협정에서 평화체제로」, 「시민사회교류의 활성화를 통한 동복아평화공동체구상」, 「한민족 통일문화 형성의 방향」 등이 있으며, 저서로는 『통일시대 남북공동체』 등 다수가 있다.

김종곤 건국대 통일인문학연구단 HK연구교수

김종곤은 사회심리철학을 전공했으며 현재 건국대 통일인문학연구단 HK연구교수로 있다. 「'역사적 트라우마'에 대한 철학적 재구성」으로 박사학위를 받았다. 연구 관심분야는 코리언의 역사적 트라우마와 그 치유방법론 등이며 주요 논문으로는 「분단폭력 트라우마의 치유와 '불일치'의 정치」, 「통일문화의 세 가지 키워드 : 분단문화, 헤테로토피아, 문화-정치」, 「분단국가주의에 맞선 주체로서 '문학가': 류연산의 〈인생숲〉을 바탕으로」, 「기억과 망각의 정치, 고통의 연대적 공감: 전상국의 소설 〈아베의 가족〉, 〈남이섬〉, 〈지뢰밭〉을 통해 본 통합서사」 등이 있다.

남경우 건국대 통일인문학연구단 HK연구원

고전문학과 통일인문학을 전공하였으며 현재 건국대 통일인문학연구단 HK
연구원으로 있다. 사람들의 말하기를 통해서 그들의 역사적 트라우마를 확인
하고, 말하기를 통해 그들의 상처를 치유하는 방법에 대해 고민하고 있다.
또한 청소년을 대상으로 '사람과 사람의 소통'을 근간으로 하는 인문학적
통일방안 교육에도 관심을 두고 있다. 주요 연구로 「탈북 트라우마에 대한
인문학적 치유 방안의 가능성」, 「제주 4·3을 기억하는 방법-제주 4·3평화기
념관을 중심으로」, 「문학치료를 통한 초등학생 통일교육 사례 연구」 등이
있다.

이　진 베를린 훔볼트대/한국국제교류재단 베를린사무소 프로젝트매니저
　　　　겸 연구원

독일 베를린 훔볼트대 문화학과에서 민주주의와 생산적 갈등에 대한 연구로
박사학위를 취득했다. 베를린 자유대 한국학연구소 선임 연구원으로 통일
연구에 있어 다문화주의의 문제를 연구하였다.
주요 저서 및 논문으로 Jean Yhee, Konfliktfähig - Streit über die politische
Streitkultur in Nietzsches Spinoza-Rezeption 및 Normative Spielregeln für
Produktive Konflikte - Multikulturalität und das agonale Verhältnis der
Kulturen 과 Parsifal, Siegfried und der Kompromiss der Moderne〉 등이
있으며, 그외 『교육 I, II』를 비롯, 10여권의 독일통일총서(한글) 및 독일통
일백서(20 Jahre Deutsche Wiedervereinigung) 37-45권(독어)을 함께 펴내
고, 「미술논쟁의 이름으로 벌어진 사회담론의 대리전쟁: 통일 후 전개된 독일
내의 미술논쟁의 역사와 기능에 관해」를 평역하였다.
독일 분단극복 정책이 분단기 그리고 통일 이후 현재까지 서독과 동독 일반
시민의 내면에 어떤 변화를 일으켰는지를 문화학적 기억연구를 통해 밝히고
있다. 이와 관련하여 2019년 현재 연합뉴스와 공동으로 〈서독의 기억〉 시리즈
를 네이버 컬럼에서 연재 중이다.

박성은 건국대 대학원 통일인문학과 박사과정수료

독재 시절에 태어나 민주주의가 조금씩 자라는 속도에 맞춰 역시 조금씩 자라나고 있는 중년의 여자 사람. 90년대 절망과 희망 사이를 오가다 회색지대에 숨어 두 딸을 낳아 길렀다. 아이들 적당히 키웠으면 다시 너 자신이 되라는 어머니신 당금애기의 신탁을 받고 다시 공부를 시작한 만학도. 공부해서 쓸모있는 사람이 되는 게 꿈이다. 바람이 버드나무를 흔들어 내는 소리, 물이 자갈길을 지나며 이야기하는 소리를 좋아한다. 20년 후에 버드나무 그늘에 앉아 동네 아이들에게 그림책을 읽어주는 노년 여자 사람이 되는 꿈도 꾼다.

박재인 건국대 통일인문학연구단 HK연구교수

박재인은 문학치료학(고전문학)을 전공했으며 현재 건국대 통일인문학연구단 HK연구교수로 있다. 「한중일 조왕서사를 통해 본 가정 내 책임과 욕망의 조정 원리와 그 문학치료학적 의미」로 박사학위를 받았다. 현재 문학치료학 방법론으로 통일교육 및 역사적 트라우마 치유에 대한 연구를 진행하고 있다. 주요 논저로『청소년을 위한 통일인문학: 소통·치유·통합의 통일 이야기』, 「낯선 고국에 대한 막연한 동경과 이산 트라우마의 단면: 고향을 떠나 영주귀국한 사할린 한인C의 생애담을 중심으로」, 「탈북여성의 부모밀치기서사성향과 죄의식」 등이 있다.

김기덕 건국대 문화콘텐츠학과 교수

김기덕은 고려시대사를 전공했으며 현재 건국대 문화콘텐츠학과 교수로 있다. 2,000년 디지털시대가 전개되면서 2002년 인문학과 문화콘텐츠산업의 연계를 강조하는 '인문콘텐츠' 개념을 제시하고 인문콘텐츠학회를 창립하였다. 아울러 2010년에는 건국대 문과대학에 새롭게 '문화콘텐츠학과'를 설립하여 이 분야 연구와 후진양성에 주력하고 있다. 주요 논저로는『한국전통문화와 문화콘텐츠』,『문화콘텐츠입문』,『영상역사학』, 「인문학과 문화콘텐츠」, 「한류인문학을 제창한다」, 「4차 산업혁명시대 콘텐츠와 문화콘텐츠」 등이 있다.

김 승 건국대 문화콘텐츠학과 겸임교수

김승은 주식회사 예인미디어 대표이사이며 건국대학교 문화콘텐츠학과 겸임교수다. 북한대학원대학교에서 「북한 기록영화의 영상재현 특성 연구」로 박사학위를 받았다. 연구 관심분야는 동아시아 선전영화와 영상콘텐츠를 활용한 수업론이다. 저서로는 『북한 기록영화, 그 코드를 풀다』와 이해총서 『북한 기록영화』가 있으며, 「탈북을 다룬 다큐멘터리의 의미전달 체계」, 「북한 기록영화에 재현된 열병식의 의미생성 구조」, 「고난의 행군 시기 북한 기록영화에서 조형된 집단적 마음」 등 다수의 논저를 발표했다.

신정아 한신대 인문콘텐츠학부 강의초빙교수

신정아는 문화콘텐츠학을 전공하였고, 「미디어소통의 관점에서 본 TV 다큐멘터리 분석연구」로 박사학위를 취득했다. 현재 OBS 시청자평가원, 한국방송학회 기획이사, 한국문화콘텐츠비평협회 기획이사로 활동 중이다. 1990년대 말부터 TV 교양다큐 작가로 활동했고, 주요 관심분야는 미디어재현 연구와 콘텐츠저널리즘 및 뉴미디어콘텐츠 기획 분야다. 코리안 디아스포라와 관련된 논문으로는 「한국 사회에서 조선족으로 살아가기: 동포모니터링단 〈강강숲래〉 활동 및 단원인터뷰를 중심으로」, 「서발턴으로서 조선족 여성의 재현: 영화 〈미씽: 사라진 여자〉(2016)」, 「한국 드라마의 조선족 재현」, 「조선족에 대한 의사사회 상호작용과 유사현실 인식 연구」, 「조선족 여성재현과 돌봄의 윤리」 등이 있다.